W0046220

Gewidmet dem

EINEN

ohne ein Zweites[1]

1 Formel der Veden, nach der alles Geschaffene Ausdruck des EINEN ist.

Stimmen zum Buch 10
Vorbemerkung 13
Die eigenen Suchbewegungen erkennen 17

Versöhnung von Macht und Liebe? 25

Macht – Annäherungen an ein beunruhigendes Thema 26
Macht und Mächtigkeit als Energie und Wesensausdruck 27
Macht als Grundlage von Gesundheit 30
Macht als Shakti 33
Macht entlang der Geschlechterdifferenz 35
Aushandelung von Macht 38

Über den schwierigen Umgang mit Macht und Mächtigkeit 39
Angst vor Macht und Mächtigkeit – Der Weg der Frau? 39
Sehnsucht nach Macht und Angst vor Liebe – Der Weg des Mannes? 44

Liebe – romantisches Gefühl oder „Urgrund des Seins"? 53
Lieben – Ein Stufenweg 54
Lieben lernen 58

Geburt der Macht aus der Liebe (zum Leben) 65
Die Kulturell Kreativen 67
Versöhnung von Macht und Liebe 68

Spirituelles Selbstmanagement: Ein Weg zur Versöhnung von Macht und Liebe 73

Selbstmanagement – Personal Mastery – Spirituelles Selbstmanagement 77
Selbstmanagement 77
Personal Mastery 79
Spirituelles Selbstmanagement 83

Transformation des Bewusstseins und Körperhüllen 85

Personale und transpersonale Psychosynthese 90
Das Menschenbild der Psychosynthese 90
Ei-Modell des Bewusstseins (Assagioli) 91
Teilpersönlichkeiten 95
Exkurs: Überwinden der Ohnmachts-Allmachts-Spaltung 96
Personale Psychosynthese 97
Transpersonale Psychosynthese 99
Die Kraft des Willens 101

Der Weg des Dienens und der Kultivierung menschlicher Werte 108

Spirituelles Selbstmanagement als Übungsweg 112

1. Werde, was du bist, oder: Die höchste Wahrheit annehmen 114
Dem Herzen folgen 116
Haltung der Wertschätzung entwickeln 119
Das Ziel aufrechterhalten 122

■ **Übungen** 123
1.1: Lichtmeditation 124
1.2: Lichtmeditation (als Gruppenübung) 125
1.3: Dialog mit dem Höheren Selbst 127
1.4: Brief an das Höhere Selbst 128
1.5: „Finde, was das Herz zum Singen bringt" 129
1.6: Potenziale wertschätzen 130
1.7: Meine Gaben für die Welt 131
1.8: Helfer einladen 131
1.9: Disidentifikationsübung 132

2. Reinigung auf allen Ebenen: Körper – Seele – Geist einstimmen 134

Reinigung auf der Ebene der „Körperhüllen" 135
Nahrung 136
Atem 137
Gedanken und Gefühle 137
Höhere Intelligenz und Intuition 139

Reinigung auf der Ebene der erweiterten „Hüllen" 140
Kleidung 140
Wohnung und Arbeitsplatz 141
Gemeinschaft (Company) 142

■ **Übungen** 143
2.1: Den Willen trainieren 143
2.2: Leberreinigung 143
2.3: Yoga, Pranayama-Yoga, Alexanderarbeit 144
2.4: OM-Singen/Chanten 145
2.5: Die Zunge beachten 146
2.6: Entrümpeln 147
2.7: „Good Company" 147

3. Bewusstsein erweitern: Mentale Modelle erkennen und transformieren 149

Kontrolle der Sinne und Begrenzung der Wünsche 150

Denken entscheidet über Bindung oder Befreiung 151

■ **Übungen** 154
3.1: Erkennen von mentalen Modellen 154
3.2: „The Work" 155
3.3: Brillenübung 156
3.4: Negative Glaubenssätze entdecken, transformieren und loslassen 157
3.5: Refraiming – Neu Erzählen 158
3.6: Wertschätzung üben oder das Gute im Schlechten finden 159
3.7: Innere Synthese suchen oder Teilpersönlichkeiten in einen Dialog bringen 159
3.8: Zeugenperspektive einnehmen und Disidentifikation 160
3.9: Sinne, Gedanken und Gefühle kontrollieren; Wünsche begrenzen 161

4. Orientierung finden: Intuition und die Innere Führung annehmen 162

Gewissen 162

Intuition 165

Sein – Bewusstsein – Glückseligkeit 167

■ **Übungen** 170
4.1: „Juwelen" suchen: Die Kraft des Gewissens annehmen 170
4.2: „Juwelen" suchen: Achten auf die Intuition 171
4.3: Öffnen der Intuition: Antworten suchen 172
4.4: Prüfen der Intuition 173
4.5: Mantren und Namen Gottes 174
4.6: Gebet 176
4.7: Meditation und Kontemplation 176
4.8: Meditatives Schreiben 177
4.9: Selbsterforschung (Self-Inquiry) 178

5. Ruhe in der Bewegung: Den Kontakt zwischen Innen und Außen halten 180

Entspannung – Ruhe – Stille 181

Rhythmen und Zyklen: Balance zwischen Innen und Außen 182

Zivilisatorische Stressoren 183

Zeitqualitäten 185

Life-Management und Zeitmanagement 186

Zeiten des Rückzugs 188

■ **Übungen** 189
5.1: Meditation über „Alles hat seine Zeit" 189
5.2: „Juwelen" suchen: Balance zwischen Innen und Außen 190
5.3: Entscheidungen treffen – Dem Herzen zuhören 191
5.4: Zeitverwendung überprüfen 192
5.5: Aus der Dringlichkeitsfalle herauskommen 193
5.6: Routinen und Rituale entwickeln 195
5.7: Retreat- und Sabbatzeiten einplanen 195

6. Die eigenen Grenzen erweitern: Wachsen aus der Kraft der Mitte 197

Pforten auf dem Weg des Spirituellen Selbstmanagements 199

Konzentration auf das Jetzt 201

Stufen des Bewusstseins, Stufen des Wachstums 202

■ **Übungen** 203
6.1: Drehbuch schreiben 203
6.2: Pforten erkennen und akzeptieren 204
6.3: Lust auf Prüfungen: „Quatschi" und „Innerer Coach" 204
6.4: Die Mitte kräftigen, eine neue Sicht entwickeln 205
6.5: Ankommen im Jetzt: Sich auf den Inneren Körper konzentrieren 206
6.6: Im Fluss sein 207

7. Die kommunikative Kraft der Liebe: Vom Konflikt zur Kooperation 209

Communicatio und Communio 209

Einheit in der Vielfalt 211

Dialogische Kommunikation 213

Win-win-Lösungen/Win-lose-Lösungen 216

Transformationszyklus der Wertschätzung 217

■ **Übungen** 219
7.1: Die kommunikative Kraft der Liebe: Man hört nur mit dem Herzen gut 219
7.2: „Juwelen" suchen: Beziehungen klären 219
7.3: Zuhören oder das eigene Ohr „erkennen" 220
7.4: Zuhören oder die Wiedergabe von Gehörtem 221
7.5: Erkunden von mentalen Modellen 222
7.6: Erkunden und Plädieren 223
7.7: Offener Dialog: „Ja ... und ..." 224
7.8: Äußere Konflikte als innere erkennen und lösen 225

8. Authentisch sein: Einheit von Denken, Fühlen, Handeln 227

Herzkohärenz 228

Dem Herzen die Führung überlassen 228

■ **Übungen** 230
8.1: Den Willen trainieren 230
8.2: „Juwelen" suchen: Einheit von Denken, Fühlen, Handeln 230
8.3: Einladen einer Kraft des Höheren Unbewussten 231
8.4: Psychodrama: Einen Konflikt nochmals durchleben 232
8.5: Reden als Probehandeln 234
8.6: Einen Brief (symbolisch) schreiben 235
8.7: Der Herzenergie folgen 235

9. Sich und andere führen: Macht und Liebe versöhnen 237

Rechtschaffenheit, Dharma, Righteousness 237

Das Herz als Quelle von Rechtschaffenheit 239

Mensch und Gesellschaft als Spielfeld 240

■ **Übungen** 241
9.1: „Juwelen" suchen: Führung aus der Kraft des Herzens 241
9.2: Selbsterforschung: Wie führe ich? 241
9.3: Führungsverhalten transformieren 243
9.4: Sich an die Herzkraft anschließen 244
9.5: Transformationszyklus der Wertschätzung einsetzen 245
9.6: Führen als Empowerment 245
9.7: Führen durch Inspiration 247
9.8: Führen durch Vertrauen 248

Ausblick: Mit Siebenmeilenstiefeln auf dem Weg zur Versöhnung von Macht und Liebe 250

Glossar 254
Literatur 257
Über die Autorin 263

Stimmen zum Buch

„Unser Universum ist ein Universum der Liebe. Alle Weisen dieser Welt, die auf die transpersonale Ebene durchgebrochen sind, bestätigen das. Aber es geht nicht um ‚Ich liebe dich' und ‚Du liebst mich', sondern um eine existenzielle Erfahrung der Einheit, die auch den Mörder und Terroristen nicht ausschließen kann. Nur wenn wir als Spezies auf dieser Ebene ankommen, haben wir eine Chance, als Menschheit zu überleben. Dieses Buch zeigt das in eindringlicher und einzigartiger Weise."

Willigis Jäger, Benediktiner und Zen-Meister,
Gründer des Benediktushofes in Holzkirchen

„Wer bin ich? Wie wunderbar: Ich bin der Mensch, der Macht und Liebe auch im Alltag in Harmonie bringen kann. Schöner und lebensnaher hat darüber meiner Meinung nach noch niemand geschrieben als Barbara v. Meibom. Danke dafür!"

Paul J. Kohtes, Gründer der heutigen Agentur Pleon,
Coach und Zen-Lehrer

„Wahrhaftig – dies ist kein trockenes Buch! Der Weg von negativer Macht zur Seinsmacht ist mit so viel Herzensweisheit gezeichnet, dass es eine Lust ist, sich auf diesen Weg einzulassen. Und darüber hinaus: Das Buch gibt Instrumente in die Hand, durch die wir uns an der ebenso nötigen institutionellen Transformation beteiligen können."

Pia Gyger, Mitbegründerin des Lassalle-Instituts
in Schönbrunn, Schweiz

„Das Buch hat mich sowohl in der Breite als auch in der Tiefe beeindruckt. Es gibt nicht nur einen Überblick, sondern auch Hilfestellung und Übungen – und dies alles basierend auf einem klaren Gedankenfundament. Einmal lesen ist sicher nicht genug, und gerade beim zweiten oder dritten Lesen tauchen immer weitere Erkenntnisse auf. Ein Lehrbuch im besten Sinne. Wir stehen vor der Pforte zu einem neuen Weg. Einem Weg, der Macht und Liebe versöhnt. Barbara v. Meibom zeigt diesen Weg meisterhaft auf. Es ist an uns, diesen Weg nun auch zu gehen!"

Sascha Kugler, Autor und Begründer
von „Das Alchimedus-Prinzip.
Die ganzheitliche Unternehmerstrategie"

Vorbemerkung

Spirituelles Selbstmanagement – wo immer ich diese Formulierung vor gut zehn Jahren zu Gehör brachte, stieß ich auf Unverständnis: Was soll das heißen? Selbstmanagement und spirituell gehört doch nicht zusammen! Was ist darunter zu verstehen?

> *„Weder im Innen versinken,*
> *noch sich in der Welt verlieren“*

Mir selbst war dies zu Beginn auch nicht wirklich klar. Doch ich wusste, dass ich diesen Terminus und das Anliegen dahinter nicht einfach aufgeben wollte. Er war mir in einer Meditation gekommen, und ich war nicht bereit, ihn wirklich in Frage zu stellen. So machte ich mich selbst auf die Suche danach, was Spirituelles Selbstmanagement bedeuten könnte. Heute, im Jahr 2009, ist dies offenbar anders. Von einem Verlag erhielt ich eine Einladung, dazu zu publizieren, ein anderer meinte, es sei allerhöchste Zeit dazu zu schreiben, denn dieses Thema stehe an, und wieder andere haben inzwischen begonnen, die Idee des Spirituellen Selbstmanagements in ihre Beratungsphilosophie aufzunehmen. Der Terminus erweckt also offenbar Assoziationen, die für sich sprechen.

Wenn ich mit diesem Buch das Ergebnis der letzten Jahre meiner Beschäftigung mit diesem Thema veröffentliche, so gilt mein größter Dank vor allem denen, die sich seit Ende der 1990er-Jahre mit mir auf dessen Erkundung und Erprobung eingelassen haben. Zuerst waren es kleine, singuläre Seminare, in denen wir gemeinsam diese Thematik erforschten und erprobten. Dann entstand daraus ein Weiterbildungskonzept zum Spirituellen Selbstmanagement, das Menschen erlaubt, sich auf einen intensiven Wachstumsprozess einzulassen, in dessen Mittelpunkt der Wunsch steht, die eigene Persönlichkeit nicht zu verbiegen, sondern in Übereinstimmung mit der innewohnenden Weisheit zu entfalten.

Spirituelles Selbstmanagement zielt auf einen Rückbezug zur eigenen Mitte. Es fördert eine Selbstermächtigung, letztlich eine *Ermächtigung aus dem SELBST*, die hilft, *der Welt neu* zu *begegnen*[2]. Spirituelles Selbstmanagement will nicht die Anpassung an definierte Erwartungen und kollektive Festlegungen, sondern es fördert in den täglichen Herausforderungen die Übereinstimmung mit dem eigenen Herzen und den tiefsten Impulsen, die dem Leben Sinn geben. Menschen auf dem Weg des Spirituellen Selbstmanagements suchen nach Antworten auf die Fragen, *wer bin ich, warum lebe ich und wohin gehe ich*, wenn ich von dieser Erde abtrete. Und aus den Antworten auf diese Fragen heraus gestalten sie ihr Leben. Spirituelles Selbstmanagement ist ein Weg, bei dem es gilt, *„weder im Innen zu versinken, noch sich in der Welt zu verlieren"*. An der Schnittfläche zwischen innerer Führung und äußeren Herausforderungen erwächst eine Fähigkeit, für sich und andere mutig und furchtlos Verantwortung zu übernehmen. Insofern ist Spirituelles Selbstmanagement ein Weg zur Versöhnung von Macht und Liebe, von zwei vermeintlich unversöhnlichen Gegensätzen.

Allen denen, die mich bei meinen eigenen Suchbewegungen unterstützt und begleitet haben und die sich vertrauensvoll mit mir auf Prozesse eingelassen haben, gilt mein tiefer Dank. Dieser richtet sich zuallererst an die vielen Teilnehmerinnen und Teilnehmer meiner Seminare und die Menschen, die sich mir im Coaching anvertraut haben. Sodann gilt er Maria Schnurr und Monika Engels, die mich bei einzelnen redaktionellen Schritten unterstützt haben, sowie dem Kamphausen Verlag, seinem mutigen Verleger Joachim Kamphausen und seiner Lektorin Nadja Rosmann, die mich bei der Abfassung dieses Buches begleitet und ermuntert haben. Er schließt all die wunderbaren Innovatoren im Feld der Spirituellen Persönlichkeitsentwicklung ein, die mich immer wieder vertrauensvoll zu Seminaren und Vorträgen eingeladen haben: Willigis Jäger vom Benediktushof, Anna Gamma, Pia Gyger, Niklas Brantschen vom Lassalle-Institut, Eleonore Massa von der Neumühle und die Internationale Gesellschaft für Tiefenpsychologie unter ihrer großen wissenschaftlichen Leiterin Ingrid Riedel. Erwähnen möchte ich

2 So auch der Titel des 4. Psychosynthese Forums Köln: *Ermächtigung aus dem Selbst und der Welt neu begegnen* im März 2009

auch jene, mit denen ich gemeinsam Projekte wie die Spirituelle Sommerakademie ausrichten durfte, insbesondere Paul Kohtes, Alexander Poraj und Christoph Quarch. Mein besonderer Dank gilt auch Kristina Brode und Gabrielle Steiner, die mir als Gründerin bzw. Leiterinnen des Circadian-Instituts wertvolle Möglichkeiten geboten haben, nicht nur mit der transpersonalen Psychosynthese-Therapie von Roberto Assagioli vertraut zu werden, sondern auch durch Weiterbildung und Coaching Menschen auf ihrem Weg der Potenzialentwicklung zu begleiten. Auf die Zusammenarbeit mit ihnen gehen viele der Übungen zurück, die in diesem Buch aufgenommen sind. Auch die Deutsche Psychosynthesegesellschaft soll hier erwähnt werden. Ihre Mitglieder sowie meine beiden Mitstreiter in Jahren der gemeinsamen Vorstandsarbeit, Manfred Xhonneux und Dörte Schreinert, waren und sind für mich immer wieder eine inspirierende Herausforderung, um meine Vorstellungen zu entfalten, zu präzisieren und zu leben. Margret Rasfeld, die mutige Leiterin der Evangelischen Schule Berlin-Mitte möchte ich erwähnen, nicht nur wegen ihrer Konsequenz und Begeisterung, mit der sie Spirituelles Selbstmanagement lebt, sondern auch, weil sie mich so tatkräftig bei meinem Schritt unterstützt hat, den Raum meines Lebens und Arbeitens auf Berlin auszudehnen. Der Freundschaft mit Sascha Kugler und den Erfahrungen mit seinem Alchimedus-Prinzip ist es schließlich zu verdanken, dass ich mich dem Thema Macht und Liebe mit größerer Entschiedenheit zugewandt habe. Last but not least gilt mein Dank und meine besondere Ehrerbietung meinem spirituellen Lehrer Sri Sathya Sai Baba, dem indischen Heiligen, der als Avatar verehrt wird und der für mich die Verkörperung der Veden ist, jener spirituellen Weisheitslehren, die uns lehren, dass wir alle Ausdruck des „EINEN ohne ein Zweites" sind.

Wir Menschen brauchen einander als Spiegel, um uns selbst zu begegnen. Die Welt brauchen wir, um uns in ihr zu erproben und auszudrücken und um zu einem Bewusstsein unserer selbst zu gelangen. Und die Innere Führung brauchen wir, um in der Begegnung mit anderen und der Welt Orientierung zu finden. Es ist dieses Spannungsfeld zwischen dem Innen und Außen, in dem sich Achtsamkeit, Gelassenheit und Frieden innen wie außen entwickeln und sich die vermeintlichen Gegensätze von Macht und

Liebe versöhnen können. So wünsche ich allen, die dieses Buch in die Hand nehmen, dass sie sich freudig auf ihren eigenen schöpferischen Prozess des Spirituellen Selbstmanagements einlassen und für sich einen Weg zur Versöhnung von Macht und Liebe finden.

Barbara v. Meibom
Berlin/Essen im Frühjahr 2009

Die eigenen Suchbewegungen erkennen

Macht und Liebe versöhnen? Wer immer sich den schwierigen Themen Macht und Liebe zuwendet, steht selbst auf dem Prüfstand. Warum beschäftigt man sich mit der Macht und gar noch in Verbindung mit dem Thema Liebe? Haben Macht und Liebe überhaupt etwas miteinander zu tun, oder sind es unversöhnliche Gegensätze?

Viele Zugänge zu dieser schwierigen Frage kann ich wählen: reflexiv aus der Sicht der Wissenschaftlerin und Merkerin; historisch, indem ich mich mit kollektiven, sozialen oder individuellen Entwicklungen oder Traumen befasse. Oder ich kann dies aus einer Haltung der Selbstbegegnung und der Selbsttransformation tun, in dem Versuch, etwas zu versöhnen, was in unserer Gesellschaft immer noch weitgehend unversöhnlich neben- oder gar gegeneinander steht. Wer Letzteres tut, und ich wage hier diesen Zugang, der ist aufgefordert, zuerst einen Blick auf sich selbst und die eigene Geschichte zu werfen. Ein solcher Blick hilft, die eigene Motivation zu verstehen und sich nicht in Fallstricken der Selbsttäuschung zu verirren.

Aufgewachsen bin ich in einer Familie machtvoller Persönlichkeiten. Ich war die jüngste und einzige Tochter nach zwei älteren Brüdern, stets herausgefordert, meinen Platz in dem Familienclan zu finden. An meiner Wiege standen – wie ich dies früh für mich formulierte – zwei Paten: Thron und Altar. Sie wurden repräsentiert durch zwei übermächtige Großväter, die nach den Wirrungen des Krieges Halt versprachen. Der Großvater väterlicherseits[3] war überzeugter Monarchist und als Mitglied der DNVP, der Deutschnationalen Volkspartei[4], Vizepräsident des Preußischen Staatsrats[5]. Für kurze Zeit wurde er Oberpräsident der Provinz Grenzmark,

3 Hans v. Meibom

4 Die Deutschnationale Volkspartei (DNVP) war eine rechtskonservative Partei in der Weimarer Republik. Sie war nationalistisch, monarchistisch, antisemitisch und stand der Schwerindustrie nahe. 1928 wurde der ehemalige Generalbevollmächtigte von Krupp, Alfred Hugenberg, Parteivorsitzender. Er bildete mit der NSDAP die erste Regierung unter Adolf Hitler als Reichskanzler. Im Juni 1933 löste sich die Partei auf und trat zur NSDAP über.

5 Der Preußische Staatsrat war von 1920-1933 die Zweite Kammer des Freistaats Preußen.

Posen, Westpreußen, ließ sich jedoch in den Ruhestand versetzen, als sein Vertrauter Alfred Hugenberg aus der Koalition mit Adolf Hitler ausschied. Der andere Großvater[6] war als letzter Generalsuperintendent des Rheinlandes das, was man heute in der evangelischen Kirche einen Bischof nennt. Seine Weigerung, offen mit den Nazis zu kooperieren, führte letztlich zur Einsetzung des Reichsbischofs Ludwig Müller, eines überzeugten Nationalsozialisten. Der Eine, ein erzkonservativer Monarchist, vertrat die weltliche Macht, der Andere, ein zutiefst frommer, aber eigentlich unpolitischer Gottesmann, in dessen Haus ich als kleines Mädchen nach der Ausbombung meiner Eltern aufwuchs, repräsentierte in meiner Vorstellung den Altar.

Meine beiden Eltern navigierten ihren Lebensweg zwischen diesen beiden Übervätern und deren äußerst kompetenten Frauen. Letztlich damit erfolgreich, gelang es ihnen, eine eigene Identität zu entwickeln. Deren Basis war patriarchal und wertekonservativ. Meine Mutter[7], die Generalin in der Familie, hinderte dies nicht daran, als Frauenpolitikerin und Frau der Kirche äußerst engagiert und profiliert für die Rechte von Frauen in der Öffentlichkeit einzutreten. Dass sie mir eines Tages voller Überzeugung mitteilte, sie habe mit Nachdruck dafür gesorgt, dass meine Brüder nie abspülen mussten (ich musste dies täglich mit ihr zusammen bewerkstelligen), gehört zu den Paradoxien im Umgang mit Frauenmacht, mit denen ich aufwuchs.

Solche Ungleichbehandlung war für mich – damals noch unbewusst – ein steter Ansporn, meinen Platz zu erkämpfen und zu behaupten. Ich wollte die Macht (zurück)erobern, die man mir verweigerte. Und ich fand meine ersten Wege. Ich lernte, Macht auszuüben, indem ich stellvertretend in die Mutterrolle schlüpfte. Ich entlieh mir sozusagen die Macht meiner Mutter, was in dem berühmten, an meine Brüder gerichteten Satz gipfelte: „Jungs, die Eimer raus!" Ein Satz, der – versteht sich – mir bis heute in schöner Regelmäßigkeit und mit Wonne „aufs Butterbrot geschmiert wird".

6 Ernst Stoltenhoff, vgl. Stoltenhoff 1990
7 Irmgard v. Meibom, vgl. Böttger 2001

Später versuchte ich auszubrechen, heiratete 68er-bewegt, erweiterte meine Wahrnehmung, unterstützt vom Studium der Sozialwissenschaften, tauchte ein in die Welt der Intellektuellen und der wissenschaftlichen Forschung und wandte mich – als ich schließlich diesen Weg als Sackgasse erlebte – mit Entschiedenheit der Erforschung der Innenwelten zu, zuerst in Prozessen der Selbsterfahrung und Selbstheilung, dann zunehmend in der Begleitung von anderen Menschen bei ihren Suchbewegungen.

Was ich auf diesem langen Weg anfangs unbewusst, später dann immer bewusster herauszufinden versuchte, war nicht nur mein Verhältnis zur Macht (immerhin wurde ich Professorin für Politikwissenschaft), sondern auch, was es denn überhaupt mit der Macht auf sich hat. Ich hatte inzwischen Macht – zumindest, wenn man dies aus der Sicht der Welt betrachtet. Als Professorin gehörte mir nicht nur das „Pult", sondern auch die Macht über junge Menschen, die mich – ob ich dies nun wollte oder nicht – als Autorität erlebten und denen gegenüber ich durch Noten und Beurteilungen auch tatsächlich Macht ausüben musste. Doch es war eine Art der Machtausübung, die ich als Sackgasse erlebte. Sie nährte weder mich noch andere und sie führte auch nicht zu dem Gefühl einer wirklichen Ermächtigung. Es blieb für mich bei einer geliehenen Macht.

So wandte ich mich – mehr schlecht als recht – vom Machtpol ab und konzentrierte mich fortan auf den Liebespol. Das geschah nicht ohne Brüche – schließlich waren mir meine Position und das damit verbundene Ansehen wichtig geworden. Doch das Gefühl, dass es mehr im Leben geben musste, als sich selbst intellektuell, emotional, sozial zu behaupten und die eigene Machtposition zu sichern, war viel zu intensiv, als dass ich mir weiterhin durch Ämter, Posten und Würden hätte Reputation verschaffen wollen. Ich verließ diesen Weg und begann eine spirituelle Suchbewegung. Es war und ist der Weg nach innen, zur Erweiterung meines Bewusstseins und zur Öffnung meines Herzens. Auf der äußeren Ebene führte er mich auf mehr als zwanzig Reisen immer wieder nach Indien, dessen spirituelle Weisheit, die Veden, meine Quelle der spirituellen Inspiration geworden sind. Es ist ein innerer und äußerer Raum, in dem ich immer wieder Kontakt mit meinem spirituellen Herzen aufnehmen kann.

Mit dieser Suchbewegung durfte ich zu einer sehr frühen Erfahrung meines Lebens zurückkehren, zu etwas, was ich als Kind intuitiv erkannt hatte: dass es nichts Trennendes gibt, dass Religionen Wege zu Gott sind, doch dass Gott jenseits dieser Religionen ist. Mit der Botschaft der Veden begriff ich, dass Gott Liebe ist (Willigis Jäger spricht von Liebe als „Urgrund des Seins") und dass wir alle Ausdruck dieser Liebe sind. Hier fand ich, wonach ich gesucht hatte: Das Wissen der Mystiker, dass wir in letzter Konsequenz Gott selbst sind, materiell gewordener Ausdruck des Schöpfergeistes oder wie es in den Veden heißt: das Formlose, Brahman, das sich in der Schöpfung als Form, als Atman, verkörpert hat, um sich selbst begegnen zu können.

In diesem fernen Land hatte ich eine Wissenschaft gefunden, die für mich im wahrsten Sinne des Wortes „Wissen schafft". Und ich durfte entdecken, dass dieselbe Quelle des Wissens und der Weisheit in den mystischen Traditionen aller Religionen, auch der des Christentums sprudelt. Hier konnte ich meinen hungrigen Geist nähren. Doch die Herausforderung, die damit einherging, war und ist nicht einfach: Was jedes Mal mit einem hoffnungsvollen Aufbruch in das ferne Land – auch im übertragenen Sinne – begann, musste sich anschließend im heimischen Alltag bewähren. Das war und ist bis heute der schwierigste Teil.

„In der Dosierung für die Welt liegt die Bemeisterung" – so der Satz einer weisen Frau, den ich nie mehr vergessen habe. Wo das Begriffene auf der kognitiven Ebene verharrt, wo es weder erfahren noch gefühlt ist, wird der Weg zurück in die Welt – im Zen würde man sagen, zurück auf den Marktplatz – dornenreich. Er ist dann verfrüht angetreten worden. Doch gerade die Rückbindung des Erlernten an den Alltag ist die eigentliche Herausforderung. Sie hält bis heute an. Ich weiß mit dem Kopf, dass ich Liebe bin, in lichten Momenten empfinde ich mich als Liebende und in köstlichen und kostbaren Augenblicken darf ich erleben, wie sich diese Liebeskraft machtvoll durch mich manifestiert, wie sie sich aus dem SELBST entfaltet. Das „Ich" hat sich dann entwichtigt und das göttliche SELBST drückt sich aus – durch diesen Körper, durch sein Reden, Sprechen, Handeln und durch seine Weise zu lieben – unverstellt, rein, angekommen in dem *„Liebe und tue, was du willst"* (Augustinus).

Irgendwann begann ich, andere Menschen bei ihren Suchbewegungen zu begleiten. In der zweiten Hälfte der 1990er-Jahre wurde ich mit der Psychosynthese, einer transpersonalen Psychotherapierichtung, vertraut, die auf den großen italienischen Weisen Roberto Assagioli (1888-1974) zurückgeht. Deren Menschen- und Weltbild und Methoden wurden für mich ebenso wertvoll wie unverzichtbar. Sie gaben mir, nachdem ich jahrelang Biodynamik, Psychodrama und Initiatisches Schau-Spiel gelernt hatte, ein Konzept und ein Instrumentarium an die Hand, das sich auf wunderbare Weise mit meinem spirituellen Weg vereinbaren ließ, da auch Assagioli sich von der Philosophie der Veden hatte inspirieren lassen.

Inzwischen hatte ich angefangen, mit Menschen und Gruppen zu arbeiten. Gegen Ende der 1990er-Jahre wurde mir in einer Meditation der Titel „Spirituelles Selbstmanagement" zuteil. Er war so ungewöhnlich, dass, wer immer ihn hörte, mich verständnislos fragte, was ich damit meinte[8]. Dennoch hielt ich an dem Begriff fest. Der Grund war einfach: Ich selbst war in einem Prozess des intensiven Selbstmanagements. Doch die Quelle meiner Inspiration war nicht die bessere Selbstorganisation im Sinne professioneller Bedürfnisse durch Zeitmanagement, Work-Life-Balance, Entwicklung kommunikativer und sozialer Fähigkeiten als vielmehr etwas anderes. Ich hatte mich auf einen Prozess der Selbstbegegnung, Selbstakzeptanz und Selbsttransformation begeben, der sich aus der eigenen Mitte, der eigenen spirituellen Weisheit speist und sich an die innewohnende Liebeskraft anbindet.

Selbst-Entdeckung, Selbst-Annahme und Selbst-Transformation hat für jeden Menschen eine andere Färbung. Unsere Anlagen und unsere Biographie stellen uns vor je individuelle Aufgaben. Während das Ziel für alle dasselbe ist – eintauchen in den Strom der Liebe, die wir in Wahrheit sind –, ist der Startpunkt für jede und jeden ein anderer. In meinem Fall hatte und hat er ganz entscheidend damit zu tun, Macht und Liebe zu einer Synthese zu bringen. Mit den Archetypen von Thron und Altar sah ich mich vor eine Aufgabe gestellt, die sowohl kollektiv als auch biographisch und geschlechtsspezifisch eine besondere Herausforderung darstellt. Als

8 Dazu mehr in Kapitel 2

Frau ging und geht es für mich darum – entgegen den gesellschaftlichen Stereotypen – die eigene Mächtigkeit anzunehmen und zu leben. Die Gefahr, dabei einen „männlichen“ Machtgebrauch zu entwickeln, hatte ich bald erkannt[9]. Ihr nicht zu erliegen, ist weitaus schwieriger. Eine innere Balance und Gelassenheit stellte und stellt sich für mich erst dann ein, wenn ich mich mit gleicher Entschiedenheit der Liebeskraft zuwende. So wollte ich in mir Macht und Liebe versöhnen, um mich selbst aus der eigenen Mitte heraus zu heilen, und stellte auf diesem Weg fest, dass ich nicht die einzige mit dieser Herausforderung war. Selbst-Entfaltung, Selbst-Ermächtigung aus der Kraft der Liebe – das war es, wonach ich suchte und was ich schließlich unter dem Titel „Spirituelles Selbstmanagement“ begann, auch anderen weiterzugeben, oder weshalb ich anfing, sie individuell auf ihrer Suche zu begleiten.

Zuerst fanden nur Einzelne zu mir, die sich auf das Thema einlassen wollten. Dann wurden es mehr: Die Frauen, die ihre Macht abgegeben hatten, um Liebe zu finden, und Männer, die sich von ihrer Liebesquelle abgeschnitten hatten, um Macht ausüben zu können. Irgendwann waren es Gruppen, die sich mit mir auf einen längeren Prozess einließen und in Stufen und Schritten den Weg der Selbst-Entwicklung und Selbst-Entfaltung aus der Liebeskraft wagten.

Der Weg des Spirituellen Selbstmanagements ist ein nicht endender Weg. Die Liebeskraft, die wir sind, ohne Furcht zu leben und aus ihr heraus gestalterisch tätig zu sein, ist eine Herausforderung bis zum letzten Atemzug. Insofern ist das Erreichte immer nur ein Vorläufiges. Hinter jedem Schritt der Selbstüberwindung und Selbsttransformation wartet die nächste Herausforderung. Und dennoch gilt es, die kleinen Erfolge und Siege über sich zu würdigen, wertzuschätzen und zu feiern. *„A little is a lot“*, wenig ist viel, und jede große Reise beginnt mit einem kleinen Schritt. Dieses Buch will Wegbegleitung sein und Mut machen: zu sich, zum eigenen SELBST, zu dem machtvollen göttlichen Liebesfunken, der sich in jedem Menschen in der Welt manifestieren will.

9 Vgl. dazu Mettler-v.Meibom 2001.

Versöhnung von Macht und Liebe?

„Macht ist gerichtet.
Weil Macht auf das Dazwischen,
die Beziehung, gerichtet ist,
muss sie sich mit Liebe verbinden."[10]

---

10 Barbara v. Meibom

Macht – Annäherungen an ein beunruhigendes Thema

Was ist Macht? Ist Macht etwas Existenzielles, dem Menschen Zugehöriges, ohne dass wir nicht leben können? Oder ist Macht etwas, was vermieden werden sollte, was gefährlich und bedrohlich ist? Oder aber ist Macht erstrebenswert, reizvoll? Das, was dem Leben Sinn und Glanz gibt?

In unserer nach wie vor männlich geprägten Gesellschaft, herrscht ein Verständnis von Macht vor, wonach Macht nach außen gerichtet ist: Hier wird Macht begriffen als ein „Instrument", mit dessen Hilfe sich Menschen, Dinge, Verhältnisse steuern, regeln und kontrollieren lassen. Wo Macht in diesem Sinne nach außen gerichtet ist, sollen mit ihrer Hilfe Verhältnisse/Beziehungen gestaltet und verändert werden – auch gegen Widerstand. Solche Macht ist gerichtete Energie; sie zielt auf Beziehung und zwar auf Unterstützung, Kooperation, Durchsetzung und Gefolgschaft bei der Verfolgung eines Ziels.

Auch Liebe ist In-Beziehung-Sein. Die besondere Qualität der Liebe ist jedoch, dass sie Trennungen aufhebt. Liebe ist sich selbst genug; sie existiert nicht auf Kosten anderer. Liebe richtet sich darauf, die eigenen Kräfte und die der anderen zum Wohle von sich und anderen einzusetzen. Liebe will, dass die Fülle des Lebens zum Ausdruck kommt, unbeschnitten, angstfrei, umfassend – so wie sie in Mensch und Natur angelegt ist.

Deswegen ist es so wichtig, dass nach außen gerichtete Macht und Liebe miteinander einhergehen, denn nur wenn die Liebesqualität die Machtausübung bestimmt, prägt oder ausrichtet, nur dann können Verwandlung und Veränderung geschehen, die dem Leben dienen. *„Macht ohne Liebe macht gewalttätig."* (Laotse) Aus der Versöhnung von Macht und Liebe hingegen wird Liebesmacht. Sie dient dem Leben, dem Empowerment von sich und anderen und achtet die Natur als „Mitwelt" (Convivialität). *„Es gibt nur eine Großmacht auf Erden. Das ist die Liebe."* (Laotse)

Macht und Mächtigkeit als Energie und Wesensausdruck

Ein ganz anderes Verständnis von Macht ist, wenn wir Macht als eine Energie begreifen. Ein solches Verständnis von Macht finden wir sowohl in unserem Kulturraum als auch in anderen Kulturen.

Macht im Sinne von Energie nennt Karlfried Graf Dürckheim Mächtigkeit. Sie sei im Sein eines Menschen angelegt – ohne jedes Verdienst, sozusagen von Anfang an.

Dürckheim unterscheidet zwischen Stufe, Rang und Mächtigkeit als Wesenqualitäten des Menschen. Er spricht von einer elementaren Mächtigkeit, in der sich das Sein *„als wesenseigenes Maß an ursprünglicher Entfaltungsfülle, Bewältigungskraft, Tragkraft und Standfestigkeit"* manifestiert:

„Die Seinshaltigkeit des Wesens ist bei den Menschen ursprünglich verschieden. Sie haben in ihrem Wesen in unterschiedlichem Maße teil an der Fülle, Urbildlichkeit und Einheit des Seins und so auch in ihrem Wesen heraus ein unterschiedliches Maß an ursprünglicher Lebensmächtigkeit, Geformtheit und Einigungskraft. Sie bekunden diese Verschiedenheit aus dem Wesen in einem sie unterscheidenden Grad an ursprünglicher Unabhängigkeit gegenüber den Bedrohungen des Daseins, in einem sie unterscheidenden Grad an ursprünglicher Formgültigkeit und Maßgeblichkeit ihrer Erscheinung und endlich in einem sie unterscheidenden Grad an ursprünglicher menschlicher Größe. Die Verschiedenheit ihres Wesens spricht uns an im Maß ihrer elementaren Mächtigkeit, in der Höhe ihres Ranges und in der Höhe ihrer seelischen Stufe."[11]

Menschen mit hoher Mächtigkeit seien *„wie Bäume, die breit, nach unten verwurzelt, einen unumstößlichen Lebensstamm haben und mit der ausladenden Breite und Krone viel Raum beherrschen – ohne verdienstvolles Bemühen."* Ihnen sei eine *„natürliche Kühnheit"* zu eigen … [als] *„Ausdruck einer unmittelbaren Gegründetheit im Sein"*, eine *„natürliche Fülle"*, *„blutvolle Lebendigkeit …"*. *„Die Atmosphäre, die sie umgibt, und die Strahlung, die von ihnen ausgeht, ist mit pulsierendem Leben geladen …"*[12]

11 Dürckheim 1988, 156ff.
12 Dürckheim 1988, 156ff.

Solche Menschen gewinnen Macht, weil sie von Natur aus macht-voll sind, d.h. voller Energie und Lebenskraft. *Wie* diese Menschen ihre Macht einsetzen, ist eine ganz andere Frage; Dürckheim würde sagen: Das hängt von ihrem Rang und ihrer Stufe ab. Mächtigkeit im so verstandenen Sinne ist einfach eine im Wesen angelegte Energie, die zur Verfügung steht, egal, ob sie ethisch rückgebunden ist oder ob sie dem Verfolgen eigener Interessen dient, ob sie also dem Leben dient oder sich ganz im Gegenteil gegen das Leben wendet.

Genau diese Neutralität der Macht als Energie macht ihre Chance und ihre Gefährlichkeit aus. Macht kann, da sie eine Energieform ist, für oder gegen Menschen, für oder gegen das Leben, für oder gegen die innere und äußere Natur eingesetzt werden. Die Mächtigkeit eines Menschen ist wie ein Rohdiamant, scharf und schneidend, ungefasst. Wo mächtige Persönlichkeiten sich *gegen* das Leben wenden und aus einer Haltung der Nekrophilie (Erich Fromm) und der Ichbezogenheit ihre Interessen auf Kosten der anderen ausleben, ziehen sie schwächere Menschen in ihren Bann und sorgen dafür, dass sich diese Art beschädigender Macht in Organisationen und Strukturen verfestigt. Hier kann Macht zur Gewalt werden und damit zum Schreckensbild von Machtgebrauch schlechthin. Die Geschichte bietet dafür zahllose Beispiele: Nationalsozialistischer Faschismus, koloniale oder ethnische Apartheidsregime, Terrorismus welcher Couleur auch immer. Solche Machtregime werden von machtvollen Persönlichkeiten angeheizt, manipulativ und lebensverachtend strukturell eingeführt und verankert und können sich – dank Angst und Mitläufertum – an der Macht halten.

Wo hingegen der Rohdiamant der Mächtigkeit durch die Liebeskraft zum Brillanten geworden ist, kann dieselbe Energie zu einer lebensfördernden und lebenserhaltenden Quelle werden, die hilft, Wildwuchs zu beschneiden, Recht durchzusetzen, Unrecht zu bekämpfen, die Schwachen zu schützen und sie zu ihrer eigenen Kraft zu ermutigen und zu ermächtigen. Auch solcher Machtgebrauch kann sich organisatorisch-strukturell niederschlagen – in einem Völkerbund, einer UN, einem Roten Kreuz, in einem

Nobelpreis, einem Sozialversicherungssystem oder im Kleinen: einer Wohltätigkeitsgründung, einer organisierten Nachbarschaftshilfe oder in einer Initiative, die es sich auf die Fahnen geschrieben hat, Menschen in Arbeit zu vermitteln. Klassische Beispiele für diesen anderen Gebrauch von Macht liefern Heroen wie Nelson Mandela, Martin Luther King, Mahatma Gandhi, Theresa v. Avila, Bertha v. Suttner, Mutter Teresa oder Elisabeth Selbert, die Mutter des Gleichberechtigungsartikels des Grundgesetzes oder Eleanor Roosevelt, die maßgeblich war für die Verabschiedung der Menschenrechtserklärung der Vereinten Nationen im Jahr 1948. Doch neben diesen bekannten Heroen gibt es die vielen kleinen Helden und Heldinnen des Alltags, die ihren Beitrag zur Humanisierung des Machtgebrauchs leisten.

Geschichte lässt sich verstehen als ein nie endender Versuch, die Dämonen ungehobelter Mächtigkeit zu zähmen und Macht zum Wohle von Mensch, Mitwelt und Natur zu kultivieren. Dies ging immer einher mit sozialen und politischen Aushandelungsprozessen einerseits, mit der Entwicklung von Strukturen, die helfen sollten, Machtbalancen zu erzeugen (wie z.B. die Gewaltenteilung in der Demokratie), aber auch mit ethisch-moralischen Anstrengungen auf der individuellen Ebene durch Bildung und Erziehung, die eine intrinsische Zähmung oder Einbindung von Macht unterstützen sollten.

Ohne Macht und Mächtigkeit ist eine Gestaltung gesellschaftlicher Verhältnisse nicht möglich. Das gilt auch für jeden Versuch, Macht einzusetzen, um eine Welt im Aufruhr und am Rande des Abgrundes in eine lebensfähige und nachhaltige Zukunft zu führen. Darum ist es unverzichtbar, sich mit Macht und Mächtigkeit auseinanderzusetzen und einen Weg zu suchen, wie sie im Geist der Liebe ausgeübt werden können. Es geht also darum, Macht und Liebe miteinander – zu unser aller Wohl – zu versöhnen.

Macht als Grundlage von Gesundheit

> *„Unsere Beziehung zur Macht ist der Kern unserer Gesundheit."*[13]
>
> *„Energie ist Macht."*
>
> *„Gesundheit fordert persönliche Macht."*

Auch Carolyn Myss, Wegweiserin einer Energiemedizin des 21. Jahrhunderts, begreift Macht als Energie, die dem Menschen zu eigen ist. Ihre Erfahrungen gewinnt sie aus der Fähigkeit zur intuitiven Diagnose von Krankheiten, die sie über Jahrzehnte in intensiver Kooperation mit Ärzten weiterentwickelt und überprüft hat. (Lebens-)Energie ist – so Myss – Macht, und ohne diese Macht kann der Mensch nicht leben. Je größer der Verlust von Energie/Macht ist, desto größer ist die Gefahr von Krankheit. Ihr Buch hat im Amerikanischen den bezeichnenden Titel „The Nature of Spirit", „Die Natur des Geistes". Bezeichnend darum, weil es zeigt, wie sich das Denken von uns Menschen jeden Moment unserer Existenz „in die Biologie einschreibt" (*„Ihre Biographie wird zu Ihrer Biologie"*). Jeder Gedanke unseres Lebens übersetzt sich in körperliche Reaktionen. Wir wirken also mit an der Erschaffung unseres Körpers und damit an der Erschaffung von Gesundheit und Krankheit. Unser Denken kann dem Körper Energie/Macht entziehen, die Energie/Macht erhalten oder die Energie/Macht erhöhen. Entscheidend sei es daher für einen Menschen zu wissen, wodurch er oder sie Macht gewinnt bzw. was zu einem Entzug von Macht führt. Die eigentliche Quelle für Verlust, Erhalt oder Gewinn von Macht im Sinne von Lebensenergie ist für sie das Denken. Da niemand anderes als wir selbst das Denken verändern können, ist es in letzter Konsequenz der Mensch selbst, der sich heilen kann.

In ihren Forschungen unterscheidet Myss zwischen passiven und aktiven Machttypen. Passive Machttypen geben ihre Macht an andere ab oder suchen diese von anderen zu erwerben. Ihr Energieniveau hängt insofern davon ab, ob sie von außen Energie

13 Myss 2000, 73 ff.

zugeführt bekommen, durch Anerkennung, Lob, Geliebtwerden etc. Aktive Machttypen haben die Fähigkeit, sich selbst zu motivieren. Auch hier ist die Energie meist nach außen gerichtet: auf Geld, Status, Besitz, Titel oder im Extremfall auf Suchtmittel aller Art. Je größer die Abhängigkeit von diesen äußeren Objekten ist, desto größer ist die Gefahr für Gesundheit und Leben, sofern derartige Objekte entzogen werden – durch Jobverlust, Vermögensverlust, Verlust von Partnern oder Partnerinnen, Reputationsverlust oder Drogenentzug. Diese Unterscheidung entspricht in hohem Maße dem, was Horst-Eberhard Richter unter dem Ohnmachts-Allmachtskomplex versteht[14].

Heilwerden aus der Sicht von Myss beginnt daher mit der Fähigkeit, im Denken und Fühlen ein anderes Verhältnis zu sich und anderen zu entwickeln. Heilwerden wird möglich, wenn es gelingt, die emotionalen, physischen und spirituellen Energien zu verstehen, die an der Wurzel einer Krankheit zu finden sind.

Myss, die sich bei ihren Forschungen auf die drei spirituellen Traditionen der Christlichen Sakramente, des Hinduismus und seiner Chakrenlehre und des Lebensbaumes in der jüdischen Kabbala bezieht, sagt, dass es dem Menschen aufgegeben sei, sieben heilige Wahrheiten auf seinem Entwicklungsweg zu lernen. Sofern er gegen diese Wahrheiten verstößt, indem das Denken dominant gegen sie angeht, drohen der Entzug von persönlicher Macht und die Gefahr von Krankheit. Körperlich manifestieren sie sich auf der Ebene des jeweiligen Chakras, das im Zusammenhang mit den entsprechenden Themen und Wahrheiten steht.

Heilwerden verlangt, sich der jeweiligen Wahrheit bewusst zu werden, die Ängste zu erkennen, sie loszulassen und die Energien so umzulenken, dass die jeweilige Lektion angenommen wird.

In zahllosen Fallgeschichten zeigt Myss, dass dies nicht geht, ohne mentale Konzepte loszulassen, die selbstbeschädigend sind. Wo sie existieren, neigen wir Menschen dazu, uns Macht durch Sicherheit im Außen verschaffen zu wollen. Myss nennt diese Menschen „Energieerwerber"; andere sprechen von „Energieklau". Weil solchen Menschen der Glaube und das Vertrauen fehlen, Sicherheit

14 Richter 1976 und siehe dazu S. 41 ff.

Die sieben Zentren von Kraft und Heilung, zusammengestellt nach Myss 2000

Chakra (Sitz)	Lektionen[1]	Heilige Wahrheit	Urängste u.a.	Körperliche Fehlfunktionen u.a.
1. Stammesmacht (unterer Teil der Wirbelsäule, beim Steißbein)	Lektionen in Bezug auf die materielle Welt	„Alles ist eins“	Angst um das körperliche Überleben; Angst, verlassen zu werden	z.B. chronische Schmerzen im unteren Rücken; Rektumtumore; Depressionen
2. Macht der Beziehungen (Bauch in der Nähe des Nabels)	Lektionen in Bezug auf Sexualität, Arbeit und körperliches Verlangen	„Ehret einander“	Angst vor Kontrollverlust; Angst vor Verlust der körperlichen Kraft	Gynäkologische und Potenzprobleme; Harntrakt, Beckenbereich
3. Persönliche Macht (Solarplexus)	Lektionen in Bezug auf Ego, Persönlichkeit und Selbstachtung	„Ehre dich selbst“	Angst vor Zurückweisung und persönlicher Kritik; Angst bezüglich des körperlichen Erscheinungsbildes	Arthritis, Verstopfung, Anorexie, Bulimie, Leberdysfunktionen
4. Emotionale Macht (mitten im Brustraum)	Lektionen in Bezug auf Liebe, Vergebung und Mitgefühl	„Liebe ist göttliche Macht“	Angst vor Einsamkeit; Angst vor der Verpflichtung, dem Herzen zu folgen	Herzerkrankungen, Asthma, Allergien, Schulter, Brustkrebs, Lungenkrebs
5. Macht des Willens (im Hals)	Lektionen in Bezug auf Willenskraft und Selbstausdruck	„Unterwerfe deinen persönlichen Willen dem Willen des Göttlichen“	Angst, den eigenen Willen dem Willen Gottes zu unterwerfen	Chronisch entzündeter Hals, Zahnfleischschwund und -entzündung; Skoliose; Schilddrüsenüber- und -unterfunktion
6. Macht des Verstandes (Stirnmitte)	Lektionen in Bezug auf Geist, Intuition, Erkenntnis und Weisheit	„Suche nichts als die Wahrheit“	Angst vor der Wahrheit; Angst vor Disziplin	Gehirntumor; Blindheit; Taubheit; Lernschwierigkeiten; Anfälle jeglicher Art

7. Geistige Macht / Verbindung zum Spirituellen (Scheitel)	Lektionen in Bezug auf Spiritualität	„Lebe im gegenwärtigen Augenblick"	Angst vor dem Verlust der Identität und der Verbindung zum Leben	Erschöpfungen ohne körperliche Ursache; extreme Empfindlichkeit gegenüber Licht, Geräuschen etc.

aus sich selbst gewinnen zu können, wird die eigene Macht nach außen abgegeben und/oder versucht, über Kontrolle Sicherheit zu gewinnen.

Man könnte sagen, Myss fordert einen Akt der Selbstliebe, der frei macht, auch anderen – aus der energetischen Fülle heraus – liebevoll zu begegnen. Oder symbolisch gesprochen: Wenn ein Krug leckt, kann er weder Wasser halten, noch Wasser ausgießen. Nur ein intakter Krug kann dies. Übertragen: Wer sein eigenes Energiefeld intakt hält, hat die nötige Macht, um anderen ohne Energieverlust zu begegnen und um Energie weiterzugeben.

Wo dies geschieht, wird nicht mehr die Macht im Außen gesucht, sondern es kommt zur Selbstermächtigung, genauer zur Ermächtigung aus dem SELBST, der uns innewohnenden göttlichen Liebesquelle. Persönliche Macht über andere zu gewinnen, weicht dann einer Bereitschaft und dem Willen, die eigene Energie/Macht anzunehmen, deren Erhalt zu sichern, sie aus einer Haltung der Demut heraus zu steigern und anderen zum Geschenk zu machen.

Macht als Shakti

Im Hinduismus wird diese dem Menschen innewohnende Energie auch Shakti genannt. Es ist die göttliche Energie, die Leben ermöglicht[15]. Besonderen Ausdruck findet sie in dem großen neuntägigen Dasserafest zu Ehren der göttlichen Mutter, das jedes Jahr Anfang Oktober gefeiert wird. In umfänglichen Feuerritualen werden dabei drei Aspekte der Göttlichen Mutter gefeiert: Durga,

15 Shiva und Shakti gehören zusammen. Shakti (in ihren unterschiedlichen Manifestationen) ist die Gemahlin von Gott Shiva. Während Shakti die verschiedenen Kräfte ausdrückt, steht Shiva hier für das transzendente Absolute. Die Vermählung von Shiva und Shakti ist insofern ein Symbol für die Vermählung von Transzendenz und Immanenz, die sich im Menschen vollziehen kann. Im Christentum spricht man hier von der mystischen Hochzeit oder Unio mystica.

Lakshmi und Saraswati. Jeder dieser Aspekte steht für einen anderen Macht- bzw. Energieaspekt des Menschen[16]:

- *Energie und Dynamik* (Durga oder Kriya-Shakti) entspricht der Macht auf der Körperebene und äußert sich in absichtsvoller Handlung;
- *Macht des Willens* (Lakshmi oder Ichchaa-Shakti) entspricht der Macht auf geistiger Ebene und drückt sich über den Willen aus;
- *Macht der Unterscheidung* (Saraswati oder Jnana-Shakti) entspricht dem Göttlichen (Atman) und drückt sich über die Sprache aus.

Man könnte auch sagen, die Shakti-Energie manifestiert sich auf der Ebene von Körper, Geist und Seele. Jede dieser Energieformen will erkannt und gelebt werden.

Wenn man dieses Konzept mit dem Konzept der Mächtigkeit im Sinne von Dürckheim in Beziehung setzen will, dann ist ein Mensch mit hoher Mächtigkeit ein Mensch mit einem hohen Maß von Shakti-Energie. Stufe und Rang eines Menschen im Sinne von Dürckheim würden jedoch davon abhängen, *wie* mit den drei oben genannten Ausprägungen von Macht umgegangen wird, im Handeln,

16 „Bharatiyas have been celebrating the Navarathri festival from ancient times as a mode of worship of Devi, the Divine as mother. They worship the goddesses Durga, Lakshmi, and Saraswati during these nine days. The significance of Durga, Lakshmi, and Saraswati has to be rightly understood. The three goddesses represent the three kinds of potencies in man: Ichchaa Shakti (will power), Kriya Shakti (the power of purposeful action), and Jnana Shakti (the power of discernment). Saraswati is manifest in man as Vaak (the power of speech). Durga is present in the form of energy and dynamism. Lakshmi is manifest in the form of will power. The body indicates purposeful action – Kriya Shakti. The mind is the repository of will power – Ichchaa Shakti. The Atman is the power of discernment – Jnana Shakti."
„In Indien wurde das Navarathri Fest von allen seit uralten Zeiten als eine Form der Anbetung des Göttlichen als Mutter (Devi) begangen. Die Menschen verehren die Göttinnen Durga, Lakshmi und Saraswati neun Tage lang. Die Bedeutung dieser drei muss richtig verstanden werden. Die drei Göttinen versinnbildlichen die drei Arten der Macht im Menschen: Ichchaa Shakti – Macht des Willens, Kriya Shakti – die Macht der absichtsvollen Handlung und Jnana Shakti – die Macht der Urteilskraft. Saraswati manifestiert sich im Menschen als die Macht der Sprache (Vaak). Durga zeigt sich im Menschen in der Form von Energie und Dynamik. Lakshmi offenbart sich als Macht des Willens. Der Körper weist auf absichtsvolle Handlungen hin. Der Geist ist die Quelle von Willensmacht (Ichchaa-Shakti). Und das SELBST (Atman) ist Macht der Unterscheidung." (eigene Übersetzung; BvM. Das englische „Power" ließe sich hier auch als Kraft statt als Macht übersetzen.) Tagesspruch in Prashanti Nilayam am 9. Oktober 2008

im Denken und Wollen und in der Unterscheidungsfähigkeit zwischen dem „Wirklichen" und „Unwirklichen"[17].

Shakti, Lebensenergie, ist in dieser Philosophie jedem Menschen zu eigen. Ja, menschliches Dasein ohne Shakti gibt es nicht. Sie ist die Grundlage von persönlicher und transpersonaler Macht. Ihr Gebrauch ist jedoch letztlich eine Frage der Ausrichtung des Geistes.

Hier treffen sich die verschiedenen Vorstellungen, spirituellen Weltbilder und Erkenntnisse darüber, wie unser Denken unsere körperliche Gesundheit beeinflusst. Die göttliche Herausforderung besteht nach Myss darin, unsere *„Kraft der freien Wahl in den Griff zu bekommen. Es beginnt mit der Wahl, wie unsere Gedanken und Einstellungen aussehen"*.[18] Macht, Mächtigkeit und Machtgebrauch fordern und erfordern insofern ein Spirituelles Selbstmanagement.

Macht entlang der Geschlechterdifferenz

Wer Menschen nach ihrem Verständnis von Macht befragt, wird schnell merken, dass die Bilder der Macht in hohem Maße geschlechtsspezifisch sind. Dabei überwiegen Vorstellungen von Macht, die Macht nicht als Energie begreifen, die im Menschen verankert ist, sondern als eine Fähigkeit, andere zu beherrschen und zu kontrollieren. Während Frauen Macht eher als etwas Bedrohliches abzulehnen scheinen, nicht allerdings ohne selbst Macht auszuüben und von ihr fasziniert zu sein, scheint das Streben nach Macht dem männlichen Selbstbild angemessen.

Dass dies sowohl kulturelle als auch tiefenpsychologische Gründe hat, wird besonders deutlich anhand der Ausführungen des Psychoanalytikers Horst-Eberhard Richter zum Gotteskomplex. In seinem gleichnamigen Buch[19] beschäftigt er sich mit einer Phase der Menschheitsentwicklung, in der sich der westliche Mensch – im Zuge der Aufklärung – immer mehr von dem Bewusstsein seiner

17 Aus vedantischer Sicht ist das Wirkliche, das, was unveränderbar ist, weder geboren noch gestorben, das nicht Wirkliche hingegen alles, was einem Wechsel von Werden und Vergehen unterliegt. In der Sprache Goethes: „Alles Vergängliche ist nur ein Gleichnis."

18 Myss 2000, 101

19 Richter 1976

Gottes-Kindschaft verabschiedete. Der Mensch erhob sich selbst zum Herrscher und Gestalter aller Dinge. Gott wurde obsolet; er verschwand im wahrsten Sinne des Wortes von der Bildfläche – ein Prozess, der sich in den Kunstwerken im Übergang zwischen Mittelalter, Renaissance und früher Neuzeit in aller Deutlichkeit nachvollziehen lässt[20].

Doch wer herrschen will, braucht jemanden oder etwas, den oder das er beherrschen kann. Seit dem Ende des Matriarchats war dies schon immer die Frau. Neu war nun, dass an der Spitze der Hierarchie nicht mehr Gott stand, sondern der Mann; und zur Entmündigung der Frau kam seit der Renaissance noch die Beherrschung und Ausbeutung der Natur hinzu. Macht und Ohnmacht wurden geschlechtsspezifisch verteilt, eine Tatsache, die Richter – bezogen auf den kulturhistorischen Kontext der beginnenden Neuzeit – als Gotteskomplex bezeichnet hat. Unter einem Komplex versteht man eine neurotische Störung, ein falsches Selbstbild, das die Entfaltung der Persönlichkeit behindert. Hier manifestiert sie sich geschlechtsspezifisch: Während Männer sich in ihrer Herrscherrolle nicht erlauben dürfen zu leiden (ein Mann weint nicht und fühlt auch nichts – im Zweifelsfall wird der Körper bis zur Gefühllosigkeit gedrillt)[21], darf die Frau weder wissen noch Macht ausüben: Sie wird entmündigt.

Was bereits in der Bibel stand („Das Weib schweige still in der Gemeinde"), fand nun trotz zunehmender Säkularisierung seine verschärfte Fortsetzung. Noch um die Wende vom 19. zum 20. Jahrhundert, im Jahr 1903, publizierte der Arzt P. J. Möbius den damaligen Bestseller „Über den physiologischen Schwachsinn des Weibes"[22]. Frauen blieben nicht nur vom öffentlichen Leben, sondern auch vom Erwerb von Bildung ausgeschlossen, und bis zur Zeit nach dem Ersten Weltkrieg, in der Schweiz sogar noch bis in die zweite Hälfte des 20. Jahrhunderts, wurde Frauen das Wahlrecht verweigert.

20 Während ursprünglich der Bildraum allein den „Heiligen" vorbehalten war, rückten zunehmend auch profane Gestalten ins Bild, zuerst die Stifter der Bilder am unteren Bildrand, dann fanden sie Platz in dem Bild selbst und schließlich feierte sich der profane Mensch selbst als Objekt der verherrlichenden Darstellung, ein Vorgang, der vor allem in der flämischen Malerei zu hoher Blüte gelangte.

21 Vgl. Theweleit 1980.

22 Möbius 1903

Welch nachhaltige Wirkungen dies bis heute in der kollektiven Psyche der Frau hat, wurde mir unvermutet anlässlich meines Vortrags zum Thema Macht und Liebe im Schloss Corvey bei Höxter bewusst. Im Kaisersaal mit seinen Gemälden von Kaisern und Fürstbischöfen, machtvollen Repräsentanten weltlicher und geistlicher Macht, war anlässlich der Veranstaltung ein Blumengesteck aufgestellt worden. An ihm hatten Floristinnen vierzehn Tage lang gearbeitet. Es symbolisierte ihre Auseinandersetzung mit dem Thema Macht und Liebe. Was ich dort sah, erschreckte mich, zeigte es doch eindrücklich, dass im Bewusstsein dieser Frauen Macht immer noch als Verletzung, Bürde und Schmerz erlebt wird, gegen die sich die Liebe kaum zeigen, geschweige denn behaupten kann. Was ich sah, war ein Verständnis von Macht, wie es dem weiblichen Lebenszusammenhang bis heute zu eigen ist.

Abbildung 1: Blumengesteck zum Thema „Macht und Liebe"

Aushandelung von Macht

Macht ist jedoch eine Beziehung, die immer wieder ausgehandelt wird, sowohl strukturell, gesellschaftlich, organisatorisch als auch in der Geschlechterbeziehung. Macht wird in Interaktionen beansprucht, zugesprochen, verweigert, neu verteilt. Macht drängt auf Durchsetzung, denn Macht ist eine Energie, mit deren Hilfe der Mensch auch gegen Widerstand gestalten will. Insofern wundert es nicht, dass eine letztlich neurotische Spaltung der Gesellschaft entlang der Geschlechterlinie in Machtvolle und Ohnmächtige Widerstand hervorrufen musste.

Wie wir alle wissen, haben sich die Verhältnisse zwischen Männern und Frauen geändert. Frauen haben heute mehr Rechte als noch vor wenigen Jahrzehnten[23] und Frauen haben heute mehr Selbstbewusstsein und Selbstwertgefühl. Und dennoch bestätigen sowohl Forschungen als auch meine eigenen Erfahrungen, dass die Veränderungen nicht so tief greifend sind, wie man meinen sollte. Geschlechtsspezifische Unterschiede im Verhältnis von Macht und Ohnmacht wirken fort und finden immer wieder neue Ausdrucksformen und neue Unterdrückungsverhältnisse. Um nur eine der jüngsten Varianten dessen zu erwähnen: Es gibt die so genannten „Porno-Raps", die heute unter Jugendlichen große Popularität besitzen. In zutiefst inhumaner Weise bestätigen sie erneut den Objektstatus der Frau und des weiblichen Körpers und hinterlassen tiefe Spuren im Unbewussten der vielen jungen Menschen, die sie mit großer Begeisterung hören.

23 Noch bis 1976/77 durften Ehefrauen nur arbeiten, wenn der Ehemann dem nicht widersprach.

Über den schwierigen Umgang mit Macht und Mächtigkeit

Wir Menschen möchten ein gesundes Selbstwertgefühl entwickeln und uns selbst so lieben und annehmen können, wie wir sind. Wer dies zu leben versucht, stößt schnell auf den eigenen Umgang mit Macht und Mächtigkeit:

- Habe ich es zugelassen, dass andere mir meine Macht genommen haben?
- Habe ich freiwillig meine Macht an andere abgegeben?
- Missbrauche ich meine Macht?
- Wie übe ich Macht aus?
- Übe ich die Macht des/der vermeintlich Allmächtigen aus?
- Übe ich die Macht des/der vermeintlich Ohnmächtigen aus?

Solche Fragen stellen sich auf dem Weg der Versöhnung von Macht und (Selbst-)Liebe. Doch sie stellen sich für Männer und Frauen auf dem Hintergrund kollektiver und individueller Erfahrungen meist auf sehr unterschiedliche Weise.

Angst vor Macht und Mächtigkeit – Der Weg der Frau?

Vor mir sitzt Marianne (Name geändert). Sie nimmt an meiner Seminarreihe zum Spirituellen Selbstmanagement teil. Heute ist sie zur Einzelstunde gekommen. Die letzten Male hat sie die Gruppe in Atem gehalten. Sie fühlt sich ohnmächtig und ausgeliefert und neigt zugleich dazu, die gesamte Aufmerksamkeit der Gruppe auf sich zu ziehen, indem sie – zu ihrem eigenen Erschrecken – mit schöner Regelmäßigkeit in Tränen ausbricht. Sie „sitzt" auf ihrem Geheimnis, einer Missbrauchserfahrung, die sie bis heute nicht verarbeitet hat. Nun hat sie sich entschieden, im Schonraum der

Zweierarbeit „auszupacken". Sie möchte sich befreien von der Last, die auf ihr liegt.

Dies geschieht, doch wir bleiben nicht dabei stehen. Es dauert nicht lange und wir stoßen auf einen harten Machtkern, mit dessen Hilfe sie längst gelernt hat, ihre Umgebung zu manipulieren, zuvorderst ihren Mann, als dessen Opfer sie sich sieht. Sie wagt einen Blick auf sich selbst, entdeckt ihre eigenen Manipulationsstrategien und öffnet sich dafür, sehr vorsichtig und noch sehr vorläufig, ihre machtvolle Seite in einen Dialog mit der inneren Ohnmacht zu bringen. Dies ist der erste bewusste Kontakt mit einer inneren Qualität, die sie bisher nicht zur Kenntnis nehmen wollte. Von dort aus ist der Weg noch weit, wenn sie ihren Machtpol integrieren und einbinden will. In den nächsten Wochen und Monaten tut sie erste Schritte und die Gruppe ist für sie ein Spiegel in diesem Prozess. Er durchläuft alle Stadien: anfängliche Freude an der wiederentdeckten Macht, Wut über das bisherige Abgeben der eigenen Macht, aggressive Entladung, indem sie diese Wut auf die Gruppenleiterin projiziert, Rückfall in die kindliche Ohnmacht, Versuche, die Kontrolle über die bedrohlichen Gefühle zu gewinnen, indem sie die Spaltung der Gruppe betreibt, schließlich Rückzug, als es gilt, sich und andere aus einer Haltung der Verantwortung heraus zu führen. Den letzten Schritt der Integration wagt Marianne vorläufig nicht.

Mit ihren Wechselbädern von Gefühlen zeigt uns Marianne die Schattenkämpfe zwischen Ohnmachts- und Allmachtsempfindungen, die den Weg hin zur Selbstermächtigung bahnen. Immer wieder flackern innere Widerstände auf, die verhindern, die eigene Macht liebevoll anzunehmen und sie produktiv für sich und andere zu wenden. In die Seele ist das Muster eingeschliffen, Opfer zu sein. Dass aus dieser Opferhaltung eine äußerst effektive Manipulationsstrategie von sich und anderen erwachsen ist, darf nicht ins Bewusstsein treten, gälte es doch dann, Verantwortung für sich selbst zu übernehmen und sie nicht auf andere abzuschieben.

Was Marianne uns hier zeigt, ist nur eine – wenngleich eine bei Frauen besonders verbreitete – Variante, mit der eigenen Mächtigkeit umzugehen. Macht und Mächtigkeit sind eine Energie, die dem Wesen zu eigen ist. Sie wird mitgebracht, nicht erworben, bei

Männern wie bei Frauen. Doch in einer patriarchalen Gesellschaft wie der unsrigen dürfen Frauen diese Macht weit weniger annehmen, leben und ausdrücken als Männer. Ganz im Gegenteil: Frauen erleben kollektiv und individuell, dass ihre Macht entwertet und negiert wird oder dass sie so grundlegend verletzt werden, dass ihre Macht keine Chance mehr hat, sich genuin zu entfalten.

Wenn eine Businessfrau im Büro vom eintretenden Besucher mit den Worten begrüßt wird, *„Ist hier niemand?"*, dann ist dies eine unmissverständliche Botschaft der Entwertung für sie als Frau. Wenn die Tochter, die Schwester, die Nichte oder die Nachbarin von Vater, Bruder, Onkel oder Nachbar sexuell missbraucht werden, dann trägt die Seele eine Verletzung davon, die auf dem Hintergrund der kollektiven und geschlechtsspezifischen Ohnmachts-Allmachts-Spaltung in unserer Gesellschaft Frauen in die Ohnmachtsrolle abdriften lässt. Sie erleben sich als Opfer und verharren vielfach in diesem Opferstatus. Sie wagen es nicht, sich öffentlich zu machen, wohl wissend, dass sie dann vom Kollektiv noch doppelt bestraft werden – durch Gefahr an Leib und Leben, durch üble Nachrede, durch Entwertung vor Gericht. Sexuelle Gewalt als Demütigung, körperlich, seelisch, geistig, führt hier zu Schweigen, Schuld und Scham. Frauen reagieren mit Autoaggression, Depression oder auch manipulativem Machtgebrauch. Das Opfer sucht sich dann neue Opfer: Wenn es nicht die eigene Person ist, sind es die Männer, die Kinder oder andere Beziehungspartner. Die eigene Mächtigkeit wird vom Bewusstsein abgespalten; sie richtet sich gegen die Frau selbst oder treibt ihr Unwesen als Rache oder Manipulation.

Auch Annegret (Name geändert) hat den Weg zu mir gefunden. Sie leitet eine Einrichtung mit Jugendlichen, ist dabei äußerst erfolgreich, beliebt, öffentlich anerkannt, innovativ und kreativ. Doch dies ruft Widerstand auf den Plan. Sie wird als zu machtvoll erlebt und der Neid ist nicht weit. Unversehens sieht sie sich einem so massiven Mobbing ausgesetzt, dass ihre berufliche Existenz, Reputation und Zukunft ernsthaft gefährdet ist. Wir finden schnell heraus, dass dahinter eine frühe Missbrauchserfahrung steht, in der sie gelernt hat, über das zu schweigen, was man ihr antut. Sie erkennt und spürt, dass es dieses Mal darum geht, „Farbe zu bekennen", sich öffentlich zu machen, um den Bann des Schweigens zu brechen. Und sie „steht". Sie tritt offensiv und öffentlich für sich ein, verteidigt ihre Werte und das, was sie geschaffen hat, und verlässt ihren Arbeitsplatz freiwillig, darauf vertrauend, dass größere Aufgaben auf sie warten. Es dauert nicht lange und sie beginnt mit neuem Selbstbewusstsein eine neue Tätigkeit, die alle ihre Fähigkeiten fordert und in der sie segensreich wirken kann.

Aus der Ohnmachtsfalle herauszukommen, verlangt, wie das Beispiel von Annegret zeigt, eine gehörige Portion Mut. Wer gelernt hat, sich nicht zu zeigen, zu schweigen oder den Angriffen aus dem Weg zu gehen, wird immer wieder an eine Schwelle geführt, an der sich die Chance auftut, aus der Ohnmacht in die Selbstverantwortung zu treten. Die Tür hierzu öffnet sich, wenn Selbstwertschätzung und Selbstakzeptanz sich wie Balsam über die Seele legen und Mut aufkommt, für das eigene Wohlergehen zu sorgen – egal, welche Widerstände dies bei anderen hervorruft. Zu sich selbst zu stehen, bedeutet, aus der Ohmachtsrolle herauszutreten. Es ist ein Schritt der Selbstermächtigung; es ist ein Schritt, die eigene Verwundbarkeit anzunehmen und sich den anderen bewusst zuzumuten. Er ist wichtiger als die Akzeptanz im Außen. Doch genau diese Selbstermächtigung weckt Akzeptanz. Wer sich selbst achtet, wird auch von anderen geachtet.

Die Wege, wie Frauen mit den kollektiven und individuellen Entwertungserfahrungen ihrer Macht und Mächtigkeit umgehen, sind vielfältig: Das liebe Kind, die aufopfernde Helferin, die manipulativ Ohnmächtige, die immer nur mit gebremster Kraft laufende Karrierefrau, die sich selbst Vermännlichende, welche über andere Kontrolle ausübt und die Schwachen „wegbeißt" – das sind nur einige der Varianten.

Vier Grundtendenzen lassen sich bei Frauen unterscheiden, die bislang noch keinen Weg gefunden haben, ihre eigene Macht positiv zu integrieren: Frauen der ersten Tendenz *geben die eigene Macht ab*. Das kann auf vielen Wegen geschehen: Sie projizieren ihre Macht auf das männliche Gegenüber, „himmeln" die männliche Macht an, machen sich selbst zum lieben Kind oder zur Dienerin. Am anderen Ende der Verhaltensmöglichkeiten steht die Rächerin, mythologisch die Medea, die einen Feldzug gegen ihre Unterdrücker führt. Dazwischen liegen die Frauen, die im *Opferbewusstsein* verharren und – meist unbewusst – ihre Macht versteckt und manipulativ einsetzen. Hier finden wir die Macht der Ohnmächtigen, die mit Migräneanfällen, Verführungskunst oder ständigen Vorwürfen Herrschaft ausüben. Die vierte Möglichkeit ist, völlig im Opferstatus aufzugehen, indem die Macht als Autoaggression gegen sich selbst gewendet wird. In jedem dieser Fälle wird der Schmerz darüber, dass die eigene Macht nicht gelebt wird, in den Schattenbereich der Seele abgedrängt und als Aggression oder Autoaggression gelebt.

Und schließlich gibt es noch eine weitere Variante, wie Frauen sich Macht indirekt und verdeckt holen. Frauen missbrauchen Männer, um stellvertretend für sie Kämpfe auszutragen: den Kampf um Status und Pfründen, den Kampf um Prestige und Ansehen, den Kampf gegen das Fremde und Bedrohliche. Unsere Kriegskultur ist nicht nur eine Kultur der Männer, sie hat ihren Ursprung auch darin, dass Männer von Frauen stellvertretend „in den Krieg geschickt werden“. Die erotische Anziehung des Militärs, der kriegerische Wettstreit um die Gunst der Frau – sie sind nicht nur Historie, sondern sie leben bis heute fort. Indirekt üben Frauen auch Macht aus, wenn sie sich die Macht der Männer „leihen“. Früher hieß das dann „Frau Dr.“, „Frau Professor“, „Frau Geheimrat“. Hier ersetzen Geld, Prestige und Einfluss von Ehemann oder Geliebtem die Eigenverantwortung von Frauen und werden zur Grundlage ihres Anspruchs auf Geltung und Einflussnahme. Dass sie damit ihre ureigenste Macht abgeben und sich letztlich abhängig machen von der Macht anderer, wird dabei oft genug übersehen.

Allein die Heilung der inneren Ohnmachts-Allmachts-Spaltung kann helfen, das eigene Potenzial zu heben, anzunehmen, zu leben und sich selbst zu ermächtigen. Es ist der Weg, den Carolyn Myss als Weg des Heilwerdens bezeichnet – auf der körperlichen, der mentalen, der emotionalen und der spirituellen Ebene. Er führt über die (Rück-)Gewinnung der eigenen Energie und damit der eigenen Macht. Doch dieser Weg ist herausfordernd, weil er mit eingeschliffenen Denkkonzepten, Gewohnheiten, lieb gewordenen Routinen und Schutzmechanismen zu tun hat, die auf ihre Auflösung und Transformation warten.

Hier noch ein letzter Hinweis auf eine weitere Form der Machtausübung von Frauen, die in unseren Breitengraden und in unserer Zeit eher weniger entwickelt ist. Es sind Relikte von Machtausübung, wie sie Frauen im Matriarchat gelebt haben. Die „Große Mutter" ist nach Erich Neumann der Archetypus der Frau, die als Übermutter eine verschlingende Funktion hat, weil sie es nicht zulässt, dass die ihr Anvertrauten eigen-ständig werden[24]. Sie hält die Kinder und bisweilen auch Männer in einer Unmündigkeit. Diese matriarchale Form der Machtausübung musste daher menschheitsgeschichtlich der patriarchalen Form weichen. Doch so wie die matriarchale Form Selbstakzeptanz und Selbstbestimmung erschwert, so auch die patriarchale Form. Deswegen ist auch das Patriarchat nur eine Zwischenstufe auf dem Weg der Menschheit. Die Versöhnung von Macht und Liebe bahnt hingegen den Weg zu einem androgynen Menschen, der seine Identität entfalten kann, ohne das jeweils andere Geschlecht oder die gegengeschlechtliche Seite in der eigenen Psyche zu unterdrücken.

Sehnsucht nach Macht und Angst vor Liebe – Der Weg des Mannes?

Ich bin in Indien und sitze im Ashram von Whitefield, einem Kloster von Sathya Sai Baba, zu dem die Menschen aus aller Welt strömen, weil er sie mit seiner Botschaft der Liebe anzieht. Männer und Frauen sind im Ashram streng getrennt, die Männer auf der einen, die Frauen auf der anderen Seite. Dieses Mal sitze ich direkt am Mittelgang, von der Männerseite nur durch den breiten roten Teppich getrennt, auf dem Sai Baba entlangschreitet, zuerst zur Frauenseite gewendet, dann zur Männerseite.

Als ich seinen Weg auf der anderen Seite verfolge, traue ich meinen Augen nicht. Ich sehe Männer, strahlend und hingegeben an die Liebe. Freude, Süße, Zärtlichkeit, ja Ekstase spiegelt sich auf ihren Gesichtern, begierig, einen Blick des Meisters zu erhaschen, nach dem sie sich sehnen und von dem sie gesehen werden wollen. Der Anblick ist derart überraschend und ungewöhnlich für mich, dass ich wie im Schock bin. So also können Männer auch sein?! Strahlend, der Liebe zugewandt, offen, einfühlsam, zärtlich, hingebungsvoll! Ich kann es kaum fassen! Und es sind keineswegs

24 Neumann 1989

nur die indischen Männer, die sich so offen zeigen; auch die so genannten Westler leuchten, drängen sich, sind voller Hingabe. Allmählich klingt der innere Aufruhr in mir ab und ich beginne mich zu fragen, wo dieses Antlitz der Männer sich sonst – im Alltag – versteckt. Warum wohl ist es sonst so gut verborgen hinter einer „coolen" Fassade, nicht berührt von allen Gefühlen?

> *„So wie die Liebe dich krönt, kreuzigt sie dich.*
> *So wie sie dich wachsen lässt, beschneidet sie dich …*
> *Sie drischt dich, um dich nackt zu machen. Sie siebt dich, um dich von deiner Spreu zu befreien. Sie mahlt dich, bis du weiß wirst. Sie knetet dich, bis du geschmeidig bist; und dann weiht sie dich ihrem heiligen Feuer, damit du heiliges Brot wirst für Gottes heiliges Mahl.*
> *All dies wird die Liebe mit dir machen, damit du die Geheimnisse deines Herzens kennen lernst und in diesem Wissen ein Teil vom Herzen des Lebens wirst."*[25]

Solche Metaphern nutzt der islamische Mystiker Khalil Gibran in seinem Buch „Der Prophet". Die Liebe verwandelt vom Grunde auf, sie lässt sich nicht kontrollieren, nicht beherrschen. Sie konfrontiert jeden von uns mit sich selbst. Sie lässt die eigenen Schwächen spüren und lässt in tief greifenden Prozessen der Transformation eine Persönlichkeit entstehen, die liebesstark und furchtlos ist.

Wer sich solcher Erfahrung nicht aussetzen will, wer das Risiko, Schwäche zu fühlen, vermeiden will, wird sich gegen die Liebe sperren. Er projiziert diese Kraft zu lieben, die in ihm selbst angelegt ist, auf andere – mit Freud und Leid. Statt sich dem Feuer der Transformation durch Liebe auszusetzen, statt Mitgefühl zu entwickeln, sich den Schwachen zuzuneigen, die eigene Ohnmacht anzunehmen, den Wechsel von Glück und Trauer, Leben und Tod zu ertragen, dem Leben und seinen Wechselfallen gegenüber demütig zu werden, lässt er lieben. Im Patriarchat hat der Mann all dies an die Frau abgegeben. „Ich denke, also bin ich" – so der berühmte Satz von Descartes. Das Fühlen wurde den Frauen überlassen, denen

25 Gibran 2001, 17

„physiologischer Schwachsinn“ (Möbius) unterstellt wurde. Was den Frauen zugestanden wurde: Sie durften den Mann zur Liebe ermutigen („Encourager l'amour“), doch natürlich nur in dem Maße, wie der Mann sich darauf einlassen wollte.

Die Abspaltung des Fühlens und die Überbewertung des Denkens im patriarchalen Projekt der Aufklärung verlangte nach einer Grundlage männlicher Identität, die ohne Fühlen auskommt. Sie fand sich im Allmachtswahn (H.E. Richter), in der der Mensch/Mann glaubt, das Leben kontrollieren zu können – wenn schon nicht im Beruf, dann auf jeden Fall zu Hause gegenüber Frau und Kind. Doch der Preis für diese Art der Machtausübung ist hoch. Es ist der Verlust des Fühlens. Das Fühlen wird nicht nur an das andere Geschlecht delegiert. Zu fühlen wird als bedrohlich erlebt und bekämpft, innen wie außen.

Wo der Mensch/Mann nicht eingewoben ist in die Solidarität der Gemeinschaft des Lebens, wo er nicht Vertrauen durch Zugehörigkeit, sondern durch Machtausübung erhofft, wird die eigene Position immer gefährdet sein. Sie ruft Unsicherheit hervor. Das Leben wird zu etwas prinzipiell Gefährlichem, dem mit allen erdenklichen Mitteln Einhalt geboten werden muss. Die dahinter liegende Spaltung zwischen Tun und Fühlen, zwischen Macht und Liebe ist eine wichtige Ursache für Kriege und für Rüstungsausgaben, die weit mehr Geld verschlingen als benötigt würde, um Hunger und Leiden in der Welt erfolgreich zu überwinden.

Das männliche Projekt einer Machtausübung auf Kosten des Fühlens hat sich strukturell in Rüstungsspiralen und Kriegen verselbstständigt. Deren schlimmsten Auswüchsen wollten verantwortliche Politiker mit Hilfe des Völkerrechts Einhalt gebieten. So gilt noch immer ein verantwortlicher Machtgebrauch in Kriegszeiten als eine Tugend, die das Völkerrecht verbindlich einfordert. Doch um die Einhaltung der entsprechenden Regeln ist es schlecht bestellt: Der Schutz von Frauen und Kindern ist in modernen Kriegen mit Atombomben, bakteriellen und chemischen Kampfstoffen, Streugranaten und ferngesteuerten Raketen zur vernachlässigten Maxime verkommen. Gemordet und gebombt wird ohne Rücksicht. Im Selbstmordattentat der Terroristen wird der menschliche Irrweg, Macht vom Fühlen abzukoppeln, konsequent bis zum Ende gegangen: Der Terrorist meint, das eigene Leiden vermeiden zu können, indem er sich und andere in den Tod bombt und sich durch das Attentat das Anrecht auf himmlische (Sinnes-)Früchte erwirbt, sprich endlich fühlen darf.

Das Projekt der Machtausübung in seiner bisherigen Form (Rüstungsspiralen; ABC-Waffen, Terrorismus und Kampf gegen den Terrorismus) hat – statt zu mehr Sicherheit – zu noch größerer Unsicherheit geführt. Es hat sich als nicht erfolgreich erwiesen. Das zeigt, dass wir in eine Umbruchphase eingetreten sind. Es braucht offenbar eine Richtungsänderung. Die bisherige Spaltung in Macht und Ohnmacht entlang der Geschlechtergrenze, die sich in Strukturen und Prozessen der Moderne niedergeschlagen hat, ist an ihre Grenzen gekommen. Weder verschafft der gefühlsentleerte Gebrauch von Macht Sicherheit, noch führt er individuell und kollektiv zur Absicherung der eigenen Machtposition. In der Vergangenheit konnte der männliche Machtgebrauch Legitimität beanspruchen, sofern er darauf gerichtet war, Werte wie Volk, Vaterland, Nation, Frauen, Kinder, Schwache zu verteidigen. Auch der Firmenpatriarch fühlte sich legitimiert, unumschränkt über Familie und Beschäftigte zu herrschen, weil er meinte, seine Kräfte für das Wohl von anderen einzusetzen. Und das jeweilige Gefolge bestätigte, dass die Macht- und Autoritätshierarchien angemessen und akzeptiert waren. Die „Untergebenen“ fanden nach oben ihren Selbstwert durch die Nähe zur „Herrschaft“ und nach unten dadurch, dass wiederum andere „unter“ ihnen standen – in Beruf und Familie.

Es gibt eine Schattenseite dieser Identitätsfindung durch Machthierarchien. Sie zeigt sich im Kadavergehorsam (nach oben buckeln und nach unten treten), zu dem die Militärs im Wilhelminischen Reich erzogen wurden, im Mitläufertum, ohne das der nationalsozialistische Faschismus nicht hätte funktionieren können, oder im Abgeben des Gewissens an der Bürotür, wenn der Beruf es zu verlangen scheint. Die Schattenseite offenbart sich in einer Welt im Chaos, weil die Gesetze des Lebens missachtet und die Kraft der Liebe vom Gebrauch der Macht abgekoppelt werden. Die jüngste Variante in diesem Prozess zeigt sich in einer weltweiten Finanzkrise, die sich letztlich nicht als beherrschbar erweisen dürfte.

Heute sind solche patriarchalen Konzepte der Identitätsbildung und der Machtausübung immer weniger tragfähig. Globalisierung und Mediatisierung lassen alte Geschlechterstereotype aufbrechen. Identitätsbildung, die auf Beherrschung und Unterordnung basiert, stößt immer mehr auf Widerspruch und Widerstand. Was früher dem Mann zu gelingen schien, misslingt zunehmend: Die eigenen Gefühle unter Kontrolle zu halten, indem das Fühlen an die Frau delegiert wird. In der globalisierten Gesellschaft begehrt das Unterdrückte mächtig auf: als Gewaltausbrüche ethnischer Randgruppen, als Terrorismus, als eine Natur, die „zurückschlägt", als Ansprüche von ökonomischen Schwellenländern, die vehement ihren Anteil am materiellen Kuchen einfordern oder als kollabierende Finanzsysteme, weil die Bewegungen der Finanzmärkte zum Ausdruck von Gier und Rücksichtslosigkeit geworden sind und sich völlig von den Bedürfnissen des Lebens abgekoppelt haben. Auch die Frauen verweigern sich zunehmend der Opferrolle, wollen selbst gestalten und das Projekt der Moderne in eine Richtung drehen, in der sie deutlich mehr Einfluss haben.

Dies alles bedeutet, dass Männer stärker auf ihre eigenen Gefühle zurückgeworfen werden, sei es in dem Versuch, die Kontrolle auch unter widrigen Bedingungen aufrechtzuerhalten, sei es, indem sie von ihren eigenen Gefühlen überschwemmt werden und die Ohnmacht erleben, die dem männlichen Selbstbild so sehr widerspricht.

Vor mir sitzt Markus (Name geändert). Er ist Chef eines erfolgreichen Betriebs, der weltweit operiert. Sein Führungsstil schwankt zwischen autoritär und patriarchal. Seine Mitarbeiter sind eher Weisungsempfänger als Mitglieder eines Teams. Die Nähe zum Chef kompensiert für sie die Zumutungen in einem überwiegend autoritär geführten System. Ich bin gerufen worden, weil erhebliche Unruhe die Leistungsfähigkeit der Unternehmensspitze blockiert. Der Grund: Die firmeninterne Hackordnung der Männer ist durch eine machtvolle Frau in Gefahr geraten, die vom Chef gestützt wird. Der Konflikt endet mit dem Ausscheiden der Frau. „Zu retten" war dabei nur noch, dass man sich ohne Gesichtsverlust trennte und zum alten Zustand zurückkehrte. In dem anschließenden Einzelcoaching mit der obersten Führungskraft geht es um deren Führungsstil. Dabei wird erkennbar, welche Entwertungserfahrungen dieser Mann selbst in seiner eigenen professionellen Biographie erlebt hat. Als Antwort darauf hat er nun seinerseits einen kontrollierenden und autoritär geprägten Führungsstil entwickelt, mit dessen Hilfe er den Rückfall in alte traumatisierende Erfahrungen zu vermeiden sucht. Im Coaching wäre er mit diesen Erfahrungen und mit Schmerz, Wut und gelebter Selbstentfremdung konfrontiert gewesen. Doch das wollte er nicht. So entwickelt er erheblichen Widerstand dagegen, weiterzuarbeiten und nimmt eine Achillessehnenverletzung als Vorwand, um aus dem Coaching „auszusteigen". Obgleich er sich als Opfer internationaler Finanzinvestoren begreift, obgleich er im Team erhebliche Schwierigkeiten hat und obgleich seine zweite Ehe wegen der permanenten Selbstüberforderung in Gefahr geraten ist, darf die Fassade nicht fallen. Kein Millimeter Kontrolle darf abgegeben werden. Die Erkrankung der Achillessehne hätte als Zeichen auf der körperlich-seelischen Ebene erkannt und gedeutet werden können. Doch die Gefahr, dass das Leiden an sich selbst und an der eigenen Lebenssituation aufbrechen könnte, erschien – ob bewusst oder unbewusst – als viel zu groß, als dass der Blick auf sich selbst gewagt worden wäre.

Was dieser Mann erlebt, ist typisch für die Lebens- und Arbeitssituation zahlreicher Manager im mittleren und oberen Management. Alle Energie wird darauf verwendet, die eigenen Ohnmachtsgefühle unter Kontrolle zu halten. Was dabei herauskommt, ist nicht zuletzt der autoritäre Versuch, Kontrolle über andere zu gewinnen.

Hier eine andere, quasi spiegelbildliche Variante desselben Konfliktes: Zu mir ist Herrmann (Name geändert) gekommen. Er befindet sich in einer für ihn subjektiv lebensbedrohlichen Krise. Seine Lebensgefährtin hat ihn verlassen. Sein Selbstwertgefühl ist damit von Grund auf zerstört; er trägt sich mit Selbstmordgedanken und weiß nicht, wie er sein Leben in den Griff bekommen kann. Auch professionell beginnt es, heftig zu kriseln, da seine Arbeitsfähigkeit – er ist in verantwortlicher Position – durch die innere Erschütterung leidet.

Hermann ist einen anderen Weg gegangen als Markus. Auch er hat in seiner eigenen Biographie massive Erfahrungen der Entwertung erlebt. Sein Vater war aus dem Krieg mit schweren Verwundungen zurückgekehrt. Dessen Versuch, die Schmerzen unter Kontrolle zu halten, lebte er, indem er versuchte, andere zu kontrollieren und ihnen das Recht auf einen eigenen Weg systematisch abzusprechen. So auch seinem Sohn, einem künstlerisch hochbegabten und kreativen Menschen, dem er gerne eine soldatische Persönlichkeit mitgeben wollte und dessen Persönlichkeit er ablehnte. Hermann half sich damit, dass er „Liebkind" wurde, der anpassungsfähige Mitläufer, der die Macht zuerst an den Vater, später als Erwachsener an den jeweiligen Chef abgab. Als er zu mir kam, hatte er bereits eine Reihe traumatischer Erfahrungen hinter sich. Seine jeweiligen Chefs spürten die tief sitzende Unterwürfigkeit und Abhängigkeit. Es dauerte dann nicht lange und sie fingen an, ihn zu missbrauchen durch Missachtung, Ausgrenzung und Manipulation bis dann irgendwann der Rausschmiss kam. Das, was ihm Stabilität verlieh, die private Lebenssituation, war nun auch noch zerbrochen, so dass seine ganze Existenz in Gefahr geriet.

Während Markus hätte lernen müssen, seine Verletzbarkeit (seine Achillessehne) anzunehmen, musste Herrmann etwas ganz anderes lernen, um zu gesunden: Er hatte den Weg der „Frau" gewählt, einen Weg, bei dem die eigene Macht abgegeben wird. Er, der sich ständig als Opfer und als ohnmächtig erlebte, musste seiner männlichen Seite begegnen, er musste seinen Willen zur Eigenständigkeit entdecken, seinen Wunsch und seine Fähigkeit zur Selbstverantwortung und zur Gestaltung seines eigenen Lebens. In mühsamen Schritten brachte er sein Verhältnis zu seiner Lebenspartnerin in Ordnung, um sich dann der Erweiterung seiner Selbstkompetenz und Selbstverantwortung im beruflichen Feld zuzuwenden, eine für ihn noch weit größere Herausforderung.

Herrmann ist ein Beispiel für viele Männer, die ihre männliche Seite nicht oder zu wenig leben und damit Schiffbruch erleiden. So wie Frauen innerlich wund laufen, die ihr Frausein abspalten und sich vermännlichen, so tun dies bezeichnenderweise auch Männer, die sich ganz auf die „weibliche Seite" ihrer selbst geworfen haben. Die innere Abwehr des Patriarchats und des männlichen Autoritarismus hat viele jüngere Männer dazu veranlasst, das „männliche Gehabe" über Bord zu werfen. Sie wollen nicht so sein wie ihre Väter und Großväter, die als gedemütigte Kriegsveteranen ihre Söhne prügelten und entwerteten und ein Zerrbild autoritärer Männlichkeit vorlebten. Sie wollten mitfühlend, liebevoll, freundlich sein. Doch diese Männer sind in Gefahr, statt mitfühlend und liebevoll zu sein, keine ausreichende Ich-Identität, kein gefestigtes Selbstbewusstsein zu entwickeln. Sie spalten die verhasste männliche Seite ab, machen sich zum Opfer von Einflüssen aller Art, begeben sich in Abhängigkeiten und erleiden – in einem männlichen Körper – ein ähnliches Schicksal wie Frauen, die ihre Macht abgegeben haben.

Zwei Wege also: Einerseits der Versuch, die eigenen Ohnmachtsgefühle durch Autoritarismus zu kontrollieren; andererseits die Bereitschaft, Macht abzugeben, indem man sich an (manipulativ) ausgeübte fremde Macht anpasst. Beide Wege sind Ausdruck der Ohnmachts-Allmachts-Spaltung. Wie die beiden letzten Beispiele zeigen, existieren solche Spaltungen offenbar nicht nur *zwischen* den Geschlechtern, sondern auch *innerhalb* der Männerwelt. Die Zugehörigkeit zum Clan, zur Bruderschaft, zur Gang basiert auf dem hierarchischen Prinzip zwischen Führer und Geführtem. Solange es sich dabei um eine rein männliche Gruppierung handelt, wissen sich (autoritäre) Führer und (abhängige) Geführte gleichermaßen machtvoll gegenüber dem Rest der Gesellschaft. Bis zum Exzess hat dies der nationalsozialistische Faschismus kultiviert. Er hat die Ohnmachts- Allmachts-Spaltung erfolgreich zum gesellschaftlichen Strukturprinzip sowohl *innerhalb* der Männerwelt selbst als auch gegenüber der Gesellschaft und gegenüber anderen Völkern und Ethnien gemacht: Die männliche Führungselite setzte ihren Machtanspruch mit autoritärsten Mitteln, mit Geheimpolizei und Spitzeltum durch. Jeder in der Hierarchie brauchte Mitläufer, die zu Erfüllungsgehilfen gemacht wurden, die die Befehle auszuführen hatten: in SA, SS, Wehrmacht, Gestapo, Verwaltung, Verbänden oder als Blockwart. Ein Teil der Männerwelt nahm den anderen Teil quasi in manipulative Haft und überhöhte dies durch eine Ethik von Führer und Gefolgschaft. Das Ganze wurde dann nochmals monströs verdoppelt, indem die autoritäre Elite sich und ihre Mitläufer zur Rasse der Herrenmenschen erklärte, die wiederum über die „rassisch Minderwertigen" Herrschaft beanspruchten und diese mit Mord und Totschlag überzogen. Die Herren und ihre Knechte wähnten sich beide im Vollbesitz von Macht und Kontrolle und das böse Erwachen kam erst bei Kriegsende.

Liebe – Romantisches Gefühl oder „Urgrund des Seins"?

„In den Augen aller Menschen wohnt eine unstillbare Sehnsucht. In den Pupillen der Menschen aller Rassen, in den Blicken der Kinder und Greise, der Mütter und liebenden Frauen, in den Augen des Polizisten und des Angestellten, des Abenteurers und des Mörders, des Revolutionärs und des Diktators und in denen des Heiligen: In allen wohnt der gleiche Funke unstillbaren Verlangens, das gleiche heimliche Feuer, der gleiche tiefe Abgrund, der gleiche unendliche Durst nach Glück und Freude und Besitz ohne Ende. Dieser Durst, den alle Wesen spüren und von dem auch im Gleichnis der Samariterin am Brunnen gesprochen wird, ist die Liebe zu Gott."[26]

Diese Worte Ernesto Cardenals verweisen auf Liebe als ein Urmysterium, das wir nicht entschlüsseln können. Dennoch haben wir Menschen uns immer bemüht, die Liebe zu verstehen, sie zu ergreifen und ihrer habhaft zu werden. Wir wollen ihr Dauer verleihen, ja sie verdinglichen. Doch Liebe ist kein Ding. Sie ist sich selbst genug. Liebe IST. Sie braucht weder Begründung noch Bestätigung noch Name. Sie ist, wie Willigis Jäger sagt, der „Urgrund des Seins"[27]. Dennoch: Annähern können wir uns ihr, indem wir versuchen, die vielen Aspekte und Wege der Liebe zu erkennen, sie zu verstehen und die Liebe in all ihren Facetten und Stufen zu leben[28].

26 Cardenal 2004
27 Jäger 2000
28 Vgl. Mettler-v.Meibom 2000.

Lieben – ein Stufenweg

Liebe trägt viele Gesichter. Im griechischen Götterhimmel verkörperten gleich drei Götter und Göttinnen die Liebe: Eros, Philia und Agape. Im Christlichen kennen wir die Caritas und jene Kraft, mit der das Christentum so große Probleme hat, dass es sie tendenziell verteufelt hat, den Sexus. Was also ist Liebe und wie kommt man dazu zu lieben?

Erich Fromm[29] nennt sie eine Kunst, die es zu erlernen gilt. Darin trifft er sich mit anderen, die den Weg des Menschen zu Gott, der Liebe ist, als einen Weg der Stufen, Erfahrungen und Prüfungen begreifen. Theresa von Avila benutzt die Metapher der Seelenburg, in deren innerstem Zimmer Gott / das Herz wohnt[30]. Wer dorthin gelangen will, muss alle Arten von Prüfungen bestehen, bis er in die Ekstase des innigen Einsseins mit Gott eintauchen darf.

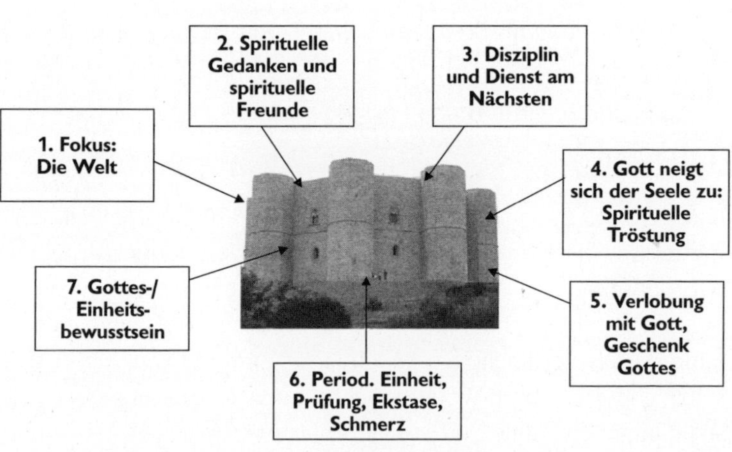

Abbildung 2: Die Seelenburg nach Therese v. Avila (© Barbara v. Meibom)

Auch Jack Hawley, ehemals US-amerikanischer Unternehmensberater und inzwischen Autor spiritueller Bücher, hat sich dem Thema Liebe zugewendet und ein herausforderndes Buch

29 Fromm 1981
30 Theresa v. Avila 1937

über Dharmisches Management geschrieben[31]. Er unterscheidet zwischen sechs Landschaften/Stufen der Liebe. Sie stehen jeweils für eine andere Ebene, mit der sich das Bewusstsein identifiziert.

Die *erste* Stufe verdient den Namen Liebe nicht zu Recht, denn es ist eigentlich Verlangen (desire), der Wunsch, etwas zu besitzen. Doch dieser Wunsch entspringt nicht der Fülle des Herzens zu geben, sondern dem Empfinden des Mangels. Es ist ein Verlangen, geboren aus der Furcht, nicht genug zu bekommen, getrennt oder isoliert zu sein. Um dieses Gefühl zu überwinden, versucht der Mensch, alle möglichen Dinge (materiell wie immateriell) zu haben oder sich einzuverleiben: Besitztümer, Nahrung, Drogen aller Art, Zuneigung, Anerkennung, Auszeichnung. Es ist die Haltung des Habenwollens, die nie zur Befriedigung führt, denn hinter jedem erfüllen Wunsch taucht der nächste auf, der nach Erfüllung verlangt. Der Weg zur Entfaltung der Liebeskraft fordert daher auf, aus dem Bewusstsein des Mangels zu treten, die Fülle des Lebens wahr- und anzunehmen und die Wünsche loszulassen. In Gesellschaften wie der unsrigen, in denen das ganze Industriesystem auf der kontinuierlichen Erzeugung von Wünschen aufbaut und dies mit suggestiven werblichen Maßnahmen unterstützt, ist die Überwindung der ersten Stufe auf dem Weg zur Entfaltung der eigenen Liebeskraft besonders schwierig.

Die *zweite* Stufe deckt sich mit dem, was viele Menschen als Liebe erleben und begreifen: Liebe als Gefühl. Wenn wir Liebe spüren, wenn wir uns intensiv zu einem Menschen, einer Landschaft, einer Pflanze, einem Tier oder auch zu Gott hingezogen fühlen, so treten wir ein in einen Zustand der Hochstimmung, in der jeder Nerv, jeder Moment mit zusätzlicher Gefühlsenergie geladen zu sein scheint. Weil wir das Gefühl kennen und um seine Köstlichkeit wissen, sehnen wir uns danach, es zu erleben – wieder und wieder. Dabei vergessen wir oft, dass zu lieben wichtiger ist, als geliebt zu werden: Das Gefühl zu lieben, ist das, was uns im wahrsten Sinne des Wortes erhebt, hoch stimmt.

31 Hawley 1993; Dharma, ein Begriff aus dem Sanskrit, bezeichnet sowohl die göttliche Ordnung als auch das rechte Tun, das dieser göttlichen Ordnung entspricht. Nach den Veden hat Gott das Versprechen gegeben, sich immer wieder zu inkarnieren, wenn das Dharma bedroht ist, und zwar mit der Absicht, die Menschen zurück auf den Weg des Dharma zu führen.

Landschaften/Stufen der Liebe (Hawley)

Stufe, Landschaft	**1.**	**2.**	**3.**	**4.**	**5.**	**6.**
Art der Liebe	Liebe als Wunsch/ Begehren, Liebe wollen	Liebe als Gefühl, Liebe fühlen	Liebe als Handlung, handelnde Liebe	Liebe als Geben, selbstlose Liebe	Liebe als Energie, ermächtigte Liebe	Liebe als göttliche Kraft, Einheit
Basis dieser Art von Liebe	Unzufriedenheit, Gefühl der Einsamkeit	Gefühl zwischen Menschen	Handlung, die sich auf Menschen bezieht	Selbstlosigkeit	Sehnsucht nach Einheit	Einheit, Furchtlosigkeit
Erscheinungsform	• Wunsch • Gier • Neid • „mein-dein" • Kummer • Ärger • Eifersucht	• nicht sichtbar • zwischenmenschlich • Freundlichkeit • Aufrichtigkeit • Engagement • Zuverlässigkeit • tiefe Zuneigung • starke Anziehung • Mitgefühl	• sichtbar • fürsorglich • helfend • Kooperation • teilen • verstehen	• Liebe, die nicht auf Antwort wartet • das Ideal der Mutterliebe • Verbindung mit höheren Kräften	• Kraft, die verschiedene Liebesformen bewegt • Liebe als Wille • absichtslose Liebe als inneres bewegendes Prinzip • die Bewegung hin zur persönlichen Vervollkommnung	• unpersönlich • umfassend • vollständig • ohne Bindung • nicht bedürftig • Liebe, von der wir kommen

(nach Jack Hawley, Reawakening the Spirit in Work (1993), S.59-71,
in: B. Mettler-v.Meibom, Die kommunikative Kraft der Liebe (2000))

Auf der *dritten* Stufe wird Liebe sichtbar, denn sie äußert sich als eine Handlung des Gebens. Bezogen auf ein anderes Wesen – Mensch, Pflanze, Tier – schenken wir Aufmerksamkeit, Zuwendung, Fürsorge, Hilfe oder Unterstützung. Hier finden wir alle Arten von tätiger Nächstenliebe, Fürsorglichkeit, Hilfe für Familienangehörige, Nachbarn, Freunde oder Kollegen, den Einsatz für Tiere und die bedrohte Natur.

Auf der *vierten* Stufe wird diese Fähigkeit, Liebe auszudrücken, um eine besondere Dimension bereichert, um die Kraft, keinerlei Lohn für die geschenkte Liebe empfangen zu wollen. Es ist die selbstlose Liebe, die gibt um des Gebens willen. Es ist die Weise zu lieben, für die gilt: „Liebe ist sich selbst genug"; sie fragt nicht nach Lohn, sie braucht keinen Dank, sie verströmt sich, weil das Herz voll ist. Als ich mir eines Tages gewahr wurde, dass ich Dank als Antwort auf meine Zeichen der Liebe erwartete und mich intensiv fragte, was mich an einer bedingungslosen Liebe hindert, erhielt ich eine überraschende Antwort: Es war und ist mangelndes Gottvertrauen. Wenn ich aus reinem Herzen und freien Stücken etwas schenke und es ganz Gott überlasse, wie dieses Geschenk aufgenommen wird und was daraus wird, dann brauche ich auch keinen Dank mehr. Dann kann ich bedingungslos schenken, so wie wir dies in reinster Form von der Mutterliebe oder von Gott erwarten und erhoffen. Doch in dem Moment, in dem ich mir die Ergebnisse meines Geschenks zurechnen möchte, erwarte ich etwas zurück, und wenn es nur ein Dank ist.

Auf der *fünften* Stufe ist Liebe als bewegende Kraft spürbar. Es ist die Kraft, die uns dazu drängt, uns selbst zu vervollkommnen, die Kraft, die uns antreibt, anfeuert, uns mit der Liebesenergie in uns und in unserem Umfeld, ja im Universum zu verbinden. Liebe ist hier der Beweger hin zur Einheit, aus der wir gekommen sind. Und zugleich wird hier die Energie spürbar, die die drei vorangehenden Äußerungsweisen der Liebe antreibt; sie bewegt uns, Liebe auszudrücken. Diese Liebe ist Self-Empowerment und verfügt über die Kraft des Empowerment von anderen. Solche Kraft hilft, zu „werden, was wir sind". Sie ermöglicht eine Potenzialentfaltung aus der eigenen Mitte, dem Raum der Stille, dem Raum der inneren Weisheit, des höchsten Wissens.

Auf der *sechsten* und letzten Stufe schließlich finden wir die absolute Liebe, die Liebe, aus der wir hervorgegangen sind: Die Namen hierfür sind vielfältig: Spirit, Atman, Gott, Tao, Großer Geist, Urgrund des Seins. Wer die Gnade dieser Liebeskraft in sich entdecken kann, wird zum Ausdruck Gottes in der Welt. Für diesen

Menschen gilt der Satz des Augustinus: *„Liebe und tue, was du willst."*

Lieben lernen

> *„Überall suchen wir Gott, auf Festen und Orgien und Reisen, in Kinos und Bars, und doch finden wir Ihn einzig und allein in uns selbst."*[32]

Die Liebe, die wir sehnlichst im Außen suchen, ist uns längst zu eigen. Sie ist unsere wahre Natur. Sie war da, sie ist da, sie wird da sein. Nur dass wir dies (meist) nicht wissen. Die jedem innewohnende Gotteskraft, welche Liebe ist, will freigelegt und gelebt werden. Geschieht dies, so verwandelt sich das Ich-Bewusstsein in ein umfassendes Selbst-Bewusstsein bzw. Bewusstsein des SELBST[33]. Die Welt und ihre Verstrickungen sind die Bühne, auf der sich das Schauspiel der Gottes-/Liebessuche vollzieht. Als Menschen geboren, können wir uns dieser Bühne nicht entziehen, ganz im Gegenteil. Es gilt, sich der Welt zu stellen, sich mit ihr auseinanderzusetzen, Beziehung zu wagen, Macht anzunehmen und auszuüben, Leiden zu ertragen und Freuden auszukosten. Es gilt, sich in diesen Verstrickungen zu erleben, ohne in ihnen unterzugehen und ohne das Bewusstsein für das Ziel der Suche zu verlieren. Paulo Coelho hat diese Aufgabe in eine wunderbare Geschichte gekleidet.

Auf der Suche nach dem Geheimnis des Glücks *(nach Coelho)*

> Ein junger Mann wird von seinem Vater zu einem Weisen geschickt, der ihn das Geheimnis des Glücks lehren soll. Zu seiner Überraschung findet ihn der Sohn in einem prächtigen Anwesen. Da der Weise keine Zeit hat, sich sogleich um den Ankömmling und dessen Anliegen zu kümmern, schickt er ihn los, das Haus zu erkunden, doch er gibt ihm einen Teelöffel gefüllt mit zwei Tropfen Öl mit auf den Weg und bittet den Jüngling, er möge unterwegs kein Öl verschütten.

32 Cardenal 2004

33 Unter Selbst ist hier nicht das Ich, sondern das unsterbliche Göttliche in uns gemeint, das SELBST. Wirkliches Selbst-Bewusstsein heißt somit nicht eine Identifikation mit unseren Rollen vor der Welt, sondern mit dem in uns, das nicht von dieser Welt ist.

> Als er ihn nach einer geraumen Weile wiedertrifft, stellt der Weise fest, dass der junge Mann alles daran gesetzt hat, das Öl nicht zu verschütten. Von dem Palast hat er jedoch nichts gesehen. So schickt er ihn ein zweites Mal los. Zurückgekehrt kann der junge Mann nun voller Begeisterung von den Schönheiten und Kostbarkeiten berichten, die er gesehen hat, doch zu seiner Bestürzung merkt er, dass die Öltropfen verschüttet sind.
>
> Dies ist der einzige Rat, sagt der Weise, den ich dir geben kann auf deiner Suche nach dem Glück: *„Das Geheimnis des Glücks besteht darin, alle Herrlichkeiten dieser Welt zu schauen, ohne darüber die beiden Öltropfen auf dem Löffel zu vergessen."*[34]

Ich bin in der Welt (dem Palast des Weisen), doch ich bin nicht von der Welt (die Flamme meines Ich brennt durch das göttliche Öl). Dies immer im Bewusstsein zu behalten, verlangt eine kontinuierliche doppelte Aufmerksamkeit. Statt mich in die Wälder, die Einsamkeit, das Kloster, meine kleine heile Welt zurückzuziehen, ist es meine Aufgabe, mich dem Leben und seinen Herausforderungen zu stellen (den Palast zu erkunden). Doch wenn ich mich nicht in der Welt verlieren will, dann muss ich mich kontinuierlich auf Gott ausrichten, so wie der junge Mann konzentriert seinen Löffel mit Öl im Auge behalten sollte. Auf dem Weg geht es um das ständige Hinspüren und Prüfen im Innern, ob ich in Übereinstimmung mit meiner inneren Instanz denke, fühle, rede und handle. Gemeint ist hier sicherlich nicht allein der private Alltag. Hier geht es um eine Metapher für das ganze Leben schlechthin, für Leben und Arbeiten, für Jung und Alt.

Was dies für die Sphäre der Arbeit bedeutet, nennt Jack Hawley „Reawakening the Spirit in Work", d.h. die Wiederbelebung der Spiritualität in der Arbeit[35]. Hinter diesem Titel verbirgt sich eine weitreichende Aussage: Liebe ist nicht ein privates Gefühl, das für den privaten Alltag reserviert ist. Vielmehr können sämtliche Facetten, Gesichter und Stufen der Liebe in allen Lebensbereichen

34 Nach Coelho 1996, 37-39
35 Hawley 1993 – so lautet der Untertitel des Buches.

gelebt werden, d.h. auch in der Arbeitswelt, der wir solche Qualität normalerweise absprechen. *„Work is love in action"*, Arbeiten ist Liebe in Aktion. Dieser Satz drückt den Zusammenhang von Liebe und Arbeiten aus[36].

Mut zur Liebe ist nicht selbstverständlich. Zu lieben fällt schwer. Wir haben uns hermetisch ein- und abgeschlossen – in unsere Türme des Zweifels, des Schutzes und der vermeintlichen Sicherheit. Doch ohne den Zweifel an die Berge versetzende Kraft der Liebe loszulassen, ist es nicht möglich zu lieben. Die Zweifel mögen vielfältige Ursachen haben und vielfältiger Natur sein, doch der Zweifel ist immer eine Gegenkraft zur Liebe. Der Zweifel ist aus der Furcht geboren: aus der Furcht, nicht geliebt zu werden und deswegen für den anderen kein Liebesgeschenk sein zu können; nicht respektiert zu sein und deswegen auch keinen Respekt entgegenbringen zu wollen; nicht geachtet zu sein und deswegen nicht zu achten; nicht gesehen und wahrgenommen zu sein und deswegen auch nicht sehen und wahrnehmen zu wollen; über den anderen zu stehen und deswegen Liebe nicht nötig zu haben; sich sicher zu fühlen und deswegen zu meinen, Liebe sei überflüssig, verzichtbar, ja sogar fehl am Platz.

Die Liste der Gründe, warum wir uns verbieten zu lieben, ist endlos. Statt zu lieben, sagen wir ja zum Zweifel, d.h. zur *Zwei*heit. Wir verweigern uns der Liebe, d.h. der *Ein*heit. Der Zweifel ist der „Teufel", sagt Anil Kumar, ein indischer Professor. Ihm gilt es täglich, stündlich, jede Minute zu entkommen, wenn wir Liebende werden wollen. Dazu brauchen wir die Kraft des Willens, und zwar eine ganz bestimmte Willensqualität. Assagioli nennt diesen Willen den transpersonalen Willen. Darunter versteht er den Willen, der das Ich überschreitet und sich auf die entgrenzende Kraft des SELBST ausrichtet, d.h. auf jene göttliche Kraft in uns, die auf Einheit und Verschmelzung angelegt ist, die alle Mauern einreißen und uns zur Liebe von uns selbst und anderen befreien kann[37].

Was es heißt, aus der *Zwei*heit in die Einheit zu treten und in der Machtausübung den Strom der Liebe zu erfahren, wird an einer Schilderung deutlich, welche die Ärztin Olga Kharitidi in ihrem

36 Ein Satz, auf den ich in „Findhorn" gestoßen bin; vgl. auch Sölle 1985

37 Vgl. Assagioli 1982 und weiter unten.

Buch „Das weiße Land der Seele" wiedergibt[38]. Es handelt sich dabei um eine Erfahrung, die ihr von ihrem Kollegen Anatolij in einem Moment der menschlichen Nähe anvertraut wird:

> *„Ich bin Jäger, wie du weißt. Ich meine nicht nur symbolisch, im Sinn von Bedeutungen nachjagen, sondern auch ganz konkret. Ab und an fahre ich in die Taiga und jage dort Wild. Meine Großmutter lebt im Altai. Ich brauche zwei ganze Tage für die Fahrt in ihr Dorf, deshalb besuche ich sie nur selten. Aber vor etwas über einem Jahr entschloss ich mich, Urlaub zu nehmen und in den Wäldern nahe dem Dorf meiner Großmutter auf die Jagd zu gehen. Ich nahm mein Lieblingsgewehr mit und fuhr mit großen Erwartungen los.*
>
> *Ein paar Tage, nachdem ich in dem Dorf angekommen war, ging ich auf die Jagd. Der Winter war vorbei, der Schnee war größtenteils geschmolzen und hatte einen feuchten goldbraunen Teppich aus abgestorbenem Gras zurückgelassen. Bald würden die frischen grünen Frühjahrstriebe sprießen. Es war ein müheloses Gehen und ich wanderte immer tiefer in den Wald hinein.*
>
> *Weißt du, es ist erstaunlich, wie sich eine Veränderung der Wahrnehmung auf unseren Geist auswirken kann. Während ich so durch den Wald lief, merkte ich, dass sich mein Geisteszustand allein dadurch, dass ich den Lärm der Großstadt hinter mir gelassen und mich in diese ursprüngliche Stille hineinbegeben hatte, stärker veränderte als die Verfassung von manch einem meiner Patienten in der tiefsten Hypnose. Ich wanderte durch vollkommene Stille, entspannt und in eine besondere Art der Meditation versunken, doch immer noch mit dem*

38 Kharitidi 2005, 160ff.

scharfen Instinkt des Jägers. Genau diesen Zustand hatte ich mir gewünscht, und ich genoss ihn.

Dann erregte ein leises Geräusch rechts von mir meine Aufmerksamkeit. Ich blickte um mich, und da war sie. Eine schöne junge Hirschkuh stand zwischen den Bäumen. Sie machte einen eigenartigen Eindruck auf mich, und ich wusste intuitiv, dass ich eine besondere Strategie brauchen würde, um sie zu erlegen.

In absoluter Stille stand sie da und beobachtete mich. Sie bewegte sich überhaupt nicht, war aber nicht etwa von einem Schock oder von Angst gelähmt. Reglos wie eine Statue stand sie vor mir. Ihre elegante Haltung und ihre schöne Gestalt waren nur mit einem meisterhaften Kunstwerk vergleichbar. Jede Linie ihres Körpers war Ausdruck höchster Anmut.

Vorher war meine Beziehung zu den Tieren, die ich jagte, rein utilitaristischer Natur gewesen. Sie waren meine Beute, und wenn ich sie überlisten und einen Volltreffer anbringen konnte, kamen sie als Braten auf den Tisch. Ich weiß nicht, warum ich nie mehr in den Tieren gesehen habe, aber bis zu diesem Augenblick im Wald hatte ich mir nicht vorstellen können, dass ein Tier von so großer Schönheit sein konnte.

Im nächsten Moment sahen wir uns in die Augen. Ihr Blick war klar und direkt. Ich verlor jegliches Zeitgefühl. Ich sah in die sanften schwarzen Augen der personifizierten Natur. Dann geschah etwas in meinem Inneren, und ich spürte, dass es meine eigenen Augen waren, die mich ansahen. Die Grenze zwischen mir als Mensch und der Hirschkuh als Tier löste sich auf, wir waren eins. Ich war Jäger und Beute zugleich. Das war tatsächlich so. Ich habe es mir nicht bloß eingebildet. Es war unendlich viel stärker als meine Einbildungskraft. Ich war auf jeder Ebene meines Wesens mit diesem Tier verbunden, vom kleinsten Molekül bis in die Tiefen meiner Seele. In diesem Augenblick wurde der Fluch meiner verdammten Rationalität von mir genommen, meines immerwährenden Bedürfnisses, alles logisch zu erklären, in allem ein Symbol zu sehen. Es war ein Augenblick reiner, konzentrierter Existenz.

Meine Hand bewegte sich zum Abzug, ohne dass ich darüber nachgedacht hätte. Es war alles Teil des gleichen Energiestroms, der mich mit der Hirschkuh verband. Alles war natürlich und richtig, denn ich spürte in mir beide Seiten des Geschehens. Ich war bereit zu töten, und ich war bereit getötet zu werden. Es war alles Teil eines einzigen Kontinuums, eines einzigen Gleichgewichts.

Zu zielen und den Abzug zu betätigen, waren eine Bewegung. Zuerst hörte ich kein Geräusch. Ich sah nur, dass dieses schöne, wilde Tier leicht schwankte und in den Vorderläufen einknickte. Jeder Bruchteil dieser Bewegung gab ein kompliziertes choreographisches Muster wieder, in sich selbst vollendet, so als würde eine Folge von schönen Bildern durch meinen Kopf ziehen. Und gleichzeitig spürte ich, wie ich selbst zusammensackte, wie ich aus diesem Leben heraustrat. Dann schloss sie die Augen, und die Verbindung brach ab.

Erst da hörte ich den Schuss, dieses urtümliche Geräusch, das den Tod ankündigt, ein Donnern, das den Raum um mich herum erfüllte. Ich hob den Kopf und sah zu den Wipfeln der hohen Kiefern empor, die uns umstanden. Und dann blickte ich in den Himmel. Es ist kaum zu glauben, aber fast senkrecht über mir stand ein herrlicher Regenbogen. Ich war überwältigt. Ich setzte mich auf das abgestorbene, nasse Gras und fing an zu weinen.

Ich hatte mich immer für einen sehr starken Mann gehalten, aber jetzt weinte ich wie ein Kind. Meine Tränen entsprangen einer Mischung aus Schmerz und Ekstase, ich befand mich geistig und körperlich in einem Schockzustand. Ich fühlte mich völlig verwandelt. Das ist wahrscheinlich das einzige Erlebnis in meinem Leben gewesen, bei dem ich nicht einmal den Versuch einer Deutung oder einer Erklärung unternommen habe.

Ich kehrte nach Nowosibirsk zurück, aber ich hatte mich verändert. Das Gefühl, das mich beim Tod der Hirschkuh erfasst hatte, der wundersame schöne Schmerz, den die Verbundenheit mit meiner Umwelt verursachte und der mein Herz zerriss, wurde zu einem dauerhaften Bestandteil meines Lebens."

In dieser Geschichte erleben wir, wie sich die Macht des Jägers über Leben und Tod durch eine tief greifende Erfahrung verwandelt. Als der Mann bereit war, auf die Hirschkuh zu schießen, wusste er aus tiefstem Empfinden, dass die Hirschkuh er selbst war; er war mit ihr eins. Ein Schuss auf sie würde zugleich ein Todesschuss für ihn selbst sein, und indem er bereit war zu schießen, war er bereit, sich selbst zu töten. Doch was er schließlich mit dem tödlichen Schuss auslöschte, war nicht sein eigener Körper, sondern sein Ich-Bewusstsein, das Bewusstsein seiner getrennten Existenz. Indem er schoss und die Hirschkuh tötete, erlebte er eine machtvolle Einheitserfahrung, die ihn fortan nicht mehr losließ. Er verlor das Gefühl des Getrenntseins und entwickelte die Sehnsucht nach einer *bleibenden* Einheitserfahrung.

Geburt der Macht aus der Liebe (zum Leben)

Macht bzw. Mächtigkeit als im Wesen angelegte Energie und Strahlung drängen danach, sich auszudrücken. Wer vom Wesen her mächtig ist, also eine starke Lebensenergie hat, dem wird Macht angetragen. Wer Macht hat, wird Macht ausüben. Damit stellt sich die brennende Frage, aus welchem Geist heraus Macht und Mächtigkeit gelebt und ausgeübt werden.

Vorweg: Wir können nicht umhin, Macht zu leben und auch Macht über andere auszuüben. Mit Hilfe von Macht werden Kinder erzogen, Verhältnisse geordnet, Strukturen geschaffen, Prozesse geregelt, zwischen Recht und Unrecht unterschieden, Prinzipien und Regeln durchgesetzt. Macht ist existenziell und lässt sich weder wegdiskutieren, noch kann auf sie in sozialen Beziehungen und Gesellschaften verzichtet werden.

Umso wichtiger ist die Frage, aus welcher Haltung heraus Macht ausgeübt wird. Wird die Machtenergie als ein Geschenk angenommen und im Prozess der Persönlichkeitsentwicklung verantwortlich geformt oder geben Menschen ihre Macht ab? Findet ein Machtverlust statt oder geschieht ein Machtmissbrauch, bei dem die eigene Macht destruktiv gegen sich und andere gewendet wird? Sind die treibenden Kräfte für den eigenen Machtgebrauch Unsicherheit, Angst, Egoismus, Neid, Gier, Eifersucht und Zweifel an sich und dem Leben? Oder sind die treibenden Kräfte Mitgefühl, Fürsorge, Achtung, Respekt und die Liebe zum Leben?

Der Sozialphilosoph und Therapeut Erich Fromm hat eine wichtige Unterscheidung getroffen, die zwischen Biophilie und Nekrophilie. Sie ist für unseren Zusammenhang relevant.

> ***Biophilie:*** „Die Biophilie ist die leidenschaftliche Liebe zum Leben und allem Lebendigen; sie ist der Wunsch, das Wachstum zu fördern, ob es sich nun um einen Menschen, eine Pflanze, eine Idee oder eine soziale Gruppe handelt. Der biophile Mensch baut lieber etwas Neues auf, als dass er das Alte

> bewahrt. Er will mehr sein, statt mehr zu haben. Er besitzt die Fähigkeit, sich zu ändern [...]. Er hat mehr das Ganze im Auge als nur die Teile, mehr Strukturen als Summierungen. Er möchte formen und durch Liebe, Vernunft und Beispiel seinen Einfluss geltend machen – nicht durch Gewalt und dadurch, dass er die Dinge auseinanderreißt, nicht dadurch, dass er auf bürokratische Weise die Menschen behandelt, als ob es sich um tote Gegenstände handelte."[39]
>
> ***Nekrophilie:*** „Mit Nekrophilie meine ich die Liebe zu allem, was mit Gewaltanwendung und Destruktivität zu tun hat ... Da dem Nekrophilen die erforderlichen Eigenschaften für Kreatives abgehen, ist es ihm in seiner Unfähigkeit ein Leichtes, zu zerstören."[40]

In der gegenwärtigen Gesellschaft, die immer noch vom Patriarchat gekennzeichnet ist, gibt es eine ausgeprägte Spaltung zwischen Werten, denen eine Berechtigung im privaten Alltag eingeräumt wird, und Werten, die im professionellen Alltag für angemessen gehalten werden.

Im privaten Alltag überwiegen die so genannten „weiblichen" Werte der Fürsorge und Liebe, des Haushaltens, des Miteinanders und der Förderung von menschlichem Wachstum – man könnte auch sagen biophile Werte. Im beruflichen Alltag dominieren hingegen „männliche" Werte der Tauschwertorientierung (Macht, Besitz, Reputation), der (hierarchischen) Durchsetzungsfähigkeit, Kontrolle, Beherrschung und von Sieg und Niederlage, d.h. zumindest partiell nekrophile Werte.

Wo solche Spaltung vorherrscht, ist es für Menschen – Männer wie Frauen – weitgehend selbstverständlich, dass sie im privaten Alltag emotionale und soziale Kosten vermeiden wollen. Doch gerade Führungskräfte sind oft mit gleicher Selbstverständlichkeit bereit, im beruflichen Alltag hohe emotionale, soziale und ökologische Kosten in Kauf zu nehmen. Diese Spaltung wirkt zerstörerisch und wird von einer wachsenden Zahl von Menschen in Frage gestellt.

39 Fromm 1973, 331
40 Fromm 1973, 301

Menschen fordern immer mehr eine Wertekohärenz, die sich auf das Leben in allen seinen Facetten bezieht. Dies gilt insbesondere für die so genannten *Kulturell Kreativen.*

Die Kulturell Kreativen

Amerikanische Studien über die Einstellung der Menschen haben eine bislang weitgehend unbekannte und unbeachtete Gesellschaftsschicht zutage gefördert: die Kulturell Kreativen. Doch statt eine unbedeutende Minderheit zu sein, machte der Anteil der Kulturell Kreativen bereits um die Jahrtausendwende rund 20 Prozent der US-amerikanischen Bevölkerung aus. Dies bedeutet: Annähernd ein Fünftel der US-amerikanischen Bevölkerung vertrat Werte, die vom Wirtschaftssystem bislang weitgehend missachtet werden: Harmonie mit der Natur, Leben in Gemeinschaft, Achtung der Frau, Offenheit für (spirituelle) Werte. Diese Gruppe dürfte bis heute nicht kleiner, sondern eher größer geworden sein.

Die Kulturell Kreativen

Als Kulturell Kreative oder Kulturschöpferische wurde ein Segment in der US-amerikanischen Gesellschaft benannt, das nach einer Untersuchung des Soziologen Paul H. Ray und der Psychologin Sherry R. Anderson bereits um die Jahrtausendwende 50 Millionen erwachsene Amerikaner umfasste und weltweit als die am schnellsten wachsende Werteszene gilt. Basis der Untersuchung war eine Werteforschung über einen Zeitraum von 13 Jahren, bei der insgesamt 100.000 US-Amerikaner befragt wurden. Kulturell Kreative sind Menschen, die holistische, kreative Werte vertreten und sich kritisch mit Materialismus und Hedonismus auseinandersetzen, also der Postmoderne zuzuschreiben sind. Ihnen liegt viel an persönlicher Selbstverwirklichung, sie sind besser informiert als der Durchschnitt der Gesellschaft, und sie setzen sich für das Gemeinwesen und die Natur ein. Sie sind altruistischer als die Norm und lehnen Intoleranz, Hedonismus und die Dominanz der Ökonomie über die Ökologie ab. Diesem integrativen Lebensstil geht es um die Synthese verschiedener Ansichten und Traditionen, um die Heilung alter Risse: zwischen Innerem und Äußerem, Spirituellem und Materiellem, dem Einzelnen und der Gesellschaft. Der Lebensstil der Kulturell Kreativen ist von Gesundheits- und Umweltbewusstsein geprägt. Daher wurde im Marketing für diesen Lebensstil das Akronym

„LOHAS" – Lifestyles of Health and Sustainability (gesunde und nachhaltige Lebensstile) – eingeführt. Er passt zu den Interessen der Outdoor- und Wellness-Industrie, aber auch der neuen Bio-Supermärkte und weiterer Marktsegmente, die der Öko- und Esoterik-Nische erfolgreich entstiegen sind. LOHAS steht für einen wachsenden, jedoch noch unerschlossenen Markt, der auf einen Jahresumsatz von weltweit rund 500 Milliarden US-Dollar geschätzt wird. (vgl. Ray/Anderson 2005)

Die Kulturell Kreativen sind eine schlafende Macht. Noch wähnen sich die meisten, die zu dieser Gruppe gehören, allein. Sie haben noch nicht begriffen, wie viele sie sind und sie haben noch kein Bewusstsein ihrer (Markt-)Macht und ihrer politischen Macht entwickelt. Dies kann sich rasch ändern, und zwar nicht nur in den USA[41].

Versöhnung von Macht und Liebe

Wir sind kollektiv auf der Individualebene stecken geblieben und wissen doch längst, dass das Zeitalter angebrochen ist, in dem wir von der Konkurrenz zur Kooperation gelangen müssen: zur Kooperation zwischen Menschen, zwischen Kulturen und zwischen Mensch und Natur. Obgleich die globalisierte Wirtschaft nur kulturübergreifend funktionieren kann, ist sie noch von den alten Werten der Gewinnmaximierung und der Ausbeutung von Mensch und Natur geprägt. Dies ist auf Dauer nicht nachhaltig, sondern – wie wir heute wissen – Leben zerstörend.

Worum es hier geht, lässt sich auch so formulieren: *Macht und Liebe müssen zusammenarbeiten. Der Zustand unserer Beziehungen, unseres Zusammenlebens und unseres Planeten stellt uns vor diese säkulare Aufgabe.* Eine Versöhnung von Macht und Liebe wird möglich aus einer Haltung der Wertschätzung, die sich auf beides, sowohl auf die Macht als auch auf die Liebe erstreckt:

41 Der Club of Budapest hat es sich vorgenommen, die Bedingungen in Europa zu untersuchen. Er geht zurück auf den Club of Rome, der in den 1970er-Jahren mit den Aufsehen erregenden Studien über die Grenzen des Wachstums auf die Endlichkeit und Verletzbarkeit der Ökosphäre und ihrer Ressourcen aufmerksam machte. Siehe dazu www.clubofbudapest.org.

Hunger, Artensterben, Erwärmung der Polkappen

Zum Vergleich: Bei den erschreckenden Terroranschlägen des 11. September 2001 in den USA kamen rund 4.000 Menschen um – an Hunger oder seinen unmittelbaren Folgen sterben ca. 24.000 Menschen täglich, jährlich also rund 850 Millionen Menschen. Drei Viertel dieser Todesfälle sind Kinder: Alle 15 Minuten sterben 900 Kinder unter 10 Jahren am Hunger, alle 5 Sekunden eines. Alle 5 Minuten verliert ein Mensch sein Augenlicht, weil es ihm an Vitamin A mangelt. *(Radermacher 2007, 68, FAO 2005).*

Tagtäglich sterben 150 Tier- und Pflanzenarten aus, darunter auch bisher unbekannte Arten. 34.000 Arten, darunter 10 Prozent aller Vogelarten und 25 Prozent aller Säugetierarten, sind akut vom Aussterben bedroht; Prognosen zufolge werden 2020 ca. ein Fünftel aller (bekannten) Tier- und Pflanzenarten ausgestorben sein. *(Global Biodiversity Outlook 2)*

Seit über einem halben Jahrhundert wird eine Abnahme der arktischen Meereseisfläche beobachtet und mit der allgemeinen Klimaerwärmung begründet. Das vollständige Abschmelzen des westantarktischen Eisschildes würde den Meeresspiegel um 4 bis 6 Meter ansteigen lassen, das vollständige Abschmelzen des grönländischen Eispanzers um 7 Meter. Neueren Forschungen zufolge könnte die ganze Arktis bereits zwischen 2040 und 2080 in den Sommermonaten vollkommen eisfrei sein. Dies hat u. a. unabsehbare Folgen für alle Besiedlungen in Küstenregionen. (Dow/Downing 2006, 62)

Weder ist Macht schlecht – ganz im Gegenteil, sie ist eine Lebensenergie, die wir für unsere grundlegende Transformation brauchen – noch ist Liebe ein privates Gefühl – ganz im Gegenteil, sie ist eine Haltung des Herzens, die allem, was ist, Achtsamkeit und Wertschätzung entgegenbringt.

Was genau Leben erhaltend ist, lässt sich nicht allgemein verbindlich festlegen. Weder lassen sich die Wirkungsinterdependenzen prognostizieren, noch lassen sich die Folgen der Handlungen vorhersagen. Es gibt dennoch eine Orientierungshilfe: die Weisheit des Herzens oder Herzintelligenz. Sie wohnt jedem Menschen inne und kann in jeder Sekunde, Minute, Stunde, jeden Tag, wo auch immer aktiviert werden. Sie hilft uns, den Weg der Transformation zu finden. Diese Aufforderung gilt für jeden einzelnen und in besonderem Maße für Menschen mit funktionaler oder charismatischer Macht. Macht und Liebe versöhnen sich,

- wenn der Gebrauch von Macht von der Liebe zum Leben inspiriert ist;
- wenn Machtausübung als Dienen an Mensch, Gesellschaft und Natur begriffen wird;
- wenn die Art der Machtausübung vor der eigenen Gewissensinstanz, dem Herzen, standhält.

Wenn es zur Versöhnung von Macht und Liebe kommt, dann können sich die (eher femininen) haushälterischen, fürsorgenden, das Leben fördernden Kräfte der Liebe auf die (eher maskulinen) machtvollen Kräfte der Durchsetzungsfähigkeit und der aktiven Gestaltung stützen. Die Richtung in diesem Prozess ergibt sich aus der Weisheit des Herzens, aus der *Sophia*, die mythologisch immer als weibliche Kraft gesehen wurde. Doch die Durchsetzung geschieht durch machtvolles, tugendhaftes Handeln, im Lateinischen *virtus* genannt, worunter traditionell eine männliche, kriegerische Kraft verstanden wurde, heute würde man sagen: ein „Krieger mit Herz". Sowohl das *Was* als auch das *Wie* der Machtausübung wird dabei immer wieder an der eigenen Gewissensinstanz und damit an der Liebeskraft überprüft. Gelingt diese Synthese von Macht und Liebe, dann kämpfen unterschiedliche Erfahrungswelten und -werte, die Kräfte des Femininen und des Maskulinen, nicht mehr gegeneinander, sondern sie gehen eine produktive Synthese ein: im Einzelnen selbst, zwischen den Geschlechtern und zum Wohle des Ganzen, des Zusammenlebens und gemeinsamen Überlebens auf unserem Planeten.

Spirituelles Selbstmanagement: Ein Weg zur Versöhnung von Macht und Liebe

„Heute denken Menschen, dass Spiritualität keine Beziehung habe zum weltlichen Leben und umgekehrt. Das ist ein großer Fehler."[42]

42 „Today people think spirituality has no relation to mundane life and vice versa. This is a big mistake." Tagesspruch in Prashanthi Nilayam, dem Ashram von Sathya Sai Baba, vom 17. Januar 2008 (eigene Übersetzung)

Jeder Transformation auf der gesellschaftlichen Ebene geht eine Transformation auf der individuellen Ebene voraus. Es sind immer Menschen, die eine Veränderung einleiten, die andere Menschen inspirieren und die ihre Kraft einsetzen, um der Gesellschaft in Situationen der Gefährdung und Gefahr zu dienen. Deswegen verweist uns das Projekt einer Versöhnung von Macht und Liebe auf uns selbst zurück. Es geht darum, in uns die Liebeskraft zu befreien und die Macht, die wir über uns und andere haben, in den Dienst der Liebe zum Leben zu stellen.

> *„Der Geburtsort von Rechtschaffenheit ist das Herz.*
> *Was als reine Idee entsteht, ist Rechtschaffenheit,*
> *wenn es in Handlung übersetzt wird."*[43]

Wer Macht und Liebe versöhnen will, sucht nach einem Weg, das eigene Herz zu öffnen und sich im Denken, Fühlen und Handeln aus der Liebeskraft zu ermächtigen. Es geht um Herzensmacht nicht um Egomacht. Man könnte auch sagen: Es geht darum, Herz, Kopf und Hand zur Übereinstimmung zu bringen (Heart, Head, Hands). Nach vedantischer Philosophie verlangt dies einen Weg der Bewusstseinstransformation. Wir müssen den Schleier der Illusion, der Maya, zerreißen. Die Maya gaukelt uns vor, dass wir alle voneinander getrennt sind. Wo wir diese Illusion zerreißen, erkennen wir als Wirklichkeit, was auch die moderne Physik und vor ihr die Mystiker aller Religionen lehrten: die Einheit alles Geschaffenen, die Tatsache, dass alles mit allem zusammenhängt. Die Aufforderungen *„Werde, was du bist"* (Piero Ferruci) oder *„Sei, was du bist"* (Ramana Maharshi) meinen daher nicht: Werde groß, stark und mächtig. Solche Aussagen fordern uns vielmehr auf, uns bewusst zu werden, dass wir Ausdruck des Universalen Bewusstseins sind, der Liebe selbst. Solcher Erkenntnis stehen die „inneren Feinde" entgegen: Wunsch, Ärger, Gier, Verblendung, Stolz und Neid[44], sämtlich menschliche Eigenschaften, die aus einer Identifikation

43 „The birthplace of righteousness is the heart. What emanates as a pure idea, when translated into action is righteousness." Texttafel in Prashanthi Nilayam, dem Ashram von Sathya Sai Baba, vom 23. November 1996, zum Beginn des Jahres, das dem Thema Dharma geweiht wurde (eigene Übersetzung).

44 Entdecke 1996, 352ff.

mit dem Körper entstehen. Sie sind Ausdruck einer Identifikation mit der Materie und führen zu einem Denken in Kategorien von Mein und Dein.

Identifizieren wir uns hingegen mit dem geistigen Urgrund, der Quelle des Seins, so erkennen wir uns als EINS. Als Verkörperungen der Liebe sind wir Ausdruck des EINEN, untrennbar, so wie die Welle und der Ozean. Hier finden wir den Zugang zu einer Macht, die nicht mehr Ausdruck unserer Ich-Konzepte und Ich-Wünsche ist, sondern aus der Liebesquelle stammt. Es ist nicht mehr die Ermächtigung aus dem personalen Ich oder dem kleinen Selbst, sondern die Ermächtigung aus dem SELBST, dem göttlichen Funken in uns. Wo sie geschieht, löst sich jede Spaltung zwischen Macht und Liebe auf. Wir werden dann zur Liebesmacht. Wir handeln machtvoll aus der göttlichen Quelle heraus, die in uns wirksam ist.

Der Weg dorthin ist voller Hindernisse und Selbsttäuschungen. Die Überhöhung des Ich, die Vorstellung, das Göttliche handele durch mich – in Wirklichkeit ist es mein kleines Ego, das mit Wünschen aller Art sein Spiel der Selbstbefriedigung treibt – ist verführerisch. Keine und keiner auf dem Weg erliegt nicht solchen Selbsttäuschungen. Wer sie hinter sich lassen will, wagt den Weg der kontinuierlichen Arbeit der Selbst-Transformation. Sie wird oft verglichen mit dem Schleifen eines Rohdiamanten, aus dem ein Brillant wird. Das erfordert, die eigenen Gefühle zu erkennen, gerade auch die schlechten, sie zu reinigen, die mentalen Modelle zu korrigieren, die eigene Kraft und Mächtigkeit anzunehmen, ihren Gebrauch auf die Liebeskraft auszurichten und den eigenen Willen dem göttlichen Willen anheimzugeben.

Viele Wege werden hierzu angeboten: In den Yogawissenschaften unterscheidet man zwischen drei Wegen: dem Weg des Wissens (Jnana Yoga), dem Weg des Handelns (Karma Yoga) und dem Weg der Hingabe (Bakhti Yoga). Im Buddhismus, Zen-Buddhismus und Hinduismus geht man jeweils davon aus, dass es eines spirituellen Lehrers / einer spirituellen Lehrerin bedarf, um auf dem Weg voranzuschreiten.

Im säkularisierten Westen wird die Vorstellung des Lehrers (Gurus) weitestgehend abgelehnt. Zudem fehlt bislang ein Konzept der Selbsttransformation, genauer, es wurde verschüttet und beginnt erst jetzt wieder in der mystischen Tradition des Christentums aufzuleben. Hiesige kontemplative und meditative Wege inspirieren sich dabei an östlichen Traditionen und befördern einen Brückenschlag zwischen Ost und West, indem sie die Konzepte der Bewusstseinsveränderung und -erweiterung des Ostens (z.B. Zen-Meditation) mit der Liebesbotschaft des Christentums verbinden[45]. Doch auch im Westen finden wir bei genauerem Hinsehen meist einen spirituellen Lehrer / eine spirituelle Lehrerin, die die Arbeit in den Zentren inspirieren und die Menschen von nah und fern anziehen.

45 Vgl. dazu z.B. den Benediktushof „Zentrum für Spirituelle Wege" in Holzkirchen bei Würzburg; das Lassalle-Institut in Schönbrunn/Schweiz; das Ökumenische Meditationszentrum Neumühle/Tünsdorf oder die Villa Unspunnen/Schweiz.

Selbstmanagement – Personal Mastery – Spirituelles Selbstmanagement

Selbsttransformation ist ein Weg und wie bei jedem Weg gibt es Weghilfen. Welche davon im Mittelpunkt dieses Buches stehen, möchte ich vorab anhand von drei Begriffen verdeutlichen: Selbstmanagement, Personal Mastery und Spirituelles Selbstmanagement.

Selbstmanagement

Nicht alle, die von Selbstmanagement sprechen, verfolgen damit ein spirituelles Konzept. Es gibt businessorientierte Konzepte des Selbstmanagements, die in der unternehmerischen Weiterbildung als Instrument der Persönlichkeitsentwicklung eingesetzt werden[46]. In der Personalentwicklung weiß man inzwischen: Es gilt Abschied zu nehmen von hierarchisch-autoritären Führungskonzepten, und die Fähigkeit zu führen muss gelernt werden. Dementsprechend bieten vor allem die großen international tätigen Konzerne Maßnahmen der Führungskräfteentwicklung an, in denen bestimmte Fähigkeiten, so genannte Soft Skills, trainiert werden. Dazu gehören unter anderem kommunikative und soziale Kompetenz, Zeitmanagement und Work-Life-Balance.

Allerdings wird auch in der Wirtschaft immer deutlicher, dass selbst dies nicht reicht. Die moderne Wissensgesellschaft schafft ganz neue Herausforderungen, weil in ihr die Menschen weniger geführt oder kontrolliert als inspiriert werden wollen. Statt von oben nach unten durchzuregieren, geht es in der Wissensgesellschaft um Kokreation, in der jeder Mensch, egal auf welcher Stufe, sich in seinem Tun wertgeschätzt fühlt. Doch Inspiration ist eine Kraft des Herzens, nicht des Verstandes. Inspiration geschieht in der Person, die sich inspirieren lässt und hat mit tiefen Sehnsüchten und eigenen Werten zu tun. Inspiration, die von der Liebe zum Leben

46 Vgl. dazu z.B. Hackl 1998; Jäger 2007; Sendlinger/Glahn 2007; Storch/Krause 2007; Bischof/Bischof 2007.

und nicht der Liebe zu den toten Dingen herrührt (Biophilie, nicht Nekrophilie), gründet sich in den Impulsen des Herzens. Und damit sind wir beim Spirituellen Selbstmanagement.

Mit dem Konzept des Spirituellen Selbstmanagements gehe ich daher bewusst über Maßnahmen hinaus, die zweckrational auf Bedürfnisse der Betriebe zugeschnittenen sind. Spirituelles Selbstmanagement unterstützt in Führungskräften und in Menschen ganz allgemein den Prozess der Transformation vom Ich zum Wir. Es ist eine Hilfe für Menschen, die den Sinn des Lebens jenseits von persönlichem Vorteil und ichbezogenen Zielen sehen, die ein Ungenügen über die eigenen Egoismen und Unzulänglichkeiten empfinden und sich bemühen, als wichtig erkannte menschliche Werte wie Wahrheit, Rechtschaffenheit, Frieden, Liebe, Achtsamkeit und Gewaltlosigkeit auch im beruflichen Alltag zu leben.

Dennoch führt Spirituelles Selbstmanagement nicht notwendigerweise zu einem Konflikt mit unternehmerischen Interessen. Menschen sind dann besonders leistungsfähig, wenn sie in Übereinstimmung mit ihrer Berufung und ihrem Gewissen handeln. Daher geht es um Wege, wie den Anforderungen in der Welt mit einer Treue zur inneren Berufung begegnet werden kann. Indem ich im Konzept des Spirituellen Selbstmanagements das zusammenführe, was zusammengehört, nämlich Selbstmanagement und Spiritualität, nehme ich bewusst Bezug auf die einzige Kraft, die wirkliches Selbstmanagement ermöglicht: die (Liebeskraft. Sie ist der Maßstab für gelingendes Leben und dafür, ob mein Tun zum Segen wird für mich und andere. Ich suche mit diesem Konzept nach einer Antwort für den westlichen modernen Menschen, der eine Synthese zwischen Innen- und Außenwelt und zwischen Macht und Liebe leben möchte.

Worum es mir dabei geht, ist durchaus vergleichbar mit einer Entwicklung, wie wir sie derzeit in der Psychotherapie beobachten können. Über Jahrzehnte war es im Gefolge Sigmund Freuds und des wissenschaftlichen Rationalismus verpönt und unprofessionell, Therapie und Spiritualität zu verbinden. Heute haben wir eine machtvolle Bewegung in der Psychotherapie, in der die Spiritualität als vielleicht wichtigste Heilkraft für Menschen erfahren und gewürdigt wird.

Ähnliches steht derzeit an bei Konzepten des Selbstmanagements. Es ist Zeit, anzuerkennen, dass wirkliches Selbstmanagement sich immer aus einer spirituellen Quelle speist. Was eine solche Erweiterung bedeutet, wird erkennbar, wenn man Spirituelles Selbstmanagement und das Konzept der Personal Mastery vergleicht, das Peter Senge vertritt.

Personal Mastery

> *„Personal Mastery bedeutet, dass man an das Leben herangeht wie an ein schöpferisches Werk und dass man eine kreative im Gegensatz zu einer reaktiven Lebensauffassung vertritt."*[47]

Personal Mastery ist ein Konzept der Selbstführung, das der US-amerikanische Professor für Management an der Harvard University Peter Senge als eine von fünf Disziplinen auf dem Weg zur Lernenden Organisation vertritt. Es ist ein Konzept, das die Fähigkeit und den Willen zur Selbstverantwortung des Menschen in den Mittelpunkt stellt.

> *„Wenn Personal Mastery zu einer Disziplin wird – zu einer Aktivität, die wir in unser Leben integrieren – umfasst sie zwei grundsätzliche Verhaltensweisen: Erstens klärt man immer wieder aufs Neue, was einem wirklich wichtig ist ... Zweitens lernt man kontinuierlich, die gegenwärtige Realität deutlicher wahrzunehmen."*[48]

Was bedeutet das: nach dem Wichtigen zu forschen? Wenn ich mir die innere Freiheit nehme, zu prüfen, was mir wirklich wichtig ist, dann sind meine *Werte* gefragt:

- Was sind meine Visionen? Gehen sie über mich und meine Interessen hinaus? Richten sie sich auf das Wohlergehen derer, die mir anvertraut sind (Mitarbeiter und Mitarbeiterinnen,

47 Senge 1997, 173
48 Senge 1997, 174

Kollegen und Kolleginnen, meine Stadt, mein Land, meine Nation, meinen Kontinent, die Ökosphäre)?

- Ist mir der Frieden zwischen Menschen, den Völkern und zwischen Mensch und belebter Natur eine Herzensangelegenheit?
- Wofür setze ich mich tatsächlich ein? („Die Wahrheit der Seele zeigt sich im Tun."(Moreno))
- Was treibt mich im Alltag an (ökonomische Sicherheit, öffentliche Anerkennung oder Schattenkräfte in mir wie Neid, Missgunst, Rache, Hass)?
- Was ist der Maßstab meines Handelns (Gewissen, Lob und Anerkennung, materieller Erfolg; Erfolg in der Sache, Herrschaft über andere)?

Worauf immer sich die für mich als wichtig erkannten Werte beziehen – Personal Mastery fordert Kreativität ein, um sie umzusetzen:

> *„Die Parallelität von Vision (was wir wollen) und klarem Bild (wo wir sind, gemessen an dem, was wir wollen) erzeugt das, was wir als kreative Spannung bezeichnen, eine Kraft, die die beiden zusammenbringen, weil jede Spannung von Natur aus nach Auflösung strebt."*[49]

Personal Mastery ist also ein Prozess des Wollens und Werdens, ein Prozess, der dem Wertemaßstab des *Wichtigen* unterworfen ist. Wichtig kann aber vielerlei sein: jemanden zu besiegen, die Nase vorn zu haben, möglichst hohe Umsätze zu erzielen oder eine hohe Rendite zu erwirtschaften. Hier liegt eine wichtige Begrenzung im Konzept der Personal Mastery, selbst wenn der Humanist Peter Senge letztlich humane, ja sogar spirituelle Werte im Kopf hatte, als er Personal Mastery einforderte.

Ersetzen wir das kleine Wort „wichtig" durch das Wort *„wesentlich"*, wandelt sich das Bild. Denn wenn es meine Aufgabe ist, immer wieder zu prüfen, was „wesentlich" ist, was also meinem Wesen entspricht, dann beschäftige ich mich mit dem, was das

---

49 Senge 1997, 174

Wesen des Menschen generell und mein eigenes Wesen im Besonderen ausmacht. Dann führt mich Personal Mastery an meinen Wesenskern heran, verhilft mir zum „Durchbruch zum Wesen" wie Karlfried Graf Dürckheim dies nannte.

> *„An der Schwelle des Durchbruchs zum Wesen steht die Fähigkeit, das Inkommensurable, sei es das Leben Vernichtende, das Sinnwidrige oder die radikale Verlassenheit, annehmen zu können. Man muss erst das natürliche Streben nach Sicherheit, Gerechtigkeit und Gemeinschaft in dieser Welt als ein Vorletztes erkennen, ehe man bereit sein kann für Erfahrungen, in denen das Letzte sich ankündet."*[50]

Wo es um die Arbeit am Kern, am Wesen geht, wird der Weg der Transformation zum Selbst gewählt. Statt von Personal Mastery kann ich dann von Spirituellem Selbstmanagement reden. Personal Mastery und Spirituelles Selbstmanagement stehen zueinander wie eine *notwendige* und eine *hinreichende* Bedingung: Personal Mastery ist für das Spirituelle Selbstmanagement eine notwendige, aber keine hinreichende Bedingung. Spirituelles Selbstmanagement geht *nicht ohne* Personal Mastery. Aber Personal Mastery führt *noch nicht notwendigerweise* zum Spirituellem Selbstmanagement. Was macht die Differenz aus?

Der Begriff „Mastery" enthält das Wort „Master" – Herr. Doch wer ist der Herr? Mit Sicherheit nicht eine fremde Instanz außerhalb der Person. Wer ist dann der Herr / die Herrin? Das „Ich" oder etwas anderes? Wer formuliert denn die Vision des Wesentlichen? Von welcher Ebene/Instanz kommen die Weisungen und Werte? Mit der Antwort auf solche Fragen erweitert sich das Konzept der Personal Mastery zum Konzept des Spirituellen Selbstmanagements. Im Spirituellen Selbstmanagement geht es um die letzte Instanz in uns, die mehr ist als das begrenzte Ich. Es geht um das SELBST, den göttlichen Funken in uns, das Licht, das – wie die Bibel sagt – nicht unter den Scheffel gestellt werden soll und das in der vedantischen

50 Dürckheim 1988, 131

Philosophie „atman" genannt wird[51]. In allen spirituellen Traditionen wird es als das Innerste des Inneren angesehen. In der Welt der Symbole markiert es die Mitte.

Die Mitte ist das Feld der unbegrenzten Möglichkeiten. Es ist die Leere im Zen-Buddhismus, die zugleich die Fülle des Nichts ist. Es ist ohne Form und ohne Zeit und doch zugleich die universale Kraft, die die Welt der Formen in Raum und Zeit hervorbringt, das Bewegende schlechthin.

Gestaltung aus der Mitte heraus ist das Ziel des Spirituellen Selbstmanagements. Konzeptionell-methodisch schöpft dieser Weg aus vielfältigen Quellen, christlichen ebenso wie aus den Veden des indischen Kulturraums; er schöpft aus dem Reichtum der humanistischen und transpersonalen Therapieansätze wie z.B. der Tiefenpsychologie von C. G. Jung, der Initiatischen Therapie von Karlfried Graf Dürckheim, dem Psychodrama von Moreno oder dem Schau-Spiel von Wolfgang St. Keuter. Besonders wichtig sind mir jedoch zwei Quellen geworden, zum einen die Lehre der Veden von den Körperhüllen des Menschen und den Stufen des Bewusstseins und zum anderen die Psychosynthese des Italieners Roberto Assagioli (1888-1974), die ebenfalls in der Philosophie der Veden fußt. Spirituelles Selbstmangement, wie ich es verstehe, greift ganz wesentlich auf diese beiden Konzepten und ihre erprobten Praktiken der Selbstbegegnung und Selbsttransformation zurück, die auch für den westlichen Menschen geeignet sind.

51 In den Veden spricht man hier von atman. „Der atman ist die unsichtbare Grundlage, das wirkliche Selbst, die dem Menschen innewohnende Göttlichkeit, die Seele, welche die Wirklichkeit innerhalb der fünf Schichten (kosha) darstellt, deren äußerste der Körper ist. Er ist der göttliche Funke im Innern, die allerinnerste, dem Menschen ureigene Realität. Er ist die eigentliche Substanz der gesamten ‚objektiven' Welt, die Wirklichkeit hinter dem Schein und jedem Wesen innewohnend. Er ist von Natur aus frei von jeglicher Bindung. Er handelt nicht, noch besitzt er eigene Bedürfnisse oder Besitztümer, kennt kein ‚ich' und ‚mein'. Der atman ist unsterblich. Er vergeht nicht wie der Körper oder der relative Geist, [er ist] ... die wahre Triebkraft, die hinter den Impulsen und Zielen der körperlichen Ebene steht." (Mittwede 1992, 39)

Spirituelles Selbstmanagement

„Niemand kann vor der Stimme seines Herzens fliehen. Deshalb ist es besser, darauf zu hören."[52]

Spirituell Suchende machen sich auf die Suche nach der Stimme ihres Herzens, nach der Liebe, die sich durch sie manifestieren will. Sie nehmen die Suche bewusst an und auf sich. Es ist eine Reise mit zahlreichen Hindernissen, Etappen und Stufen, die von begnadeten Menschen beschrieben worden ist. Wie auch immer die Bilder und Metaphern sind, sie alle stimmen in der Aussage überein, dass der Weg zur eigenen Liebeskraft kein einfacher Weg ist, jedoch der einzig lohnende, ja sogar letztlich der einzige dem Mensch aufgegebene Weg. Die Transformation vom Ich-Bewusstsein zum Selbst-Bewusstsein[53], die Erkenntnis, dass die Liebeskraft, die wir so sehnlichst im Außen suchen, in uns selbst zu finden ist, ist Aufgabe und Ergebnis zugleich.

Die Welt und ihre Verstrickungen sind die Bühne, auf der sich das Schauspiel dieser Suche vollzieht. Als Menschen geboren, können wir uns dieser Bühne nicht entziehen, ganz im Gegenteil. Es gilt, sich der Welt zu stellen, sich mit ihr auseinanderzusetzen, Beziehung zu wagen, Macht anzunehmen und auszuüben, Leiden zu ertragen und Freuden auszukosten. Es gilt, sich in diesen Verstrickungen zu erleben, ohne in ihnen unterzugehen und ohne das Bewusstsein für das Ziel der Suche zu verlieren[54].

In der indischen Mythologie verkörpert diese geistige Haltung der Affenkönig Hanuman, der Gott in der Gestalt von Rama keine Sekunde aus den Augen verliert. Auch Lakschmana, der Bruder Ramas, weicht nie von dessen Seite, d.h. er will nie die Gottesanbindung verlieren.

Die Ausrichtung des Geistes auf Gott, auf die Liebe, den „Urgrund des Seins" als unterschwellige, alles durchdringende Melodie des Lebens, das ist es, was spirituelle Orientierung bedeutet.

52 Coelho 1996, 137

53 Unter Selbst ist hier nicht das Ich, sondern das unsterbliche Göttliche in uns gemeint. Selbst-Bewusstsein heißt somit nicht eine Identifikation mit unseren Rollen vor der Welt, sondern mit dem in uns, das nicht von dieser Welt ist.

54 Siehe dazu S. 58 die Geschichte von P. Coelho von dem Jüngling, der auszog, das Geheimnis des Glücks zu finden.

Indem ich alles auf das, was Menschen Gott nennen, ausrichte, baue ich eine Brücke zwischen meinem vom Körper geprägten Ich-Bewusstsein und dem SELBST, dem göttlichen Funken in mir. Und so kann ich allmählich in das Bewusstsein hineinwachsen, dass ich mehr und anderes bin als mein Körper, mehr und anderes als meine Gefühle, meine Sorgen, Ängste und Nöte. Ich bin in letzter Konsequenz Licht und Liebe, ein Funke jener göttlichen Kraft, die die ganze Schöpfung hervorgebracht hat, auch meinen Körper, der damit zum „Tempel Gottes" wird, wie es in der Bibel heißt.

Spirituelles Selbstmanagement unterstützt somit den Prozess der Transformation vom Ich zum Wir, vom bewussten Ich zur Hingabe an das göttliche SELBST, vom Zwei-fel zur Ein-heit. Spirituelles Selbstmanagement ist eine Hilfe für die, die den Sinn des Lebens jenseits von persönlichem Vorteil und ichbezogenen Zielen sehen, die ein Ungenügen über die eigenen Egoismen und Unzulänglichkeiten empfinden und sich bemühen, als wichtig erkannte menschliche Werte wie Wahrheit, Rechtschaffenheit, Frieden, Liebe, Achtsamkeit und Gewaltlosigkeit im Alltag zu leben und den Wunsch haben, den eigenen Willen dem göttlichen Willen anheimzugeben.

Solche Selbsttransformation zu leben, ist nicht einfach. Sie erfordert Willenskraft und stößt sich an den Erwartungen der Umgebung. Spirituelles Selbstmanagement gibt Hilfen auf dem Weg. Er wird leichter, wenn wir ihn mit Gleichgesinnten gemeinsam gehen. Im Bewusstsein der eigenen Not-Wendigkeiten und im Kontakt mit den Not-Wendigkeiten der anderen erweitert sich das Bewusstsein. Heilung und Selbst-Heilung werden möglich.

Transformation des Bewusstseins und Körperhüllen

Selbsttransformation geschieht in Stufen, in denen Grenzen des Bewusstseins fallen. Ken Wilber hat in seinem Buch „Wege zum Selbst" eines von vielen Stufenmodellen entwickelt, die die Höherentwicklung des Bewusstseins verdeutlichen sollen[55]. Auf jeder Stufe fallen Grenzen, bis sich das Bewusstsein so entgrenzt, dass es die Einheit des Lebendigen wahrnehmen kann: Auf der Persona-Ebene geht es darum, den eigenen Schatten zu integrieren; auf der Ich-Ebene gilt es, die Einheit von Körper und Ich zu verstehen; auf der Ebene des Gesamtorganismus ist es angesagt, sich als Teil der Umwelt zu begreifen. Und auf den vielen Stufen transpersonaler Bewusstheit wächst das Wissen um die Einheit alles Lebendigen.

Auch in dem vedantischen Konzept der Körperhüllen ist der Weg zur Ermächtigung aus dem Selbst, aus der allumfassenden Liebeskraft, ein Weg der allmählichen Transformation des Bewusstseins. Diese Transformation ist nötig, denn ich nehme die Welt nicht wahr, wie sie ist, sondern so, wie mein Bewusstsein beschaffen ist[56]. Es ist die individuelle Brille, die meinen Blick prägt. *„The scene is outside, the seer is inside"* (Die Szene ist außen, der Sehende ist innen), so die Kurzformel des indischen Gelehrten Anil Kumar. Dies gilt auch für meine Kraft und Fähigkeit zu lieben. Nicht das Objekt der Liebe ist entscheidend dafür, ob meine Liebeskraft immer umfassender und bedingungsloser wird. Es hängt von meinem Bewusstsein ab: Erweitert es sich so, dass ich in allem und jedem Gott wahrnehmen kann und mich mit ihm in der gemeinsamen Liebeswurzel eins weiß? Wer eingetaucht ist ins Gottesbewusstsein, findet und erkennt – wie die berühmte Geschichte erzählt – Buddha selbst im räudigen Hund.

---

55 Wilber 1991, 22-23
56 Vgl. Mettler-v.Meibom 2000, 125 ff.

Körperhüllen nach vedantischer Philosophie

Hülle/ Schicht	**Anna mayakosha**	**Prana mayakosha**	**Mano mayakosha**	**Vijna mayakosha**	**Ananda mayakosha**
Hülle/ Schicht umfasst …	Körper geformt aus den fünf Elementen	Vegetative Lebens-funktionen	Geist mentale Schicht logisches Denkver-mögen Welt der Gefühle	Intuition Intelligenz höhere Weis-heit mit intui-tivem Denken Buddhi	reines Be-wusstsein Sitz höchster Glückseligkeit das eigentliche Sein, das zur Erfahrung der höchsten Glückseligkeit fähig ist
Identi-fikation mit dieser Hülle schafft …	Gewöhnliches	Vitalität	Verstand	höhere Intelligenz	Überbewusst-sein
Reinigung durch …	gesunde Ernährung	gleichmäßiges Atmen	heilige Ge-danken und Gefühle, die nicht von den Sinnen oder von Freud und Leid beein-flusst werden	Kontempla-tion über die absolute Wirklichkeit	Eintauchen in beglückende Gotteskenntnis (Samadhi) als Geisteshal-tung, frei von Reaktionen, Wünschen, Wollen und Verlangen
Hülle gehört zu …	grob-stofflichem Körper	feinstofflichem Körper			Kausalkörper

(eigene Zusammenstellung)

Die vedantische Philosophie vertritt die Auffassung, dass beim Menschen der göttliche Funke in fünf Körperhüllen eingeschlossen ist[57].

57 Vgl. insbesondere Entdecke 1996, 207ff.: „Fünf Hüllen umgeben den göttlichen Funken (atman) im Menschen und verhindern, dass seine Herrlichkeit sich offenbart. Diese müssen geläutert und durchsichtig gemacht werden. Der Körper (annamayakosha) muss

Je nachdem, mit welcher der fünf Körperhüllen ich mich in meinem Bewusstsein identifiziere, sehe ich die Welt und so lebe ich die Liebeskraft[58]. Die *erste* Körperhülle – annamayakosha – ist der grobstoffliche Körper, der sich nach indischer Auffassung aus den fünf Elementen Erde, Feuer, Wasser, Luft und Äther zusammensetzt. Er baut sich aus Nahrung auf und erhält sich über Nahrung. Hier drückt sich Liebe vor allem im Handeln aus. Die *zweite* Körperhülle, die Vitalhülle – pranamayakosha – wird durch die Luft aktiviert und gesättigt; zu ihr gehören auch alle aufsteigenden und absteigenden Säfte und Energien (Blut, Stoffwechsel etc.). Liebe begegnet uns hier vor allem in den Emotionen. Die *dritte* Körperhülle – manomayakosha – ist der Sitz des Denkvermögens und der Gefühle. Liebe äußert sich hier vor allem im Denken, Fühlen und Sprechen. Die *vierte* Körperhülle – vijnamayakosha – verbindet mich mit der Höheren Intelligenz, der Intuition, der inneren Weisheit. Sie transzendiert die menschlichen Grenzen und eröffnet dem Menschen den Zugang zum Transpersonalen. Mit den beiden vorangehenden Hüllen bildet sie den feinstofflichen Körper. Liebe begegnet uns hier als tief greifendes Empowerment. Die *fünfte* und letzte Hülle ist Ort des Glücksbewusstseins – anandamayakosha – die Körperhülle, mit der der Mensch am Überbewusstsein teilhaben und sich mit dem Universalbewusstsein vereinen kann. Sie wird auch Kausalkörper, der verursachende Körper genannt, der quasi die Blaupause für den Lebensweg ist. In ihr weitet sich die

---

durch richtige und gesunde Ernährung gereinigt werde; das vegetative Nervensystem (pranamayakosha) durch gleichmäßiges Atmen und ein ausgeglichenes Temperament; der Geist (manomayakosha) durch heilige Gedanken und Gefühle, die nicht von den Sinnen abhängig sind und von Freud und Leid nicht beeinflusst werden; die Intuition (vijnamayakosha) durch die Kontemplation über die absolute Wirklichkeit und das innerste Seligkeitsbewusstsein (anandamayakosha) durch das Eintauchen in beglückende Gotterkenntnis ... Wer dem Körperlichen verhaftet ist und dieses als die einzige Wirklichkeit betrachtet, muss unwissend bleiben. Der grobstoffliche Körper, der von Nahrung erhalten wird, ist durch seine materielle Basis begrenzt. Der feinstoffliche Körper jedoch transzendiert den physischen Körper. Wenn er die Natur des feinstofflichen Körpers begriffen hat, sollte der Mensch nicht stehen bleiben, sondern weitergehen und versuchen, den Kausalkörper, der noch feiner ist und mit dem das höchste Bewusstsein göttlich-glücklicher Ausgeglichenheit erfahren werden kann, zu verstehen. Dieses Bewusstsein ist das Gewahrwerden der in sich selbst ruhenden, bewussten Energie, die der Urgrund aller Dinge und als solche sowohl die Basis als auch die erhaltende Kraft der gesamten Schöpfung ist. In feinster Form ist dies Glücksbewusstsein daher in jedem Gegenstand der Schöpfung gegenwärtig" (a.a.O., S. 208f.). Vgl. auch Swami Satprakashananda [o.D.]; Vivekananda 1993.

58 Die folgende Analogie zur Liebeskraft orientiert sich an Studien von Lucia Mezger (Mezger 1993).

Liebeskraft zum umfassenden Verstehen. Jenseits dessen gibt es nur noch das Universale Bewusstsein, aus dem alles Leben hervorgegangen ist.

Besonders wichtig ist die *dritte* Körperhülle, der Sitz des Denkens und Fühlens. Sie hat eine Scharnierfunktion in zwei Richtungen. Als Bürger/Bürgerin zweier Welten, der Immanenz und der Transzendenz, habe ich die Wahl, womit ich mich in meinem Bewusstsein stärker identifiziere, mit dem (grobstofflichen) Körper oder mit der geistigen Welt, aus der ich stamme. Ich kann mich entscheiden, ob ich meine, (grobstofflicher) Körper zu sein, oder ob ich meine, in letzter Konsequenz ein göttlicher Funke zu sein, der sich in einen Körper eingeschlossen hat.

Worauf ich meinen Geist richte, das wird in meiner Vorstellung wirkmächtig. Richtet sich der Geist auf das Göttliche, Absolute, die Transzendenz, das Tao, so öffnen sich meine Intuition und Höhere Intelligenz für diese Dimension meines Seins. Bin ich hingegen mit meinem Körperbewusstsein verhaftet, so ist mir der Weg zum Glückseligkeitsbewusstsein verschlossen. Warum? Wenn ich mich mit der *Materie* identifiziere, so verharre ich mit meinem Bewusstsein in dem, was Trennung und Absonderung hervorbringt. Identifiziere ich mich hingegen mit der *Quelle* all der Vielfalt, die mich auf unserem Planeten umgibt, so eröffnet sich mir die Welt der Einheit. Ich kann dann in allem und allen Gott erkennen. Ich gewinne Zugang zur bedingungslosen, allumfassenden Liebe, zur höchsten Glückseligkeit.

So lehren es die vedantischen Weisheitsschriften. Für jede der Körperhüllen gibt es Wege der Reinigung. Der grobstoffliche Körper braucht reine Nahrung. Der Vitalkörper lässt sich durch gleichmäßiges tiefes Atmen reinigen. Die Reinigung der Gedanken und Gefühle in der dritten Körperhülle verlangt eine Kontrolle der Sinne (Loslassen von Wünschen) und eine Transformation negativer Gedanken und Gefühle (denk Gutes, sieh Gutes, fühl Gutes). Wo in Gedanken und Gefühlen Ruhe einkehrt, werden wir durchlässiger für die Höhere Intelligenz, die ihren Sitz in der vierten Körperhülle hat. Kontemplation und Meditation unterstützen diesen Prozess. Die Öffnung für das reine Glückseligkeitsbewusstsein in der fünften Körperhülle entzieht sich menschlichem Zugriff. Sie ist ein Geschenk der Gnade.

Übertragen wir nun dieses Weisheitssystem auf das Thema der Versöhnung von Macht und Liebe, so geht es darum, eine Ermächtigung aus dem SELBST, nicht die Ermächtigung aus dem Ich einzuladen. Es geht darum, sich an die Liebesmacht Gottes anzuschließen, die jedem von uns zu eigen ist. Es geht um die „Kunst des Liebens", wie dies Erich Fromm nannte: Wenn ich umfassend lieben möchte, brauche ich unbedingte Hingabe an den Prozess der Transformation meiner selbst.

Die vedantische Philosophie ist nicht die einzige, die einen Weg der Transformation beschreibt. Doch mit ihrem Wissen über den Körper, über seine subtilen Funktionsweisen, mit ihrem Konzept der Reinigung der Körperhüllen und der Hilfen auf dem Weg hierzu überschreitet sie bei weitem das, was in unserem Kulturkreis bekannt ist. Erst allmählich erschließen wir uns diese Quellen, sei es durch die ayurvedische Ernährungslehre, sei es durch Meditation als eine Technik, um den Geist zu beruhigen.

Auch das Christentum kennt derartige Traditionen der Reinigung und der Transformation. Ihre Grundlagen sind heute auf Konzepte von Fastentagen oder „7 Wochen ohne" geschrumpft, ohne dass ihr transformatorischer Gehalt noch ausreichend im Bewusstsein wäre. Erst in den neueren Kontemplations- und Meditationsgruppen wird wieder erfahrbar, dass es um eine Transformation des Menschen vom Grunde her geht. Für die vedantische Philosophie und Spiritualität ist dies offensichtlicher. Danach ist es die Aufgabe des Menschen, d.h. seiner Seele, sich in vielen Inkarnationen dem Gottesbewusstsein und damit der allumfassenden Liebe zu öffnen. In letzter Konsequenz soll der Mensch erkennen, dass er Gott ist, wie die Pflanze auch, das Tier und alles Geschaffene. Je mehr der Mensch in seinen vielen Leben und Erfahrungen lernt, das Göttliche in allem und jedem zu erkennen, desto umfassender vermag er zu lieben.

Personale und transpersonale Psychosynthese

Auch in der transpersonalen Psychotherapie, die auf den Italiener Roberto Assagioli (1888-1974) zurückgeht, steht die Transformation des Bewusstseins im Mittelpunkt. Sein Gedankengut fußt ebenfalls in den Veden. Doch mit seiner Theorie einer personalen und transpersonalen Psychosynthese eröffnet er dem westlichen Menschen einen leichteren Zugang zum Verstehen. Eingesetzt wird sie deswegen in Coaching, Training und Selbstmanagement, und zwar vor allem im angelsächsischen, aber auch im deutschsprachigen Raum.

Das Menschenbild der Psychosynthese

Die Gedankenwelt der Psychosynthese wurzelt in der philosophia perennis des indischen Kulturraums, die – wie unsere mystischen Traditionen auch – die Einheit alles Geschaffenen betont. Auf dem Weg der Erweiterung des Bewusstseins hin zum Einheitsbewusstsein und dem Leben aus dem SEIN unterscheidet die Psychosynthese zwischen dem bewussten Selbst, auch kleines Selbst, Persona oder Ich genannt einerseits, und dem Höheren Selbst, das, was man auch als den göttlichen Funken im Menschen bezeichnen kann.

Der Prozess der Höherentwicklung des Bewusstseins vollzieht sich über die *personale* und *transpersonale* Psychosynthese und nutzt die Kraft des Willens. In der personalen Psychosynthese geht es darum, die eigenen Potenziale zu befreien (Arbeit mit den Teilpersönlichkeiten) und sie unter der Führung des bewussten Selbst zu konzertieren, d.h., mit Hilfe der Ich-Funktion zu einer gelingenden Synthese zu bringen. In der transpersonalen Psychosynthese richtet der Mensch den eigenen Willen auf den Willen Gottes aus, d.h., das bewusste Selbst oder Ich stellt sich unter die Führung des Höheren Selbst. Nachvollziehbar wird dies am so genannten Ei-Modell des Bewusstseins der Psychosynthese.

Ei-Modell des Bewusstseins (Assagioli)

Roberto Assagioli unterscheidet zwischen dem *bewussten Selbst bzw. „Ich"*, dem Feld der Bewusstheit, dem mittleren, dem tiefen, dem höheren Unbewussten, dem kollektiven Unbewussten und dem Höheren bzw. transpersonalen Selbst.

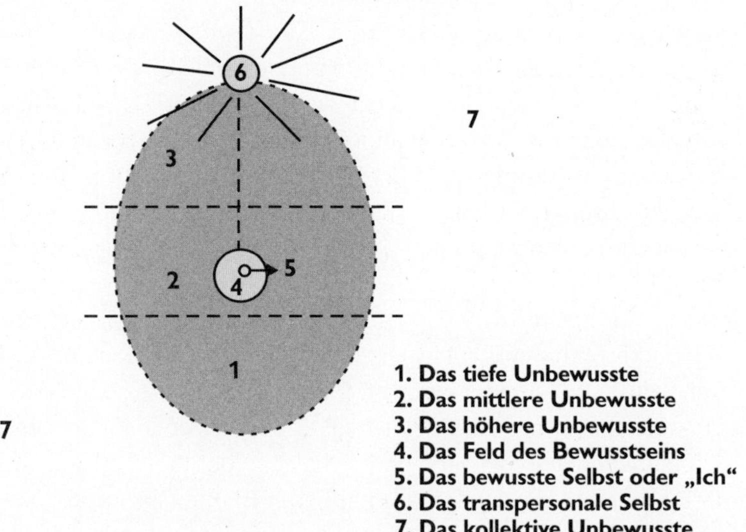

1. Das tiefe Unbewusste
2. Das mittlere Unbewusste
3. Das höhere Unbewusste
4. Das Feld des Bewusstseins
5. Das bewusste Selbst oder „Ich"
6. Das transpersonale Selbst
7. Das kollektive Unbewusste

Abbildung 3: Das Ei-Modell des Bewusstseins von Roberto Assagioli

---

Im Feld des Bewusstseins findet sich alles, was ich bewusst weiß: Ich weiß z. B., dass ich eine deutsche Staatsbürgerschaft habe, Frau, Mutter von zwei Kindern, Wissenschaftlerin, Organisationsentwicklerin und Coach bin. Im mittleren Unbewussten findet sich das, was ich mit einer gewissen Leichtigkeit in mein Bewusstsein holen kann. Mit einiger Konzentration kann ich mich z. B. daran erinnern, wo ich einen Schlüssel verlegt habe oder was ich mir hatte merken wollen, als ich mir einen Knoten ins Taschentuch machte.

Im tieferen Unbewussten finden sich die Vitalkräfte meiner Persönlichkeit, die mir nie bewusst geworden sind, z. B. weil die Lebensumstände sie nicht ans Licht gebracht haben. Hier finden sich aber auch Potenziale meiner Persönlichkeit, die ich nicht wirklich leben durfte, die sich „verkleidet" haben und die als gefährlich oder traumatisch abgespalten und verdrängt werden. Was nicht leben durfte, tritt dann als psychologischer Komplex zutage, in der Sprache der Psychosynthese eine *Teilpersönlichkeit*. Das könnte z. B. der/die Neidische, der/die Gierige, der/die Gewalttätige, der Kritiker, die Kritikerin sein. Die dahinter stehenden Kräfte entziehen sich dem Bewusstsein, weil sie als beschämend oder existenzbedrohlich erlebt werden.

Auch im *Höheren Unbewussten* finden sich Aspekte der Persönlichkeit, die noch nie entdeckt wurden oder die als bedrohlich erlebt werden. Doch es sind andere Kräfte als die im tieferen Unbewussten, weder bessere noch schlechtere. Im Höheren Unbewussten verortet Assagioli die höchsten Ideale und die dem Leben zugewandten Anlagen eines Menschen, zu denen er/sie (noch) nicht bewusst ja sagt oder die durch die Lebensumstände noch nicht aktiviert wurden, z. B.: Mitgefühl, Begeisterungsfähigkeit, Einsatzfreude, Achtsamkeit, Respekt, Wertschätzung, Mut, Furchtlosigkeit, Hilfs- und Opferbereitschaft, Gleichmut. Auch sie können sich „ummantelt", d. h., verkleidet haben, z. B. weil sie im unmittelbaren Umfeld unerwünscht waren und nicht leben durften. Und auch sie treten nun auf der inneren und äußeren Bühne als eine Teilpersönlichkeit auf, die den ursprünglichen Impuls verdeckt, z. B. als Zyniker/Zynikerin, Nörgler/Nörglerin oder Kontrolletti.

Wie gefährlich einem Menschen auch die hellen Seiten der Seele erscheinen können, hat niemand deutlicher geäußert als Marianne Williamson[59] in dem oft unter dem Namen von Nelson Mandela zitierten Satz: *„Unser Licht, nicht unsere Dunkelheit ängstigt uns am meisten."*

Eine besonders machtvolle Rolle spielt das *kollektive Unbewusste*. Es umfasst die Glaubenssätze und Annahmen, welche die Kultur, das Umfeld, das Milieu, in denen ein Mensch aufwächst und lebt, prägen. Sie teilen sich unbewusst mit; sie modellieren die Vorstellungen von Menschen und Dingen; sie prägen Menschen- und Weltbild. Dass solche Glaubenssätze existieren, wird oft erst dann erfahren, wenn sie durch äußere Umstände in Frage gestellt

59 Williamson 1992

werden. Jede Reise ins Ausland, jede Begegnung mit anderen Kulturen, jeder Milieuwechsel stellt die bisherigen Vorstellungswelten in Frage und fordert dazu auf, das Bewusstsein zu erweitern. Lassen wir solche Erfahrungen zu und überprüfen bisherige Glaubenssätze, dann erweisen sie sich oft im wahrsten Sinne als Vor-Urteile, ohne dass man sich dessen vorher bewusst gewesen ist.

Im Beispiel: Wer in Kriegszeiten aufwächst, wird lernen zwischen Freund und Feind zu unterscheiden, sein Dasein auf den Kampf ums Überleben zu richten und große Schwierigkeiten entwickeln, dem Leben vertrauensvoll entgegenzutreten. Wer hingegen in Friedenszeiten mit Liebe, Zuwendung und Zuversicht aufwachsen durfte, wird dem Leben eher mit einer positiven Erwartungshaltung entgegentreten; Gefühle von Hass, Rache, Vergeltung werden einem solchen Menschen eher fremd sein.

Das Transpersonale oder Höhere Selbst ist nach Assagioli die zentrale steuernde Instanz im Menschen. Dies macht den transpersonalen Kern seiner Theorie und Therapie aus. Das Höhere Selbst ist der göttliche Funke, der jedem Menschen innewohnt. Solange wir dessen Existenz leugnen, identifizieren wir uns mit dem „Ich" oder bewussten Selbst. Wir meinen dann, selbst das Stück unseres Lebens zu schreiben. Öffnen wir unser Bewusstsein hingegen für die Existenz eines Höheren Selbst, so können wir das „Ich" oder bewusste Selbst unter die Führung des Höheren Selbst stellen. Der transpersonale Wille, d.h. der Wille, der über unser personales Selbst hinaus weist, hilft in diesem Prozess. Die Erkenntnis, um die es geht, ist in den Worten Assagiolis:

> *„Ich erkenne und bestätige mich als ein Zentrum reinen Selbst-Bewusstseins. Ich erkenne, dass dieses Zentrum nicht nur in einer statischen Selbstbewusstheit besteht, sondern auch dynamische Kraft hat; es ist fähig, alle seelischen Prozesse und den physischen Körper zu beobachten, zu beherrschen, zu lenken und einzusetzen. Ich bin ein Zentrum von Bewusstheit und Kraft."*[60]

60 Assagioli 1993, 120

Für den Prozess des Spirituellen Selbstmanagements ist es wichtig, sich zu vergegenwärtigen, dass normalerweise nur eine (verschwindend) kleine Fläche, das so genannte „Bewusstseinsfeld", dem Menschen *bewusst* zur Verfügung steht. Wir neigen dazu, uns nur mit diesem Gewussten zu identifizieren und die Kraft und Macht des Unbewussten zu leugnen. Obgleich sich das Unbewusste über Träume, körperliche Symptome wie Krankheiten oder seelische Verstimmungen einen Weg ins Bewusstsein bahnen will, setzen wir dem – bewusst oder unbewusst – Grenzen. Gut nachvollziehen lässt sich dieser innere Widerstand an der Art und Weise, wie wir von Träumen erwachen: Für einen Moment ist uns der Trauminhalt noch bewusst. Je weiter wir uns jedoch vom Traum ins Wachbewusstsein bewegen, desto radikaler verschwindet die Erinnerung an die Trauminhalte. Es ist, als habe sich ein Deckel über das Unbewusste geschoben, der streng verhindert, dass sich unbewusste Inhalte zeigen, die vom Ich als bedrohlich erlebt werden.

Doch das Unbewusste hält wichtige Botschaften für uns bereit: Es offenbart uns unsere tiefsten Sehnsüchte und Wünsche; es zeigt uns, wo und wie wir in einer Weise denken, fühlen und handeln, die sich gegen uns selbst richtet. Es möchte uns auf unsere wirklichen Potenziale aufmerksam machen und es lässt uns teilhaben am kollektiven und am kosmischen Wissen. Das Unbewusste ist, wenn wir uns ihm aufmerksam und achtsam zuwenden, eine Quelle der Aufklärung über uns und andere, über unsere Bestimmung, über die Zeit, in der wir leben, über die Aufgaben, die sich uns stellen. Es ist ein unverzichtbares Instrument, um die zu werden, die wir sind, um unsere Potenziale zu entfalten und ein gelingendes Leben zu leben. Bewusstseinserweiterung verwandelt uns zu einem reiferen und weiseren Menschen.

Im unbewussten Menschen weiß das Ich oder bewusste Selbst noch wenig oder nichts von den Schichten des Unbewussten. Mit fortschreitender Bewusstwerdung gewinnt es Zugang zu den unbewussten Inhalten auf allen Ebenen. Das eröffnet die Chance, die elementaren Funktionen des Lebens, die primitiven Impulse und die Schattenseiten der Seele zu erkennen, anzuerkennen und zu integrieren. Es ist wie in Dantes Göttlicher Komödie; es ist ein Gang in die (eigene) Unterwelt. Bewusstwerdung eröffnet aber auch die Chance, die Funktionen des Höheren Unbewussten mit dessen Antrieben für humane/transpersonale Gedanken, Gefühle und Handlungen bewusst anzunehmen. Hier sind unsere Bereitschaft zu lieben und zu geben beheimatet, unser Bemühen zu verstehen und überpersönliche Ziele zum Wohle des Ganzen zu verfolgen.

Die Wege der Psychosynthese, sich den Schichten des Unbewussten zu nähern, sind vielfältig und machen den Methodenkanon der Psychosynthesetherapie aus[61]: Imagination, Arbeit mit Träumen, Schauspiel, Identifikations- und Disidentifikationsübungen[62]. Einen besonderen Platz nimmt hierbei die Arbeit mit den Teilpersönlichkeiten ein. Sie ebnet den Weg für alle weitergehenden Transformationsprozesse.

Teilpersönlichkeiten

> *„Es gibt im Grunde drei verschiedene Identifikationen:*
> *eine mit den personnages (den Teilpersönlichkeiten),*
> *eine mit der Person und eine dritte als Punkt reiner*
> *Selbst-Bewusstheit."*[63]

In der Psychosynthese tauchen wir ein in den Raum des Unbewussten und heben aus ihm die Schätze – solche, die uns Angst machen, ebenso wie solche, die uns erfreuen. Damit erweitert sich unser Wissen von uns selbst und die Möglichkeiten, eigenverantwortlich zu handeln, nehmen zu.

In einer ersten Stufe entdecken wir die so genannten Teilpersönlichkeiten. Sie bilden sich heraus, wenn wichtige Seelenkräfte aufgrund biographischer Erfahrungen nicht zur Entfaltung kommen durften und sich – im Sinne einer Überlebensstrategie – quasi „maskiert" haben. Sie stehen mir nur eingekapselt zur Verfügung. So kann z. B. Mut, der nicht gelebt werden konnte, im späteren Leben als Zorn hervorbrechen; Hingabe, die missbraucht wurde, kann sich als Abhängigkeit und Mitläufertum manifestieren; Stärke, die

61 Vgl. insb. Assagioli und Ferrucci.
62 Vgl. Assagioli 1993, 120.
63 Assagioli 1982, 122

unterdrückt wurde, kann als machtvolle Ohnmacht ihr Unwesen treiben; und entwertetes Unterscheidungsvermögen kann sich als Kritiksucht seinen Weg bahnen.

In der Arbeit mit Teilpersönlichkeiten werden die ursprünglichen Seelenkräfte aus ihrer Maskierung befreit und ihr genuines Potenzial der Persönlichkeit unter Führung des Ich wieder zur Verfügung gestellt. Dabei ist – wie im gesamten geistigen Wachstumsprozess – die Welt Bühne und Spiegel zugleich. Das Gesetz wie außen so innen bringt es mit sich, dass mir im Außen die Regungen meiner eigenen Seele sichtbar werden. Jede Begegnung im Außen fordert daher den Rückbezug nach innen und die Fragen: Was hat das mit mir zu tun? Was will mir dies zeigen? Was gilt es zu erkennen, zu integrieren, liebend anzunehmen und zu transformieren?

So kann z. B. ein Mensch mit Oberlehrerattitüde, der immer alle zurechtweist, unvermutet auf den inneren Kritiker als eigene Teilpersönlichkeit stoßen. Gelingt es ihm, dessen wahren Kern anzuerkennen, z. B. ein ausgeprägtes Qualitätsempfinden, so kann der Weg frei werden, um von der gnadenlosen Selbstkritik zu lassen, sich selbst liebend anzunehmen und damit auch anderen mit größerer Toleranz und mehr Verständnis gegenüberzutreten. Ähnlich kann ein Mensch, der sich nie festlegen und Verantwortung übernehmen will, vielleicht erkennen, dass er einen intensiven Wunsch nach Halt und Bindung hat. Wenn er diesen Wunsch schließlich annimmt und ernst nimmt, kann ihn dies nicht nur aus einer tiefen inneren Not, sondern auch dazu befreien, mehr Verantwortung für sich zu übernehmen.

Exkurs: Überwinden der Ohnmachts-Allmachts-Spaltung

Bezogen auf die Ohnmachts-Allmachts-Spaltung heißt das: Sowohl Ohnmacht als auch Allmacht sind Teilpersönlichkeiten, hinter denen das genuine Potenzial der „Mächtigkeit" (Dürckheim) eines Menschen bzw. dessen Lebensenergie steht. Wer die Teilpersönlichkeit des Allmächtigen entwickelt hat, überhöht die eigene Macht, indem er das eigene Leiden abspaltet und über andere herrscht. Die Ausdrucksformen reichen von Autoritarismus, Entwertung und Verachtung bis hin zu Gewaltausübung und Terrorismus. Wer Macht über andere ohne Empathie ausübt, benutzt das Opfer, um das eigene Leiden nicht spüren zu müssen, und kann sich so im eigenen Größenwahn bestätigten. In eine Balance kommt er, meist ein Mann, erst dann, wenn er Empathie für das eigene Leiden und das von anderen entwickelt, wenn also in ihm Macht und Liebe zu einer Synthese gelangen.

Wer hingegen die Teilpersönlichkeit des/der Ohnmächtigen entwickelt hat, hat existenziell wichtige Lebensenergie abfließen lassen und das eigene Wissen und die eigene Weisheit, die Bereitschaft und Fähigkeit zur Selbstverantwortung, Gestaltungsfreude, Gestaltungsfähigkeit und Gestaltungslust abgespalten. Dieser Mensch, meist eine Frau, verharrt im Opferstatus und lebt die eigene Mächtigkeit verdeckt, indem Wut und Abwehr auf den Täter projiziert werden. Der/die Ohnmächtige benutzt den Täter, um die eigene Macht nicht annehmen zu müssen. Die Macht wird an den Täter / die Täterin abgegeben. In eine Balance kommt dieser Mensch erst dann, wenn die eigene Macht angenommen wird und damit eine Selbstermächtigung geschieht. Wie Carolyn Myss gezeigt hat, ist dies eine entscheidende Voraussetzung auch dafür, körperlich – nicht nur seelisch und geistig – zu gesunden.[64]

Die Überwindung der Ohnmachts-Allmachts-Spaltung durch Annahme des jeweils verdrängten Pols ist ein Prozess der Personalen Psychosynthese. Er führt zur genuinen Selbstermächtigung kraft des eigenen Willens, in dem das Ich eine führende Rolle spielt. Er gelingt durch die Aufarbeitung der eigenen Biographie, die Erlösung der Schattenkräfte und die Integration des Macht- und Ohnmachtspols unter der Führung des Ich.

Personale Psychosynthese

Erkennen und Transformieren der Teilpersönlichkeiten, das Freilegen der genuinen Potenziale und Schätze, die dahinterstehen, und die Integration der Potenziale in das Wissen von sich selbst, sind ein Abenteuer mit Irrungen und Wirrungen. Potenziale, die nicht leben durften, rufen Angst hervor. Solche Angst kann gemildert werden,

64 Myss 2000

wenn es dem Ich gelingt, das Potenzial mit anderen ausbalancierenden Kräften der Persönlichkeit in einen Dialog zu bringen. Wenn z. B. hinter einer Neigung zu heftiger Wut die Erfahrung steht, dass man mit der eigenen Begeisterungsfähigkeit immer wieder Schiffbruch erlitten hat, dann könnte dieser Mensch gut beraten sein, einen inneren Dialog mit den realistischen Persönlichkeitsanteilen zu suchen. Sie können die Begeisterung ausbalancieren, erden und realitätstauglich machen. Dann entfällt die „Notwendigkeit" zur Wut.

Solche Arbeit ist Teil der Personalen Psychosynthese, bei der fünf Stufen unterschieden werden. Am Beispiel von Wut, Begeisterungsfähigkeit und Realismus:

1. *Erkennen*: Ich habe eine wütende Teilpersönlichkeit.
2. *Verstehen*: Ich verstehe, was dahintersteckt (Begeisterungsfähigkeit).
3. *Akzeptieren* mit dem Herzen: Ich akzeptiere die Begeisterungsfähigkeit, ohne Bewertung.
4. *Koordinieren*: Ich bringe meine Begeisterungsfähigkeit mit anderen Kräften (z. B. Realismus) in einen inneren Dialog.
5. *Synthese*: Ich lebe eine Synthese von Begeisterungsfähigkeit und Realismus. Ich bin „realistisch begeistert".

Mit anderen Worten: In der Personalen Psychosynthese erweitert ein Mensch das Wissen von sich selbst, indem die eigenen Schattenkräfte erkannt und angenommen und die dahinterstehenden Potenziale erlöst/bewusst werden. Da die eigentlichen Potenziale hinter den Teilpersönlichkeiten Angst erzeugen, können sie erst dann angenommen/bewusst werden, wenn sie durch andere Potenziale in eine Balance gebracht werden.

Solange mir eine Teilpersönlichkeit und ihre energetische Ladung unbewusst bleiben, „triggern" sie mich, ohne dass ich dies mit meinem Bewusstsein steuern kann. Die Integration der Teilpersönlichkeiten in das Selbstbild setzt beim Menschen viel Kraft frei, die für die Personale Psychosynthese gebraucht wird. Dabei hat der Wille eine zentrale Rolle[65].

65 Vgl. Assagioli 1982.

In der Personalen Psychosynthese wird das persönliche Selbst oder Ich gemäß dem eigenen Entwurf gebildet. Die Seelenkräfte werden genutzt, um zum integrierten Ich zu werden, mit dem die Identifikation gesucht wird. In der Psychosynthese gibt es hierfür eine ausdrucksstarke Metapher: die des Dirigenten oder Regisseurs. Das Ich ist der Dirigent / die Dirigentin. In der Arbeit mit den Teilpersönlichkeiten werden die Instrumente gestimmt (die Potenziale freigelegt). In der Personalen Psychosynthese sorgt der Dirigent / die Dirigentin dafür, dass die verschiedenen Instrumente (Potenziale) das Stück (des Lebens) gemeinsam optimal zur Aufführung bringen. Dabei geht es um mehr als nur um die effektive Wahrnehmung von Rollen wie der geschickte Geschäftsmann, die erfolgreiche Anwältin, die gute Lehrerin oder der verantwortungsbewusste Politiker. Es geht um die Herausbildung eines bewussten und kohärenten Ich auf der Basis der im Menschen angelegten Potenziale.

Gelingt dies, so ist es zu einer erfolgreichen „Personalen Psychosynthese" gekommen. Man könnte es auch als erfolgreiche Personal Mastery (Senge) bezeichnen. In der Personalen Psychosynthese und bei der Personal Mastery geht es um die Entwicklung eines starken integrierten „Ich". Die unterschiedlichen Persönlichkeitsanteile kommen unter Führung von Dirigent oder Regisseur miteinander ins Gespräch, lernen voneinander, wägen ihre Stärken und Schwächen ab und kommen zu einer integrierten Antwort. Das Ergebnis dieses Integrationsprozesses ist, dass die Persönlichkeit unter der Führung des Ich als kohärente Persönlichkeit nach außen auftreten kann. Doch dies ist noch nicht alles, was einem Menschen möglich ist. Im Spirituellen Selbstmanagement und in der Transpersonalen Psychosynthese wenden wir uns der Kraft zu, die das Stück schreibt, das Stück des Lebens.

Transpersonale Psychosynthese

Ein Dirigent / eine Dirigentin bringt nicht das eigene Stück zur Aufführung, sondern das des Stückeschreibers, des Komponisten, d. h. der göttlichen Kraft, die in uns und durch uns wirkt. Wo dieses Wissen angenommen und gelebt wird, betreten wir den Raum der Transpersonalen Psychosynthese, d. h. der Ermächtigung aus dem

SELBST, so dass die Synthese von Macht und Liebe sich als Liebesmacht manifestieren kann: *„Liebe und tue, was du willst"* (Augustinus).

In dem Bild des Ei-Modells von Assagioli: Das Ich gibt sich hin an die Führung des Höheren Selbst. Uralte Formeln und Mantren drücken dies aus: Im Christentum heißt es „Herr, dein Wille geschehe"; im Hinduismus ist es „OM Nama Shivaya". Solche Mantren künden vom transpersonalen Willen, der den eigenen Willen dem göttlichen Willen unterstellt. Statt den Weg zu Gott gehen zu wollen, will man *zum Weg selbst* werden. Statt auf das Licht zu warten, möchte man selbst Licht sein und die göttliche Kraft unvermischt ausdrücken.

> *„Der entscheidende Unterschied zwischen dem kleinen Selbst und dem höheren Selbst liegt darin, dass sich das Erstere seiner selbst als eines genau unterschiedenen Einzelindividuums klar bewusst ist, und ein Gefühl von Einsamkeit und Getrenntsein ist manchmal ein Teil der existenziellen Erfahrung. Im Gegensatz dazu bedeutet das Erleben des spirituellen Selbst Freiheit, Ausweitung und Kommunikation mit anderen ‚Selbsten' und mit der Wirklichkeit an sich. Es erlebt sich gleichzeitig als individuell und universal."*[66]

Ob es tatsächlich dazu kommt, ob das individuelle Bewusstsein wirklich im Gottesbewusstsein aufgehen darf, entzieht sich der Steuerung durch das Individuum. Doch der Mensch kann sich in Demut Gott anempfehlen und sich immer wieder in seinem Denken, Fühlen und Handeln prüfen, aus welcher Quelle er schöpft – aus dem Ich-Bewusstsein oder aus dem SELBST, aus der Vorstellung, ich bin der/die Handelnde oder dem Bewusstsein *„it happens"*, es passiert, wie der indische Yogi Ramesh Balsekar dies nennt.

Wenn es darum geht, die Gefahr des spirituellen Hochmuts zu bannen, sind solche Fragen unerlässlich. Pharisäertum, Stolz und Hochmut im Geist sind Spielarten der Macht, in denen nicht die

66 Assagioli 2004, 89

Liebesmacht Gottes wirkt, sondern der Wunsch des Menschen, sich selbst mit der göttlichen Macht und Aura zu überhöhen. Die Geschichte von Kirchen und Religionen liefert reiches Anschauungsmaterial, zu welch menschenverachtenden Entwicklungen dies führen kann. Dabei steht der kirchliche Ablass symbolisch für den Allmachtspol und der heutige religiös motivierte Terrorismus für ein Handeln aus dem Ohnmachtspol, also für den Versuch, die eigene Ohnmacht nicht zu spüren, indem man selbst zum Täter wird.

Die Identifikation mit dem „Höheren oder Wahren Selbst" (Assagioli)[67] ist das letzte Ziel eines Spirituellen Selbstmanagements. Geschieht sie, so verschmilzt das Ich-Bewusstsein mit dem Höheren oder Transpersonalen Selbst und damit mit allem, was existiert.[68]

Der Mensch kann dies nicht machen, er kann sich dafür jedoch bereiten. Es ist, als würde man ein Haus putzen und schmücken, um einen hohen Gast, den man eingeladen hat, willkommen zu heißen. Ob der Eingeladene kommt, steht nicht in der eigenen Macht, wohl jedoch, ob das Haus bereitet und geputzt ist. Diese Metapher des Putzens ist nicht zufällig. Die Erweiterung des Bewusstseins, dessen Verschmelzen mit dem Höheren Bewusstsein, erfordert eine Reinigung auf allen Ebenen, den körperlichen, emotionalen und geistigen Ebenen. Wir müssen die eigenen Wahrnehmungsbrillen putzen, wenn wir die Einheit alles Lebendigen erkennen wollen.

Die Kraft des Willens

Spirituelles Selbstmanagement mit dem Ziel der Transformation zum Wahren Selbst setzt den Einsatz des Willens voraus. Der Mensch muss „Gott wollen", um Gott zu erfahren. Der Mensch muss höhere Werte wie Frieden, Liebe, Vergebung, Dienen an der Gesellschaft wollen, um sie in seinem Leben zu verwirklichen. Es geht um die *„aktive Einmischung und Verpflichtung des Selbst …, das nicht nur*

67 „Die letzte und vielleicht hartnäckigste Identifikation ist jene, in welcher wir uns mit dem identifizieren, was wir landläufig als unsere innere Person ansehen, die mehr oder weniger durch alle unsere Rollen fortbesteht. Jene innere Persönlichkeit aber, die im herkömmlichen Sinn des Wortes ‚persona' (Maske) noch hinter dieser letzten Maske des Selbst steht." (Assagioli 1993, 122)

68 „Modern man has no faith in himself. That is self-confidence. Self-confidence is the foundation of the mansion of life. You can raise the walls of self-satisfaction on this foundation. Self-sacrifice is the roof. Supreme bliss of self-realization can be attained in this mansion." (Sathya Sai Baba 2000, 206)

ein Beobachter, sondern auch ein Wollender, ein Leiter des Spiels der verschiedenen Funktionen und Energien ist"[69].

Es ist ein besonderes Merkmal der Psychosynthese, dass sie die zentrale Bedeutung des Willens hervorhebt[70]. Assagioli hat dem Willen ein eigenes Buch gewidmet und identifiziert den Willen als eine dem Selbst besonders nahe liegende seelische Funktion. Der Wille lässt sich schulen und zwar in drei Phasen:

> *„Die erste ist die Erkenntnis, dass der Wille existiert, die zweite betrifft die Einsicht, dass man einen Willen hat. Die dritte Phase der Entdeckung, die sie vollständig und wirksam macht, ist die Tatsache, dass man ein Wille ist (das ist etwas anderes als einen Willen haben)."*[71]

Doch Wille ist nicht gleich Wille. Die Frage ist, woran sich der Wille orientiert und womit er sich identifiziert:

- mit einer Teilpersönlichkeit,
- mit dem bewussten Selbst oder „Ich",
- mit dem Transpersonalen, Höheren, Spirituellen oder Wahren Selbst?

Wenn ich mich mit einer *Teilpersönlichkeit, z.B.* der Kritikerin, identifiziere, die über meine Leistungsfähigkeit wacht, dann setze ich meinen Willen ganz dafür ein, möglichst perfekt und leistungsstark zu sein. Dann kann es mir allerdings auch passieren, dass ich wichtige Impulse der Seele unterdrücke, mich als Mensch und Persönlichkeit amputiere, möglicherweise nicht nur zu meinem Schaden, sondern auch zu dem von anderen.

Suche ich hingegen eine Identifikation mit meinem *bewussten Selbst oder „Ich"*, dann setze ich meinen Willen dafür ein, die verschiedenen Seelenkräfte in mir in einen Dialog zu bringen und eine Synthese zu leben. Die ewig selbstkritische Leistungsträgerin wird

---

69 Assagioli 1982, 95

70 Assagiolis Konzept des Willens trifft sich in vielem mit dem, was ich unter Macht und Mächtigkeit verstehe. So fordert Assagioli die Synthese von Wille und Liebe in ähnlicher Weise, wie es hier um die Synthese von Macht und Liebe geht. Vgl. dazu Assagioli 1982.

71 Assagioli 1982, 1

dann vielleicht mit der faulen Müßiggängerin und Genießerin in einen Dialog treten und zu einer angemessenen Balance zwischen beiden Kräften gelangen: Leistung aus der Kraft der Gelassenheit und Freude.

Noch anders sieht es aus, wenn ich mich mit dem *Transpersonalen, Höheren, Spirituellen oder Wahren Selbst* identifizieren will, wenn ich also auf der Suche nach meiner wahren Gottesnatur bin. Dann geht es um meine Hingabe an den Willen Gottes und um meine Öffnung für die Weisungen der mir innewohnenden Weisheit.

In jedem dieser Fälle ist der Wille das treibende Moment. Die Färbung des Willens hängt jedoch von meinem Lebensentwurf ab, von der Vision und dem Sinn, den ich meinem Leben gebe. Deswegen unterscheidet Assagioli in seinem Werk über den Willen auch zwischen unterschiedlichen Arten von Willen:

- dem starken Willen,
- dem geschickten Willen,
- dem guten Willen,
- dem transpersonalen Willen,
- dem universalen Willen.

Erst beim guten und transpersonalen Willen gehen Liebe und Wollen eine enge Verbindung ein, ja den transpersonalen Willen könnte man auch als den Willen, umfassend zu lieben, bezeichnen. Assagioli spricht von: Transzendieren durch transpersonale Liebe, durch transpersonales Handeln, durch Schönheit und durch SELBST-Verwirklichung[72]. Dem transpersonalen Willen geht es dabei um die Verschmelzung mit dem universalen Willen oder dem Willen Gottes. „Herr, dein Wille geschehe, nicht meiner", beten die Christen, „OM NAMAH SHIVAYA", beten die Hindus, um zu sagen: Sein Wille geschehe, nicht meiner. Und Christus am Kreuz gibt der Übereinstimmung zwischen seinem und Gottes Willen Ausdruck, wenn er sagt: „Ich und der Vater sind eins."

72 Assagioli 1982, 17

„Wir sind ein Tropfen im Ozean der Liebe."[73]

Die große und zugleich paradoxe Frage ist immer wieder, ob der Mensch, wenn Gott doch alles lenkt, überhaupt ein individuelles Bewusstsein und einen eigenen Willen hat, ob er die Freiheit hat, sein Leben zu bestimmen. Gäbe es keine Wahlmöglichkeit, bräuchten wir den Willen nicht; wir könnten passiv vor uns hin leben. Das Paradox ist gleichsam, wie sich Individualität und Nichtindividualität bzw. Universalität in uns vereinen. Was bedeutet die Aussage *„Wir sind ein Tropfen im Ozean der Liebe"*? Dazu eine wunderbare Analogie von Assagioli:

> *„Wenn ein Tropfen Intelligenz hätte, könnte er feststellen, dass er gleicher Art wäre wie alle Wasser des Planeten, das heißt, dass er die gleiche chemische Zusammensetzung hat, nämlich zwei Atome Wasserstoff und ein Atom Sauerstoff, die nach einem gewissen Muster verbunden sind. Alle Wasser des Planeten haben diese Zusammensetzung. Aber zwischen ihnen gibt es Unterschiede: Unterschiede des Ortes (Ozeane, Seen, Flüsse), des Zustandes (flüssig, fest, gasförmig), der Funktion (Wasser kann Teil einer Pflanze, eines Tieres oder des menschlichen Organismus sein) und der Beziehung zu anderen Substanzen (Lösungen). Ein winziger Tropfen, auch wenn er Intelligenz hätte, könnte sich all das nicht vorstellen oder ausmalen. Aber er wäre sich wenigstens bewusst, dass er dieselbe chemische Zusammensetzung hat wie das übrige Wasser.*
>
> *Wir wollen diese Analogie auf den Menschen und das Universum anwenden. Der Mensch kann die intuitive Einsicht seiner wesentlichen Identität mit der höchsten Realität haben. Im Osten wurde dies als Identität zwischen Atman [das Geschaffene; BvM] und Brahman [das*

73 Quelle unbekannt

Erschaffende, BvM] ausgedrückt. Im Westen haben einige Mystiker kühn die Identität zwischen Mensch und Gott verkündet."[74]

Zurück zur Frage des Willens: Wenn der Mensch seinen Willen einsetzt, offenbart er dann damit Gottes Willen oder ist sein Willen doch ein von Gott verschiedener? Sathya Sai Baba, der in Indien lebende Avatar, soll auf die Frage nach der Freiheit des menschlichen Willens einen seiner Studenten aufgefordert haben, den Arm zu heben, was dieser tat. Auf die erneute Aufforderung hin war es dem jungen Mann jedoch nicht mehr möglich. Was er mit dieser einfachen Handlung zeigen wollte: Es gibt Handlungen, die möglich sind, weil Gottes Wille ihnen nicht entgegensteht, und andere, die nicht möglich sind, weil sie *gegen* Gottes Willen/Gesetze verstoßen würden.

Mit anderen Worten: Der Mensch ist frei, Mitschöpfer, Kokreator zu sein; aber er ist in diesem Vorgang den göttlichen Gesetzen unterworfen, dem, was in Indien Dharma, die Göttliche (Ur-)Ordnung genannt wird. Zu ihr gehört z. B., dass jede Handlung Folgen hat, dass es also das Gesetz von Ursache und Wirkung gibt (Karma), sei es in diesem Leben oder in einem der nachfolgenden Leben.

Gäbe es nicht die Freiheit des Menschen, die eigenen Schritte zu Gott aus freiem Entschluss zu tun und damit die Freiheit, sich selbst zu verwandeln, so wäre alle spirituelle Suche, alles Spirituelle Selbstmanagement sinnlos. Wir wären nur willenlose Puppen. Etwas anderes ist es, ob wir uns als Menschen außerhalb der göttlichen (Ur-)Ordnung bewegen können, und ob es – durch die vielen Inkarnationen hindurch – etwas anderes gibt als letztlich den Weg zurück zur Quelle, aus der wir gekommen sind.

Wenn wir uns nicht außerhalb der (Ur-)Ordnung stellen können, dann besteht unsere Freiheit darin, *innerhalb* der göttlichen Ordnung unsere Schritte auf Gott hin zu tun. Wir besitzen die Kraft des Willens. Wir können also den transpersonalen bzw. universalen Willen einladen, unseren Prozess der Transformation zum Wahren

74 Assagioli 1982, 114-115

Selbst zu beschleunigen und uns für Gott zu öffnen. Radhakrishnan hat dieses Paradox wunderbar zusammengefasst:

> *„Das besondere Privileg des menschlichen Selbst besteht darin, dass es sich bewusst dem Ganzen anschließen und für es arbeiten kann und dass es in seinem eigenen Leben den Zweck des Ganzen verkörpern kann […]. Die zwei Elemente der Selbstheit, Einzigartigkeit (Einzelheit) und Universalität (Allheit) wachsen zusammen, bis zuletzt das Einzelnste das Universalste wird."*[75]

Ob und wie ich den Willen benutze und einsetze und welches Selbstkonzept ich mit dem Willen verbinde, steht mir frei. Nicht frei steht mir allerdings, wenn ich die Existenz eines universalen Willens akzeptiere, dass mich meine frei gewählten Schritte letztlich zur Übereinstimmung mit dem universalen Willen führen werden.

> *„Wir müssen uns hier noch einmal klarmachen, dass der Mensch, falls es keinen universalen Willen gäbe, etwas besitzen würde, was im Universum nicht existiert, und der Mikrokosmos würde deshalb den Makrokosmos übertreffen – gewiss ein lächerlicher Gedanke."*[76]

„Schulung des Willens" heißt damit nicht zuletzt Klären der Werte, für die ich meine Willenskraft einsetzen möchte. Dann ist es mir aufgegeben, den richtigen Willen zu stärken, ganz so wie Erich Fromm die „Kunst des Liebens" gelehrt hat. Der Wille mit seinen folgenden Eigenschaften ist ein wunderbares und Wunder wirkendes Instrument des Spirituellen Selbstmanagements.[77]

1. Energie – Dynamische Kraft – Intensität
2. Beherrschung – Kontrolle – Disziplin
3. Konzentration – auf einen Punkt gerichtet sein – Aufmerksamkeit – Zielbewusstsein

75 Zit. nach: Assagioli 1982, 117; oder mit den Worten Sathya Sai Babas: „Ich bin von Dir getrennt und bin doch eins mit Dir."

76 Assagioli 1982, 117

77 Assagioli, 1982, 27ff.

4. Entschlossenheit – Entschiedenheit – Unerschütterlichkeit – Unverzüglichkeit
5. Beharrlichkeit – Ausdauer – Geduld
6. Initiative – Mut – Wagemut
7. Organisation – Integration – Synthese

Wer Willenskraft entwickeln möchte, muss die Sinne kontrollieren. Doch wo Willenskraft entwickelt wurde, lassen sich alle Sinne auf das höchste Ziel, die Verwirklichung des Wahren Selbst ausrichten und in Dienst nehmen. Dass daraus Freude und innerer Friede erwächst, ist der köstliche Lohn:

> *„Das ist die Freude der harmonischen Verbindung zwischen dem persönlichen und dem transpersonalen Willen: die Freude der Harmonie zwischen dem eigenen transpersonalen Willen und dem der anderen; und in höchstem Grad und vor allem die Glückseligkeit der Identifikation mit dem Universalen Willen."*[78]

78 Assagioli 1982, 174

Der Weg des Dienens und der Kultivierung menschlicher Werte

> *„Nur Dienen kann dir Segen bringen. Indem du der Gesellschaft dienst, kannst du nicht nur das Leiden der Menschen mildern, sondern du kannst auch eine Transformation in ihrem Leben bewirken."*[79]

Wenn die Höherentwicklung des Bewusstseins das Ziel allen menschlichen Lebens ist, dann muss es Wege hierzu geben, die jedem Menschen offenstehen, egal wie gebildet, wie begütert oder wie begabt er ist und mit welchem Gedankengut er sich auseinandersetzt. Einen solchen Weg finden wir in der Kultivierung menschlicher Werte wie Wahrheit, Rechtschaffenheit, Frieden, Liebe und Gewaltlosigkeit, in dem Bemühen, die eigenen Gefühle und Gedanken von Negativität zu reinigen und in einer Praxis der tätigen Liebe, in der wir anderen und der Gesellschaft dienen.

> *„Work is love in action."*
> *Arbeit ist tätig werdende Liebe.*[80]

Solche Wege lehren alle Religionen – egal welcher Herkunft. Es sind Wege, in denen sich Macht und Liebe durch handelnde Liebe versöhnen. Indem wir anderen dienen, leben wir die Liebeskraft. Wenn alles Geschaffene der Körper Gottes ist, dann ist das Dienen an und in der Gemeinschaft ein Dienst an Gott. Caritas oder Diakonie nennt sich diese Haltung im Christentum. Es ist die aus Mitgefühl mit den Schwachen, Kranken, Armen gelebte tätige Nächstenliebe, die jedem Christen aufgegeben ist und zu einer breiten Palette vor allem ehrenamtlicher Tätigkeiten geführt hat.

---

79 Sathya Sai Baba 1999, 261 („Only service can confer bliss on you. By rendering service to society, not only can you alleviate the sufferings of the people, but you can also bring about transformation in their lives."; eigene Übersetzung)

80 Diese Formulierung habe ich in der spirituellen Gemeinschaft Findhorn in Schottland gefunden.

Doch Caritas kann mehr sein als der zeitweilige, ehrenamtliche Einsatz für Menschen in Not. Caritas und Diakonie sind nicht auf den privaten Alltag oder das Ehrenamt beschränkt. Sie können zur Grundlage von Arbeit schlechthin werden. Arbeit als „Liebe in Aktion" ist eine Arbeit, die von der Herzenskraft beseelt ist. Ich nutze dann meine Fähigkeiten, Fertigkeiten und Gestaltungsmöglichkeiten aus der Liebeskraft heraus. Ein herausragendes Beispiel hierfür hat der Amerikaner Isaac Tigrett, Mitbegründer der Hard Rock Cafés, geliefert. Im rassistischen amerikanischen Süden erkannte er die inhumane Behandlung der Schwarzen, die vom Besuch von Lokalen ausgeschlossen wurden. Daraus entwickelte er ein Konzept der Bewirtung unter dem Motto „Love all – Serve all", mit dem er einen weltweiten Geschäftserfolg erzielte. Auch der Begründer der deutschen dm-Drogeriekette betreibt sein Unternehmenskonzept aus einer spirituellen Haltung heraus, die ihn zu beispielgebenden Arbeitsbedingungen geführt hat[81].

Im Konzept des Dienens an der Gemeinschaft wird deutlich, dass Spiritualität nichts mit Rückzug in Wälder, Einsiedelei oder Weltabgeschiedenheit zu tun hat. Vielmehr geht es darum, zweierlei zu verbinden: Den *Weg nach innen*, der in den Kontakt mit der Herzkraft, zu Gott in mir, führt, und den *Weg nach außen*, hinein in die Welt, den ich (nun) aus der Herzkraft heraus gestalte. Ein Mensch, der den Liebesschatz in sich gefunden hat, kann gar nicht anders, als diese Kraft weiterzugeben. Der Dienst am anderen ist ein direkter Weg, der jedem und jeder offensteht – egal, ob in einer einflussreichen hohen oder in einer alltäglichen Position. Es ist ein Weg der Versöhnung von Macht und Liebe, denn es ist ein Handeln aus der Liebesmacht heraus.

> *„Der Weg des Dienens ist der größte von allen. Weder durch Buße noch durch Pilgerfahrten noch durch das Studium heiliger Texte kann man den Ozean des weltlichen Lebens überqueren; man kann sein Leben nur durch Dienen erlösen."*[82]

81 Vgl. Mettler-v.Meibom 2007, 102.
82 Sathya Sai Baba 2000, 259 („The path of service is the greatest of all. Neither by penance nor by pilgrimages or by going through the sacred texts can one cross the ocean of wordly life; one can redeem one´s life only through service."; eigene Übersetzung)

Meditation, Gebet und Rituale nutzen nichts, solange wir im Ego-Turm unserer Wünsche und unseres Ich-Bewusstseins gefangen bleiben. Die Aufforderung des Christentums *„Liebe deinen Nächsten wie dich selbst"* lädt ein zu einer Haltung des Dienens an anderen und an der Gemeinschaft, die über das rein persönliche Wollen heraus weist. Macht und Mächtigkeit sind gegeben, um zu dienen, den anderen, der Gemeinschaft und damit letztlich auch der eigenen Entwicklung.

Was dabei geschieht, wurde von dem Avatar Sathya Sai Baba mit dem Bild von acht Blumen verdeutlicht, die im Prozess des Dienens Gott geschenkt werden können: die Blumen der Gewaltlosigkeit, der Kontrolle über die Sinne, des Mitgefühls mit allen Lebewesen, der Toleranz und des Friedens, der Buße, der Meditation und vor allen anderen der Wahrheit[83]:

> *Gewaltlosigkeit* bedeute, keinem Lebewesen durch Gedanke, Wort oder Tat Leid zuzufügen. Dabei sei zu unterscheiden zwischen Pflanzen und dem Rest der belebten Natur. Da Pflanzen keinen Verstand (mind) haben, könnten sie nicht leiden.
>
> *Kontrolle der Sinne* sei eine zwingende Erfolgsbedingung auf dem spirituellen Weg. Die wichtigste Kontrolle sei die über die Zunge (Essen und Reden), aber auch die Kontrolle dessen, was man hört oder sieht, sei zentral: *„All that you see or hear gets imprinted in your heart."* „Alles, was du siehst, hinterlässt Spuren in deinem Herzen."[84]
>
> *Mitgefühl* mit allen Lebewesen, ohne dabei zu enge Bindungen einzugehen, sei die dritte Blume, die Gott wünscht.
>
> *Vergebung und Verzeihen,* die vierte Blume, sei – in der Tradition Indiens – beispielhaft von Königin Draupadi gelebt worden. Sie konnte verzeihen, obwohl der Gegner sie erniedrigte und ihre Söhne umbrachte.

---

83 „Eight are the Flowers that please the Lord. Offer Him the flowers of non-violence and sense control, compassion on all creatures, forbearance and peace, penance, meditation and truth above all. These are the flowers dear to the Lord." in: Sathya Sai Baba 2000, 257

84 Sathya Sai Baba 2000, 258; eigene Übersetzung

Frieden bedeute, dass man in allen Schwierigkeiten des Lebens friedfertig bleibe und zwar auf allen Ebenen: physisch, mental und spirituell. Die Quelle dieses Friedens sei das Herz.

Buße sei die sechste Blume, die dem Herrn geopfert werden solle. Wahre Buße liege in der Kontrolle der Gefühle, Gedanken, Worte und Taten und in der praktizierten Einheit von Gedanke, Wort und Tat. Dienst an der Gesellschaft ohne Erwartungen sei wahre Buße.

Meditation sei die siebte Blume, doch nicht im Sinne der entsprechenden Sitzhaltung, sondern der ständigen Ausrichtung auf Gott: *„Perform all tasks with your mind firmly fixed on God. That is true meditation“*. „Verrichte alle Aufgaben, indem du deinen Verstand fest auf Gott ausrichtest. Das ist wahre Meditation.“ [85]

Wahrheit, die achte und letzte Blume, sei besonders wichtig, da die ganze Schöpfung auf Wahrheit aufgebaut sei: *„Everything may disappear, but truth remains forever. So truth is God, live in truth.“* „Alles mag vergänglich sein, doch Wahrheit ist ewig. Deswegen ist Wahrheit Gott, lebe in Wahrheit.“[86]

Indem ich anderen diene, diene ich Gott und zugleich mir selbst. Ich lasse mich in meinem Denken, Fühlen und Handeln von meinem Herzen führen und erweitere mein Bewusstsein dafür, dass es keinen Unterschied gibt zwischen mir und meinem Nächsten. Es gibt kein Ich und kein Du, sondern nur das wahre SELBST, das in jedem Geschöpf wirkt. Im Leben menschlicher Werte und im Dienst an der Gesellschaft geschieht Transformation.

85 Sathya Sai Baba, 2000, 261; eigene Übersetzung
86 Sathya Sai Baba, 2000, 261; eigene Übersetzung

Spirituelles Selbstmanagement als Übungsweg

Der folgende Übungsweg „Spirituelles Selbstmanagement" folgt einer inneren Logik und ist – trotz der Anlehnung an östliche Weisheitslehren – für Menschen im Westen geschrieben. Er ist in neun Stufen aufgebaut. Seine Grundlage ist die Mystik, egal ob christlicher, islamischer, hinduistischer oder buddhistischer Prägung, die den Menschen nicht als verschieden von Gott begreift, sondern als unmittelbaren Ausdruck Gottes.

Spirituelles Selbstmanagement als Weg der Versöhnung von Macht und Liebe ist der Weg von der Identifikation mit dem bewussten Selbst bzw. „Ich" hin zur Identifikation mit dem Transpersonalen Selbst (Höheren Selbst, Wahren Selbst) oder Gott, der sich in meinem Körper manifestiert.

Liebe, der „Urgrund des Seins" (Willigis Jäger), ist das, was die Menschheit Gott, Tao, Großer Geist, Universelles Bewusstsein nennt. Ermächtigung aus dem SELBST ist Ermächtigung aus der Kraft der Liebe, die alles hervorgebracht hat. Statt Macht aus dem bewussten Ich oder Ego zu gewinnen, werde ich zu einem Kanal der Liebe Gottes, die sich machtvoll durch mich in der Welt zeigen darf. Es geht also um einen Weg zur Ermächtigung aus dem (Höheren) SELBST, nicht um einen Weg der Selbstermächtigung aus dem Ich-Bewusstsein. In solcher Ermächtigung aus dem SELBST findet die einzig wirkliche Versöhnung von Macht und Liebe statt.

Das hier vorgestellte Stufenkonzept ist die Grundlage von Seminaren und Weiterbildungen, die ich seit Jahren mit Menschen aus den unterschiedlichsten Lebensbereichen durchgeführt habe. Sie kommen ebenso aus therapeutischen Berufen wie aus Managementfunktionen. Gerade diese Mischung erweist sich als ein belebendes und bereicherndes Element und stellt sicher, dass es sich nicht um abgehobene geistige Prozesse, sondern um jene Doppelbewegung handelt, die grundlegend ist für Spirituelles

Selbstmanagement: die Bewegung nach innen, um sich seiner wahren Natur bewusst zu werden, und die Bewegung nach außen, um dies in der Welt zu manifestieren.

Die ersten vier Kapitel (Werde, was du bist; Reinigung auf allen Ebenen; Bewusstsein erweitern; Orientierung finden) markieren den Weg nach innen. Die fünfte Sitzung (Ruhe in der Bewegung) hat eine Scharnierfunktion zwischen innen und außen und die letzten vier Sitzungen (Die eigenen Grenzen erweitern; Die kommunikative Kraft der Liebe; Authentisch sein; Sich und andere führen) markieren den Weg zurück in die Welt aus einer tiefen Verbundenheit mit der Liebeskraft.

1. Werde, was du bist, oder: Die höchste Wahrheit annehmen

„Höre auf die Stimme deines Herzens. Es kennt alle Dinge, denn es kommt aus der Weltenseele und wird eines Tages dorthin zurückkehren."[87]

Wir sind Bürger und Bürgerinnen zweier Welten, der geistig-spirituellen und der körperlich-materiellen. Beide gehören zusammen. Das Geistige manifestiert sich im Körperlichen; der Körper ist das Vehikel des Geistes. Das Geistige ist formlos, unsichtbar und zugleich das formgebende Prinzip; der Körper hingegen unterliegt Zeit und Raum, manifestiert sich in der Dualität von Leben und Tod, Jugend und Alter, Mann und Frau. Wer also bin ich? Bin ich das Unmanifeste, das Formlose, Geist? Oder bin ich Körper, das, was vorübergehend und an die Materie gebunden ist?

Es gibt nur das EINE, ohne ein Zweites. Diese Formel der Veden, die von den Rishis, den Sehern Indiens vor Tausenden von Jahren geoffenbart wurde, enthält die höchste Wahrheit. Sie gibt Antwort auf die Frage nach dem Urgrund unserer Existenz, nach dem Sinn unseres Lebens. Sie besagt: Alles, was vorübergehend ist, ist unwirklich, unwahr. Wirklich und wahr ist nur das, was von Dauer ist. Unser Gefährt, der Körper, ist den Gesetzen der Zeit unterworfen und vergeht. Auch unser Denken, das einem hin und her springenden Affen gleicht, verändert sich ständig, und ist damit unwirklich. Doch das, was wir wirklich sind, ist unsterblich, ohne Anfang und ohne Ende. Es wird weder geboren, noch stirbt es. Das zu erfahren, was nicht dem Wandel unterworfen ist, ist daher die Aufgabe des menschlichen Lebens. Der Mensch ist mit Bewusstsein begabt, um erkennen zu können, *was er ist*.

„You are in this body in order to realize the God you really are."

87 Coelho 1996, 135

„Du bist in diesem Körper, um dich als Gott zu erfahren, der du in Wirklichkeit bist." [88]

Werde, was du bist, ist die Aufforderung zu erfahren, zu erleben und zu leben, wer ich – jenseits von Zeit, Name, Form – wirklich BIN.

ICH BIN SEIN – BEWUSSTSEIN – GLÜCKSELIGKEIT[89]. Dies ist die Antwort der Weisen, die den mystischen Weg der Selbst-Erfahrung gegangen sind und die das Selbst als Gott erfahren durften. Ich bin das EINE ohne ein Zweites; ICH BIN. In den Worten des modernen Mystikers Willigis Jäger: *„Ich bin auf dieser Welt einzig und allein, weil sich Gott zu diesem Zeitpunkt, in diesem Körper, in dieser Welt erfahren möchte."* In diesem höchsten Sinne bin ich nicht nur Ausdruck Gottes, sondern ICH BIN GOTT, d. h. Universelles Bewusstsein, das sich in der Materie manifestiert hat.

Doch meine Vorstellungen von dem, was ich bin, sind von solcher Erkenntnis weit entfernt. Der Mensch identifiziert sich in der Regel mit seinem Körper, mit Name, Herkunft, Sozialschicht, Bildung, Beruf, Einkommen, Ansehen in der Gemeinschaft und in der Gesellschaft. Das Ei-Modell des Bewusstseins der Psychosynthese[90] bietet hierfür eine Erklärung. Danach identifiziert sich der Mensch mit dem bewussten Selbst oder „Ich" und dem höchst beschränkten Feld des Bewusstseins, neben dem das riesige Feld des unteren, mittleren, oberen und kollektiven Unbewussten existiert. Dieses bewusste Selbst, unser Ich-Bewusstsein, identifiziert sich einerseits damit, was ich über mich selbst denke, und andererseits damit, was ich annehme, was andere über mich denken. Doch weder bin ich das eine noch das andere. Ich bin, wie die Disidentifikationsübung von Roberto Assagioli formuliert, „universales, höchstes Bewusstsein"[91]. Für dieses höchste Bewusstsein steht im Ei-Modell das Transpersonale Selbst, der göttliche Funke im menschlichen Körper; er ist Teil des universalen oder kosmischen Bewusstseins. Und nur dieses ist unveränderbar und damit wirklich. Die höchste Wirklichkeit anzuerkennen, heißt also anzuerkennen, dass ich in

88 Tagesspruch von Sathya Sai Baba in Prashanti Nilayam, Puttaparthi, Indien 20. Januar 2008; eigene Übersetzung

89 In Sanskrit SAT – CHIT – Ananda

90 Vgl. S. 91

91 Siehe im folgenden Übung 1.9

letzter Konsequenz weder mein Körper noch meine Gedanken noch meine Gefühle, mein Besitz, meine Reputation oder was auch immer bin, sondern einzig und allein Höchstes Universales Bewusstsein, untrennbar verbunden mit allem, was existiert, das EINE OHNE EIN ZWEITES.

Dieses Bewusstsein meiner selbst zu erlangen, ist das letzte Ziel des spirituellen Weges. Es führt zu der Erfahrung, dass ich in letzter Konsequenz jener Schöpfergeist BIN, der den ganzen Kosmos hervorgebracht hat. Wenn ich aus dem Ego heraus sage, ich bin Gott, womöglich noch daraus Exklusivität, Trennung und Unterscheidung zwischen Gott und Nicht-Gott ableite, ist es reine Blasphemie. Ich erliege dann der Selbst-Täuschung, der Täuschung über meine wahre Natur. Wenn sich jedoch mein individuelles Bewusstsein im universalen Bewusstsein auflösen darf, so weiß ich mich EINS mit Gott und damit mit allem, was existiert. Ich bin NICHTS UND ALLES ZUGLEICH; ich erfahre mich voller Demut (Mut zu Gott) als FÜLLE DES NICHTS.

Dem Herzen folgen

„‚Warum müssen wir auf die Stimme des Herzens hören?' fragte der Jüngling …
‚Weil dort, wo es weilt, auch dein Schatz liegen wird.'"[92]

Der Kompass auf diesem Weg ist das Herz, nicht das körperliche, sondern das spirituelle oder feinstoffliche Herz. Von ihm sagt man, dass es sich auf der Höhe des körperlichen Herzens auf der rechten Körperseite befinde. Es ist mit dem Kronenchakra auf dem Scheitel verbunden, der Stelle in unserem feinstofflichen Körper, an dem die höchste Energie in den ganzen Körper fließen kann[93]. Das intuitive Wissen um die Existenz des spirituellen Herzens zeigt sich daran, dass viele Menschen auf diesen Ort mit der Hand weisen, wenn wir für uns selbst oder andere eine Verbindung mit dem Herzen ausdrücken wollen.

92 Coelho 1996, 135
93 So die Aussagen in einem Vortrag von Prof. Anil Kumar vom Sri Sathya Sai Institute for Higher Learning am 18. September 2000 in Puttaparthi, Prashanti Nilayam, Indien

So ist es kein Zufall, dass immer wieder vom Herzen, der Herzensenergie, der Herzkraft, der Herzmitte gesprochen wird, wenn es um die spirituelle Ausrichtung eines Menschen geht. Auch Piero Ferruci, Meisterschüler von Assagioli, wählt dieses Bild:

> *„Wenn wir bei dem bleiben, was wir wirklich lieben, dann kann das das Spirituellste werden, was wir tun können."*[94]

Er fordert uns auf, nach dem zu suchen, *was das Herz zum Singen bringt*. Seine Ausführungen lassen sich zu neun Schritten verdichten:

1. Wohin du deine Aufmerksamkeit lenkst, das wird groß.
2. Du kannst mit dem Willen entscheiden, wohin du deine Aufmerksamkeit lenkst.
3. Es lohnt, der Freude statt dem Schmerz Aufmerksamkeit zu schenken.
4. Diese Freude zu leben, kann das Spirituellste überhaupt sein.
5. Um Freude leben zu können, muss ich viele hinderliche Überzeugungen loslassen.
6. Um mich nicht in der Welt verstricken zu lassen, brauche ich den Willen.
7. Ich sollte herausfinden, womit ich der Welt am ehesten/besten dienen kann.
8. Dienen bringt das Herz zum Singen.
9. Wenn ich meine Aufmerksamkeit auf das lenke, womit ich der Welt am ehesten dienen kann, bin ich ein glücklicher Mensch.

Hier wird ein spiritueller Weg der Selbstverwirklichung gewiesen, der Wachsen und Freude nicht gegeneinanderstellt, sondern verbindet. Wenn eine tiefe innere Freude aufbricht, bin ich auf dem

94 Die folgenden Ausführungen gehen zurück auf einen Vortrag von Piero Ferrucci in der Universität in Köln im Jahr 1999, Ferrucci 1999.

spirituellen Pfad. Das Paradox: Genau dies kann es sein, womit ich den Menschen am meisten dienen kann. Im Beispiel: Ein Mensch, der die Schönheit von Blumen über alles liebt und dessen Herz durch diese Schönheit zum Singen kommt, kann diese Schönheit in das Leben von Menschen bringen – als Beruf aus Berufung heraus. So wird er seine Freude vervielfachen, ohne sich untreu werden zu müssen. Wer ein zutiefst mitfühlendes Herz hat und sein Herz frohlocken spürt, wenn er oder sie helfen kann, das körperliche oder seelische Wohlbefinden anderer zu fördern, dient aus Berufung heraus und kann damit seinen Lebensunterhalt verdienen. Dasselbe gilt für den Politiker / die Politikerin aus Berufung, den Lehrer / die Lehrerin aus Berufung oder den Geschäftsmann / die Geschäftsfrau, so ihr Tun von der Herzenskraft geprägt ist und nicht von Angst, Macht- oder Geldorientierung.

Was immer ich mit dem Herzen tue, dient nicht nur mir, sondern auch anderen, denn die Herzenskraft, deren innerstes Moment Liebe ist, ist expansiv; sie kann nicht bei mir bleiben, sie sucht ihr Ziel, den ausgedörrten Boden, den sie bewässern kann. Umgekehrt heißt dies aber auch: Wenn ich in meinem Tun die Herzenskraft und die Freude nicht einlade bzw. lebe, dann habe ich den spirituellen Pfad verlassen.

Aus meiner Tätigkeit als Hochschullehrerin ist es mir schmerzlich bewusst, in welchem Ausmaß heute junge Menschen ihre (berufliche) Lebensorientierung auf vordergründige Ziele, auf ökonomische Sicherheit und Machtstreben ausrichten. Die Furcht vor den eigenen Strebungen geistiger Art und den Botschaften des Herzens ist so vorherrschend, dass erhebliche Energie darauf konzentriert wird, „cool" zu sein und die Impulse des Herzens zu überhören, zumindest aber sie nicht zu zeigen.

Ich erinnere mich mit Schrecken an eine Sitzung in dem Graduierten-Kolleg der Deutschen Forschungsgemeinschaft zum Thema „Geschlechterverhältnis und sozialer Wandel". Daran nahmen mehr als 20 hoch qualifizierte Doktorandinnen und Habilitandinnen teil – alle im reproduktionsfähigen Alter, alle bereits mit – wie sich herausstellte – mehr oder weniger starken psychosomatischen Krankheitssymptomen wie Rückenschmerzen, Migräne oder Schafstörungen. Sie verzichteten um der Karriere willen nicht nur auf Kinder, sie hatten sich auch dem männlichen Konkurrenzmuster der Universitäten bereits so stark unterworfen, dass Angst und Leistungsdruck sich in Abwesenheit, Stress oder akuter Krankheit zeigten[95]. Für mich waren diese jungen Frauen ein Spiegel, der mir zeigte, wie ich mit mir als junger Wissenschaftlerin umgegangen war. Aus diesem selbstbeschädigenden Muster auszubrechen und es in ein das Leben bejahendes Muster zu transformieren, ist für mich bis heute eine Herausforderung.

Auf dem Hintergrund dieser Erfahrungen und der großen Bedeutung, die dem „Wachsen durch Freude" (Sebastian) [96] und der Kraft des Herzens zukommt, steht dieses Thema am Anfang des Spirituellen Selbstmanagements. Es hilft,

- willentlich die Aufmerksamkeit auf die Herzens-/Liebesenergie zu richten;
- willentlich die eigenen seelisch-geistigen und körperlichen Potenziale und Schätze wahrzunehmen und zu würdigen;
- zu begreifen, dass ich der Gesellschaft am besten dienen kann, wenn ich diese Schätze hebe und diese Potenziale entwickle;
- dass sich in mir auf diesem Weg Macht und Liebe verbinden und dass ich
- dies als meinen spirituellen Transformationsweg akzeptiere.

Haltung der Wertschätzung entwickeln

Solche Ausrichtung wird umso leichter, je mehr ich in mein Leben die Kraft der Wertschätzung einlade[97]. Wertschätzung ist eine *Haltung des Herzens, die zuerst einmal akzeptiert, was ist.* Statt die Gegenwart zu negieren und die Energie darauf zu konzentrieren, was man vermeiden oder erreichen möchte, kommen wir in der Haltung der Wertschätzung in der Gegenwart an. Was ist, ist! Ja

95 Mettler-v. Meibom 2000, 152
96 Sebastian 2000
97 Mettler-v. Meibom 2006; 2007

noch mehr: Was ist, ist heilig! Es ist das, was Gott mir auf meinem Weg des Wachsens und der Bewusstseinserweiterung gegeben hat – egal, ob ich mich nun daran freue oder ob ich es bedauere, zutiefst ablehne oder sogar aggressiv unterdrücken möchte.

Solange ich nicht in der Gegenwart dessen, was ist, ankomme, sind meine Energien in dem unsinnigen Versuch gebunden, mir eine andere Wirklichkeit vorzugaukeln als die, die existiert. Erst wenn ich mit dem Herzen akzeptiere, dass das, was ich vielleicht ablehne oder mir vergeblich wünsche, wenig mit meiner Realität zu tun hat, werden meine Energien frei, die Verhältnisse zu ändern. In Beispielen: Einem Menschen ist gekündigt worden. Er lehnt sich dagegen auf, schimpft, macht andere zu Schuldigen, wälzt jegliche Verantwortung ab, hadert mit sich und seinem Schicksal, fühlt sich als Opfer, macht andere fertig, weil es ihm so schlecht geht, macht sich abhängig von Hilfe, verliert Selbstvertrauen und Würde. Oder: Er akzeptiert, dass er entlassen wurde. Er kommt in dieser Tatsache an; sie ist. Er lehnt sich nicht mehr auf gegen das, was ohnehin schon ist. Er erkennt es nun als eine Herausforderung, die sich ihm stellt. Seine Energien werden frei, um Verantwortung für sich zu übernehmen und einen Weg aus der Krise heraus zu finden.

Nehmen wir ein ganz anderes Beispiel: Es handelt sich um eine sehr schöne Frau, an Körper, Geist und Seele. Sie wird intensiv umworben, kann sich aber mit dieser Realität nicht anfreunden. Sie wird misstrauisch, zieht sich zurück, verbirgt sich und ihr Wesen. Ihre Beziehungen zu anderen werden schwierig. Wenn diese Frau eine Haltung der Wertschätzung entwickelt, dann kann sie in ihrer Wirklichkeit ankommen und das, was ihr mitgegeben wurde, würdigen. Sie weiß dann nicht nur um ihre Schönheit, sondern sie nimmt sie auch als Geschenk an und lernt, damit umzugehen. Dann wird Schönheit weder zur Grundlage von Stolz noch zum Grund für Rückzug. Sie kann ihre Schönheit annehmen und sich und ihre Umgebung mit ihr bereichern. Wer je einem solchen Menschen begegnet ist, weiß, welche Kraft und Faszination von ihnen ausgeht.

Ein drittes Beispiel: Ein Mensch, Mann oder Frau, ist vermögend, hat viel Geld verdienen dürfen und beträchtlichen Einfluss über andere gewonnen. Um sich vor dem Neid anderer zu schützen, hat dieser Mensch eine Haltung der Entwertung des eigenen Wohlstandes entwickelt und spielt den Einfluss, den er oder sie gesellschaftlich ausübt, herunter, so, als ob beides nicht wirklich existiere. Mit solchen Strategien erhofft sich dieser Mensch Akzeptanz im Umfeld und die Abwehr von Neid oder Missgunst. Aus einer Haltung der Wertschätzung eröffnet sich ihm oder ihr eine ganz andere Möglichkeit: Ankommen in der eigenen Realität, akzeptieren und würdigen, dass Wohlstand und Einfluss vorhanden sind und mit diesen Gaben verantwortlich umgehen. Die eigenen Güter und der eigene Einfluss können nun so eingesetzt werden, dass aus ihnen persönliches Wohlergehen und gesellschaftlicher Nutzen erwachsen.

Wertschätzung als Haltung des Herzens kann sich auf vielen Ebenen äußern, in Selbstführung und Führung, in der Kommunikation mit mir und anderen, im Verhalten, in Strukturen, die geschaffen werden. Wo Wertschätzung als Haltung gelebt wird, eröffnet sie einen Weg der Selbst-Transformation, der – ausgehend von der Annahme dessen, was ist – die Aufmerksamkeit auf das richtet, was erreicht werden soll. Wertschätzung entzieht der Entwertung von sich und anderen den Boden. Statt Zweifel an sich und anderen zu fördern, statt in Schuld- und Schamgefühlen stecken zu bleiben, wird das, was ist, liebevoll angenommen und von dort aus die Kraft auf das gerichtet, was erreicht werden soll. Wertschätzung ist also eine Haltung des Herzens. Sie speist sich aus der Höchsten Quelle, aus der Liebeskraft, die ich BIN und setzt damit Energien der Transformation frei, statt sie in dem vergeblichen Versuch zu binden, die Wirklichkeit abzuwehren.

Für Männer und Frauen ist der Weg der Wertschätzung oft von Grund auf verschieden. Während Frauen dazu neigen, ihre eigenen Potenziale und Stärken zu entwerten oder gar zu missachten, neigen Männer eher dazu, die eigenen Gefühle und die eigene Verletzbarkeit zu negieren. Dementsprechend sind Frauen eher dazu aufgefordert, ihren eigenen Möglichkeiten und Potenzialen Wertschätzung entgegenzubringen, während Männer dazu eingeladen sind, wertschätzend zu erkennen, dass auch sie sich verwund- und verletzbar fühlen und dass es keineswegs nötig, geschweige denn möglich ist, „alles im Griff" zu haben. So stellt sich die Aufgabe, in der Wirklichkeit anzukommen, für beide Geschlechter vielfach sehr unterschiedlich. Doch wie auch immer der individuelle und biographische Startpunkt ist: Wo ein Mensch die Kraft der Wertschätzung in das eigene Leben einlädt, werden die Dinge leicht und leichter. Statt vergeblich gegen etwas anzukämpfen, gegen die eigene Unvollkommenheit, die eigene Schwäche, die eigene Selbstentwertung oder die eigene Überhöhung – mache ich zuerst einmal Frieden mit dem, was ist. Indem ich mich mir – so wie ich bin – liebevoll zuwende, werden die inneren Dämonen entmächtigt, die Seele beruhigt sich und ich kann damit beginnen, meine Kräfte für das einzusetzen, was meinem Herzen wichtig ist.

Das Ziel aufrechterhalten

Die höchste Wahrheit zuerst einmal *gedanklich* anzunehmen, dass ich das Höhere Selbst, Gott, Universales Bewusstsein bin, ist der Startpunkt des Spirituellen Selbstmanagements. Es ist der Start, weil diese Wahrheit noch nicht erfahren ist. Sie zu *erfahren*, ist das Ziel des Spirituellen Selbstmanagements. Unterwegs wage ich den Weg nach innen, suche nach dem Schatz in mir und kehre wieder in die Welt zurück mit dem Wunsch, diesen Schatz, die Liebeskraft, in die Welt zu bringen. Das geschieht in immer neuen Schleifen, in denen ich immer wieder neue Erfahrungen mit mir und der Welt mache.

Auf diesem Weg brauche ich Willenskraft, und zwar jene, die Roberto Assagioli den transpersonalen Willen nannte[98]. Es ist der Wille, über die personale Existenz hinaus zu gehen und den persönlichen Willen Gott hinzugeben. Es ist ein Weg, der mit Stolpersteinen, Zweifeln, erhebenden Momenten, Phasen von Glück und Leid gesegnet ist. Doch auf diesem Weg wachsen Gleichmut, Gelassenheit, Freude und die Fähigkeit, zum eigenen Wohl und zum Wohle anderer gestaltend aktiv zu werden.

„Purity, Patience, Perseverance“[99], Reinheit, Geduld und Ausdauer – werden uns auf diesem Weg abverlangt werden: *Reinheit* im Denken, Fühlen und Handeln, *Geduld* mit sich und anderen,

98 Assagioli 1982, 113ff.
99 Entdecke 1996, 397ff.

wissend, dass Wachsen und Bewusstseinsentwicklung ihren eigenen Zeitgesetzen folgen, und *Ausdauer*, um das Ziel nicht aus den Augen zu verlieren und einfach weiterzugehen. Deswegen ist es so wichtig, die kleinen Veränderungen, die sich einstellen, liebevoll anzuerkennen und zu würdigen: dass die innere Unruhe nachlässt, dass die Beziehungen zu Freunden, Partnern, Kollegen leichter werden, dass das Leben einen Sinn bekommt, dass Rückschläge gelassen als ein Teil des Lebens begriffen werden, dass ich lerne, mich geistig zu konzentrieren und mich auf die wesentlichen Dinge auszurichten, dass die unzähligen Wünsche wegfallen und Zufriedenheit und Dankbarkeit sich einstellen und dass ich alles, was mir passiert, als Teil meines eigenen Entwicklungsweges begreife.

Wie weit dieser Weg in diesem Leben führen wird, ob die Gnade es will, dass ich mich als das erkenne, was ich wirklich bin, ist dabei letztlich unerheblich. Solange ich mich auf dem Weg weiß, solange ich diesen Weg mit der Kraft meines Herzens verfolge, bin ich auf dem Weg zu dem ICH BIN.

Übungen

Die folgende Übungssequenz kann als Ganzes genutzt werden. Die einzelnen Übungen berühren jeweils verschiedene Aspekte des einen Themas: sich mit der Wirklichkeit zu verbinden, das ich als Mensch ein Ausdruck Gottes, des Schöpfergeistes bin. Jeder Mensch bringt Potenziale mit, die sich in diesem Leben entfalten wollen und sollen. Eine regelmäßige Meditationspraxis, die Erforschung und Wertschätzung der eigenen Potenziale und die Suche nach Wegen, wie diese als Beruf und Berufung gelebt werden können, stützen einen Weg, der „das Herz zum Singen bringt" (Piero Ferruci).

Übung 1.1:
Lichtmeditation

Lichtmeditationen dienen als regelmäßige Praxis, um sich auf die innewohnende Göttlichkeit auszurichten. Die folgende stammt von Stephan v. Stepski-Doliwa aus seinem Buch „Sai Baba spricht zum Westen"[100].

„Setze dich an einen ruhigen Platz und zwar am besten zweimal täglich ungefähr 20-30 Minuten. Wichtig ist, dass du es immer zur selben Zeit tust, damit es dir zur Gewohnheit wird. Die Gewohnheit ist wichtig, da sie dich vor Unregelmäßigkeit bewahrt.

Zünde dir eine Kerze an und setze dich vor sie hin. Schau dir die Flamme eine Zeit lang an und überlege dir, dass die Flamme ihr Licht an viele, viele Kerzen weitergeben kann, ohne weniger zu werden.

Hast du das Licht lang genug betrachtet, schließe deine Augen und stell dir in deinem Geist vor, dass die Flamme auf deiner Stirn zwischen deinen Augen ihr Licht verströmt.

Führe sie dann in dein Herz, wo sie die Lotusblume deines Herzchakras öffnet. Lass dieses Licht in deinen ganzen Brustraum strömen und spüre, wie dieses Licht Reinigung und Liebe ist.

Gehe von hier in deinen Hals und deinen Kopf und lass das Licht deine Gedanken beruhigen und reinigen.

Vom Kopf aus leite das Licht in dein Herz, deine Schultern und Arme bis hin zu deinen Händen und Fingerspitzen.

Lass das Licht dann von deinem Herzen in den Bauchraum fließen und fülle ihn völlig bis hinunter ins Becken aus. Atme allen Kummer und Anspannung aus und das reine, helle Licht ein.

Führe das Licht weiter in deine Beine und Füße und von hier über den Rücken – den du nie vergessen sollst – bis zu deiner Schädeldecke, wo dein Kronenchakra ist.

Sei dir bewusst, dass dein ganzer Körper von Licht erfüllt ist, d. h., aus Licht besteht, das bis an den äußersten Rand deiner Aura strahlt.

100 Stepski-Doliwa v. 1994, 243 ff.

Schicke nun, ausgehend von deinem Kronenchakra, deinen Verwandten und Freunden Licht. Hülle sie ganz damit ein.

Hülle ebenfalls deine Feinde in Licht.

Dehne anschließend dein Licht über deine Stadt, über dein Land, über deinen Kontinent, über die ganze Welt aus.

Dein Licht geht anschließend zu den Mineralien, Pflanzen, Tieren und Menschen.

Breite es über allen nicht sichtbaren Wesen aus, die um die Welt und in der Welt sind.

Lass dein Licht bis ins Universum strahlen und genieße diese Weite.

Nach einer Weile sammle dein Licht wieder ein und lass es durch das Kronenchakra in die Lotusblüte deines Herzens fließen und halte diese Flamme als deine ständige Kraft in dir, auf die du immer wieder zurückgreifen und von der du dich nähren lassen kannst.

Bitte Gott, Er möge dich segnen und leiten.

Öffne dann deine Augen und habe einen frohen Tag."

Übung 1.2:
Lichtmeditation (als Gruppenübung)

Die folgende Lichtmeditation von mir eignet sich besonders, um eine Gruppe auf die höchste Ebene einzustimmen.

Setzen Sie sich bequem hin, beide Füßen auf dem Boden und das Gesäß gut auf der Sitzfläche. Richten Sie nun Ihre Wirbelsäule auf, indem Sie – unten beginnend und von oben wie durch einen feinen Faden gezogen – Wirbel für Wirbel aufeinander aufrichten, ganz leicht und mühelos. Spüren Sie nun die gute Verbindung von den Füßen über die frei aufgerichtete Wirbelsäule bis zum Scheitelpunkt.

Stellen Sie sich eine Kugel warmen strahlenden goldenen Lichts über Ihrem Kopf vor und atmen Sie das Licht behutsam durch Ihre Schädeldecke ein.

Lassen Sie das Licht in Ihre Herzmitte sinken und sich von dort aus in Ihrem ganzen Oberkörper ausbreiten, bis in die Fingerspitzen hinein.

Lassen Sie nun das Licht in Ihren Beckenraum fallen und sich von dort aus wohlig bis in jede Zelle hinein ausbreiten.

Spüren Sie die Verbindung vom Steißbein bis zum Kronenpunkt.

Geben Sie nun dem Licht den Weg frei in die Beine, über die Oberschenkel, die Knie, die Fußgelenke bis zu den Zehenspitzen ...

Und nun über die Fußsohlen zurück auf der Rückseite der Beine zum Gesäß, über den unteren und oberen Rücken, den Nacken, bis zum Kronenpunkt.

Nehmen Sie das Licht in Ihrem ganzen Körper wahr und machen sich dabei bewusst: **Das Licht ist in mir.**

Nun lassen Sie das Licht in sich so groß und stark werden, dass es über Ihre Haut nach außen tritt und ein Licht-Ei um Sie herum bildet, in dem Sie wohlig und geborgen sitzten. Dabei machen Sie sich bewusst: **Ich bin im Licht.**

Konzentrieren Sie sich jetzt auf Ihre Herzmitte und lassen Sie die Licht- und Liebesenergie größer und größer werden. Schicken Sie nun diese Liebesenergie nach rechts in den Kreis (zu den Menschen, die mit Ihnen verbunden sind) ... Und öffnen Sie sich nach links, um zu empfangen ...

Stellen Sie sich nun eine Licht- und Energiebahn in der Verlängerung des oberen Rückens vor, die sich in der Mitte über unserem Kreis mit den anderen Energiebahnen trifft, und verbinden Sie sich dort mit der Geist-, der Vater- und Sonnenenergie, die uns alle inspiriert ...

Tun Sie nun dasselbe in der Verlängerung des unteren Rückens: Stellen Sie sich eine Licht- und Energiebahn vor, die sich in der Mitte unter unserem Kreis mit den anderen Energiebahnen trifft und verbinden Sie sich dort mit der Energie der Erde, der Mutter, der Materie, die uns alle nährt.

So eingebunden in unseren Kreis und ausgespannt zwischen Himmel und Erde machen Sie sich bewusst: **Ich bin das Licht.**

Und nun langsam, in Ihrem Tempo, sammeln Sie die Licht- und Liebesenergie wieder ein und führen sie in Ihrer Herzmitte zusammen, in dem Wissen, dass Sie zu dieser Quelle jederzeit mit Ihrem Bewusstsein zurückkehren können.

Kommen Sie jetzt in Ihrem Tempo mit einem tiefen Atemzug mit der Aufmerksamkeit wieder zurück in den Raum.

Übung 1.3:
Dialog mit dem Höheren Selbst

Hierbei handelt es sich um eine klassische Imaginationsübung der Psychosynthese, wie sie von Assagioli angeregt und in den verschiedensten Varianten praktiziert wird. Auch sie hilft, sich mit der innewohnenden Weisheit zu verbinden.

Nehmen Sie sich einen Raum ungestörter Stille und konzentrieren Sie sich auf Ihren Atem. Stellen Sie sich nun vor, Sie betreten einen Wald.

Nehmen Sie das Licht und die Temperatur wahr. Spüren Sie den Boden unter Ihren Füßen und die Luft auf Ihrer Haut. Öffnen Sie sich für die Töne und Stimmen im Wald. Nach einer Weile nähern Sie sich dem Waldesrand. Sie treten hinaus und sehen einen Weg, der zu einem Berg führt.

Suchen Sie sich nun einen Weg, der Sie auf die Höhe des Berges führt und machen Sie sich dabei bewusst, dass oben eine weise Gestalt auf Sie wartet, die Sie genau kennt und die bereit ist, Ihnen alle Ihre Fragen zu beantworten. Nehmen Sie sich die Zeit und die innere Offenheit, um diesem Wesen zu begegnen.

Wenn Sie die Gestalt wahrgenommen haben, nehmen Sie mit ihr Kontakt auf und bitten Sie sie, Ihnen Ihre Fragen zu beantworten. Unterbreiten Sie ihr die Frage: Wie kann ich freudig der Welt am besten dienen; wie kann ich mich und meine Gaben zum Geschenk machen?

Notieren Sie jeweils die Antworten, die Sie auf Ihre Fragen erhalten. Nutzen Sie diese Chance, viel über sich und Ihre Möglichkeiten zu erfahren.

Wenn Sie keine Fragen mehr haben, bedanken Sie sich bei der weisen Gestalt und kommen Sie in Ihrem Tempo mit der Aufmerksamkeit in den Raum zurück.

Bei Gruppen: Wählen Sie sich eine Partnerin / einen Partner, der/dem Sie Vertrauen schenken, und tauschen Sie sich aus.

Übung 1.4:
Brief an das Höhere Selbst

Die folgende Übung ist eine Vertiefung der vorangehenden. Sie „ankert“ den Dialog mit dem Höheren Selbst mit Hilfe eines geschriebenen Briefes.

Nehmen Sie sich einen Raum ungestörter Stille und konzentrieren Sie sich auf Ihren Atem. Nehmen Sie Papier und Stift. Schreiben sie nun einen Brief an das Höhere Selbst, jene weise Gestalt, die auf dem Berg auf Sie gewartet hat und mit der Sie in einen inneren Dialog getreten sind. Dabei ist es gleichgültig, ob Sie ein Bild dieser Gestalt hatten oder nicht.

Schreiben Sie nun, was Sie bewegt hat und was Sie über sich und Ihre Möglichkeiten erfahren haben. Schreiben Sie, welche Hilfen Sie auf dem Weg gefunden haben, welche Sie sich erbeten haben sowie, was Sie sich für die nächste Zeit vornehmen.

Vergessen Sie nicht, den Brief mit einem Dank für alle Hinweise und Antworten abzuschließen, die Sie erhalten haben.

Verschließen Sie nun den Brief, adressieren Sie ihn an Ihre Heimatadresse und schicken Sie ihn sich per Post zu einem späteren Zeitpunkt zu. Der Brief wird Ihnen alle Impulse erneut ins Bewusstsein rufen.

Bei Gruppen: Sammeln Sie die Briefe ein und versenden Sie sie zu einem späteren Zeitpunkt per Post.

Übung 1.5:
„Finde, was das Herz zum Singen bringt"

Die folgende Übung hilft, die Herzintelligenz auch im beruflichen Kontext, in dem wir uns besonders leicht von unserem Herzen abschneiden, zu stärken. Der Weg zum Selbst wird leichter, wenn wir „finden, was das Herz zum Singen bringt", so die Aussage von Piero Ferruci, dem bedeutendsten lebenden Vertreter der Psychosynthese und Schüler von Roberto Assagioli[101].

Nehmen Sie sich einen Moment ungestörter Stille und konzentrieren Sie sich auf Ihren Atem.

Gehen Sie nun mit Hilfe Ihres emotionalen Gedächtnisses, d. h. ohne nachzudenken, zurück zu einem Moment in Ihrem beruflichen Alltag, in dem Sie Glück, Frieden und eine tiefe innere Weite gespürt haben, einen Moment, in dem Sie im Fluss waren, Ihr Herz sich geöffnet hat und Sie spürten, dass es sich lohnt zu leben.

Wenn Sie das Gefühl haben, so etwas noch nie erlebt zu haben, lassen Sie in Ihrem emotionalen Gedächtnis einen Moment auftauchen, der dem am nächsten kommt.

Lassen Sie diesen Moment voll in Ihr Erleben treten, erleben Sie ihn noch einmal, mit allen Sinnen, denken Sie an ihn, erfahren Sie ihn, fühlen Sie ihn. Dann nehmen Sie ein Stück Abstand, um die Zeugenperspektive einzunehmen, und machen sich Notizen zu folgenden Fragen:

- *Was war das Besondere an der Situation?*
- *Was hat das Herz „zum Singen" gebracht?*
- *Um welche besondere Qualität im Tun ging es dabei?*
- *Wer war daran beteiligt?*
- *Wie hat sich die Situation für Sie und andere ausgewirkt?*
- *Hat sie zu Ihrem und dem beruflichen Erfolg von anderen beigetragen?*

101 Ferruci 1999

- *Wann und wie haben Sie diese besondere Qualität auch an anderer Stelle gelebt und erlebt?*
- *Wie könnte diese Qualität stärker in Ihren beruflichen Alltag kommen?*
- *Welche Schritte müssten Sie dabei unternehmen? Welche zuerst?*

Bei Gruppen: Suchen Sie sich einen Partner / eine Partnerin und nehmen Sie sich mit ihm/ihr jeweils 15 Minuten Zeit, um sich auszutauschen.

Übung 1.6:
Potenziale wertschätzen

Machen Sie eine Liste mit 20 Fähigkeiten und Potenzialen. Vergessen Sie weder jene, die Ihre Persönlichkeit ausmachen, noch Fähigkeiten, die Sie durch Ausbildung, berufliche und private Erfahrungen, Freud und Leid erworben haben. Bringen Sie sich Wertschätzung entgegen, ohne sich zu zensieren.

Machen Sie nun eine Liste von Sätzen mit diesen Fähigkeiten und Potenzialen, indem Sie jeden Satz beginnen mit „Ich bin …".

Gehen Sie in die Beobachterrolle und machen Sie sich bewusst, was Sie soeben über sich erfahren.

Bei Gruppen: Wählen Sie das wichtigste Potenzial, die wichtigste Fähigkeit aus und teilen Sie sich der Gruppe mit, indem Sie mit dieser Fähigkeit einen Satz formulieren, der beginnt mit „Ich bin …". Achten Sie darauf, dass es ein Satz der Selbstwertschätzung ist. Haben Sie den Mut, sich der Gruppe freudig zuzumuten. Zeigen Sie sich klar und stellen Sie sicher, dass sie die Unterstützung der Gruppe fühlen.

Übung 1.7:
Meine Gaben für die Welt

Diese Übung vertieft die vorangehenden. Schreiben Sie für sich auf einen Zettel die wichtigsten Gaben und Handlungen auf, die Ihr „Herz zum Singen bringen". Machen Sie sich bewusst, dass Sie die Freiheit haben, diese Gaben mit Freude und Leichtigkeit der Welt zum Geschenk zu machen.

Vergegenwärtigen Sie sich noch einmal, wie sich Ihre Herzkraft für sich und andere ausdrückt, wenn Sie diese Gaben in die Welt bringen.

Bei Gruppen: Teilen Sie sich der Gruppe mit, indem Sie Ihr wichtigstes Geschenk/Potenzial für diese Welt auswählen und einen Satz formulieren, der mit „Ich schenke der Welt mein ..." beginnt. Achten Sie dabei darauf, dass es ein Satz der Selbstwertschätzung ist. Sprechen Sie ihn mit innerer Überzeugung und vergewissern Sie sich emotional der Unterstützung durch die Gruppe.

Übung 1.8:
Helfer einladen

Auch diese Imaginationsübung stammt aus der Psychosynthese. Sie eignet sich, um dem Unbewussten die Botschaft zu geben, dass der Weg des Spirituellen Selbstmanagements von himmlischen Kräften unterstützt wird.

Nehmen Sie sich einen Raum ungestörter Stille und konzentrieren Sie sich auf Ihren Atem. Stellen Sie sich vor, Sie gehen auf einem langen Weg in einer Ebene. Sie wissen, dass Sie drei Gestalten begegnen werden, die Ihren Herzenswunsch und Ihre Herzensaufgabe kennen.

Sehen Sie, wie die erste Gestalt langsam auf Sie zukommt. Sie hat ein Symbol dafür, was Ihr Körper jetzt braucht, damit Ihr Herz zum Singen kommen kann. Machen Sie sich bereit, das Symbol zu empfangen. Nehmen Sie es dankbar entgegen.

Nun begegnen Sie der zweiten Gestalt auf dem Weg. Sie weiß, was Ihre Gefühle brauchen, damit Ihr Herz zum Singen kommt. Auch diese Gestalt hat ein Symbol für Sie. Nehmen Sie es freudig und dankbar entgegen.

Jetzt sehen Sie die dritte Gestalt. Sie weiß, was Ihr Geist braucht, und auch sie möchte Ihnen ein Symbol dafür schenken. Nehmen Sie es mit offenem Geist und dankbar entgegen.

Malen Sie die Symbole, spüren Sie ihre Wirkungen und treten Sie in einen Dialog mit den Symbolen, indem Sie sie einzeln fragen:

- *Was willst du mir sagen?*
- *Wie kannst du mir helfen, mein Herz zum Singen zu bringen?*
- *Wie kann ich diese Kräfte im Alltag wecken, würdigen und nutzen?*

Machen Sie sich hierzu Notizen.

Bei Gruppen: Suchen Sie sich anschließend einen Partner / eine Partnerin, um sich auszutauschen.

Übung 1.9: **Disidentifikationsübung**

Die Disidentifikationsübung stammt von Roberto Assagioli, dem Begründer der Psychosynthese. Wann immer Sie in emotionale oder gedankliche Turbulenzen geraten, ist es hilfreich, sich auf die wahre Natur des Selbst rückzubesinnen, wie sie von allen spirituellen Traditionen gelehrt wird. Assagioli hat diese Aufgabe in eine griffige Formel verdichtet[102].

„Ich habe einen Körper, aber ich bin nicht mein Körper."
„Ich habe Gefühle, aber ich bin nicht meine Gefühle."
„Ich habe Verlangen, aber ich bin nicht mein Verlangen."
„Ich habe Verstand, aber ich bin nicht mein Verstand."

102 Assagioli 2004, 120; vgl. auch Assagioli 1982, 183ff.

„Was bin ich dann? Was bleibt, wenn ich von meiner Selbstidentität die physischen, emotionalen und mentalen Inhalte meiner Persönlichkeit, meines Ich, wegnehme?

Es ist das Wesen meines Selbst – ein Zentrum reiner Selbst-Bewusstheit und Selbst-Verwirklichung. Es ist der konstante Faktor in dem sich ständig verändernden Fluss meines persönlichen Lebens. Es ist das, was mir das Gefühl der Existenz gibt, der Dauer, innerer Sicherheit. Ich erkenne und bestätige mich als ein Zentrum reinen Selbst-Bewusstseins.

Ich erkenne und bekräftige, dass ich ein Zentrum reiner Selbst-Bewusstheit bin. Ich bin ein Zentrum des Willens und fähig, meine seelischen Prozesse und meinen physischen Körper zu benutzen, zu beherrschen und in eine bestimmte Richtung zu lenken."

2. Reinigung auf allen Ebenen: Körper – Seele – Geist einstimmen

Kennen Sie das – wenn ein Gedanke wie Pech an einem hängt, wenn misslaunige oder übelwollende Worte nicht aus dem Gedächtnis weichen wollen, wenn ein Disput einem nachhängt oder ein intensives Verlangen immer wieder die innere Ruhe stört?

Gedanken und Gefühle können uns um den Schlaf bringen, die innere Ruhe stören, uns durch den Tag verfolgen und sich in jeder Weise als Störenfriede erweisen, die uns um Gelassenheit, Gleichmut und Freude im Leben bringen. Neid, Missgunst, Eifersucht, Gier, Stolz, Überheblichkeit – sie alle sind das, was man auch die inneren Feinde nennen kann, die uns hindern, zu dem zu werden, was wir sind, ein machtvoller Ausdruck der Liebe Gottes.

Deswegen lehren alle spirituellen Traditionen, mit den schlechten Gedanken, Gefühlen und Gewohnheiten aufzuräumen. Je nach kulturellem Hintergrund bieten sie zahllose Wege an. Doch gemeinsam ist allen diesen Wegen, dass sie zu einer Art von „Reinigung" führen sollen. Was ist damit gemeint und worauf bezieht sich dieser Prozess der Reinigung?

Der Mensch ist Körper, Seele und Geist. Im asiatischen Kulturraum gibt es ein äußerst differenziertes Wissen über deren Zusammenspiel, das inzwischen auch im Westen durch Ayurveda, Akupunktur und Chinesische Medizin großen Anklang gefunden hat. Danach ist der Mensch nicht nur mit dem (grobstofflichen) Körper ausgestattet, den wir berühren und fühlen können, sondern auch mit einem feinstofflichen Körper, der wiederum von mehreren Körpern oder so genannten Körperhüllen (koshas) gebildet wird. Sie sind durch Energiebahnen (Meridiane und Nadis) und durch energetische Knoten (Chakren) ineinander verwoben. Jede dieser Körperhüllen steht für unterschiedliche Ebenen des Bewusstseins und der Identifikation[103] und jede dieser Körperhüllen verlangt eine Reinigung, die genau auf diese jeweilige Ebene zugeschnitten

103 Siehe Tabelle auf S. 86 und Mettler-v. Meibom 2000, 126.

ist. Was für den Körper sauberes und liebevoll zubereitetes Essen sein mag, ist für die Ebene des Fühlens und Denkens die Bereitschaft, sich selbst von entwertenden Gedanken und Gefühlen zu befreien.

Verlängert man den Gedanken der Körperhüllen über den Menschen hinaus, so treten noch ganz anders geartete „Hüllen" ins Bewusstsein: die Kleidung, die ich trage; die Wohnung, die ich bewohne; die Gemeinschaft, die ich pflege. Auch hier greift der Gedanke der Reinigung: Eine verschmutzte und ungepflegte Wohnung ist nicht nur Ausdruck meiner Innenwelten, sondern wirkt auch auf diese zurück. Äußeres Chaos kann Ausdruck von innerem Chaos sein und dieses wiederum verstärken.

Werde, was du bist, fordert mich daher auf, einen Weg der Reinigung zu beschreiten, der mich selbst in ein Gleichgewicht bringt, meine Gelassenheit fördert, mich von negativen und entwertenden Gefühlen befreit und mich für die Kraft der Liebe öffnet, zu der mich mein Herz drängt. Hier einige wenige Anregungen sowohl auf der Ebene der Körperhüllen als auch auf der Ebene der erweiterten Körperhüllen.

Reinigung auf der Ebene der „Körperhüllen"

„Purity consists in the triple purity of mind, speech and body."

„Reinheit besteht aus der dreifachen Reinheit von Denken, Reden und der Reinheit des Körpers."[104]

Bei den folgenden Ausführungen orientiere ich mich an dem auf Seite 86 dargestellten vedantischen Konzept der fünf Körperhüllen, die jeweils unterschiedliche Wege der Reinigung brauchen.

104 (eigene Übersetzung) „You are doubtless magnets. But you have to purify yourselves to increase your magnetic power. That purity consists in the triple purity of mind, speech and body. Do not follow the body. Follow the mind and the spirit. The one who follows the spirit is the real spiritual seeker." (Tagesspruch von Sathya Sai Baba in Prashanti Nilayam vom 29. September 2000)

Nahrung

Der Mensch ist, was er isst – dieses uralte Sprichwort gilt in besonderem Maße auf dem spirituellen Weg. Da unsere körperliche Verfassung in hohem Maße die geistige bestimmt, ist die Nahrungsaufnahme eine wichtige Pforte, um den Geist zu reinigen und zur Ruhe zu bringen. Die zahllosen Speisevorschriften variieren von Kultur zu Kultur. Und dennoch gibt es einige Grundsätze, die zumindest weitgehend kulturübergreifend sind: Wer den geistigen Transformationsprozess durch die entsprechende Nahrungsaufnahme unterstützen will, nimmt Abstand von allen Arten von Giften und Drogen, von Alkohol ebenso wie von Zigaretten, da sie das Funktionieren des Körpers und des Gehirns gravierend beeinträchtigen und belasten. Das wichtigste Lebensmittel ist klares Wasser, da es den Körper am besten in seinem Reinigungsprozess unterstützt. Auch der Konsum von Fleisch und Fisch soll vermieden werden, weil er den Körper übersäuert und einhergeht mit dem Töten von unschuldigen Tieren, die insbesondere in unserer Massentierhaltung und angesichts der Überfischung der Meere auf den Status von dinglichen Funktionsträgern reduziert werden. In meiner Kindheit habe ich es noch erlebt, dass Fleisch und Fisch jeweils nur einmal in der Woche auf den Tisch kamen. Limonaden und Softdrinks aller Art gab es nicht. Wir tranken vor allem Wasser.

Das Gebet hat mehr als nur eine symbolische Bedeutung. Heute wissen wir durch die Forschungen von Emoto[105], dass das Gebet nachweislich Wirkungen auf die Materie hat, insbesondere auf das Wasser. Nahrung nimmt die Schwingung all der Menschen auf, die mit ihr in Berührung gekommen sind. Mit dem Gott geweihten Gebet reinigen wir die Nahrung von allen belastenden Schwingungen; wir machen sie im wahrsten Sinne zu einer „gesegneten Mahlzeit".

Wie tief verwurzelt spirituell begründbare Essgewohnheiten sind, lässt sich noch im modernen Indien nachvollziehen. Dort gilt bis heute jemand, der raucht, Alkohol trinkt und Fleisch isst, als ein Mensch, der tendenziell „anormal" ist. Sofern es ein Familienmitglied

105 Emoto 2002

ist, beobachtet man seine Entwicklung mit großer Sorge und hofft, dass er oder sie wieder auf den rechten Weg zurückfindet.

Atem

Unser Körper wird durch den Atem belebt. Tiefes, gleichmäßiges Atmen von sauberer Luft ist die Quelle von Gesundheit. Ein ruhiger Geist drückt sich über einen tiefen, ruhigen und gleichmäßigen Atem aus. Ist der Geist hingegen unruhig, dann stockt der Atem; er wird unregelmäßig und flach. Dadurch wird die Vitalität des Körpers eingeschränkt, und zwar nicht nur die Körperfunktionen, sondern auch die seelisch-geistige Befindlichkeit. Deswegen kommt dem richtigen Atmen eine große Bedeutung zu. Das so genannte Pranayama-Yoga[106] oder Atem-Yoga unterstützt daher die Fähigkeit des Körpers, den Atem zu vertiefen und zu verstetigen.

Gedanken und Gefühle

Gedanken und Gefühle werden in hohem Maße durch unsere Nahrung und die Art unseres Atmens bestimmt. Ein Essen, das im „Magen liegt", kann die Stimmung gründlich „versauen"; etwas, was uns nicht bekommt, „stößt uns auf"; zu fette Nahrung „lässt die Galle überlaufen" usw. Unsere Sprache ist voll von Redewendungen, die den Zusammenhang von Gedanken, Gefühlen und Nahrung verdeutlichen. „Liebe geht durch den Magen"; heißt es daher nicht ohne Grund.

Wir können also einiges für unsere Gedanken und Gefühle tun, indem wir auf die Essnahrung achten, die wir zu uns nehmen. Mindestens ebenso wichtig ist jedoch die Sinnennahrung, die wir uns zuführen. Was sehen wir? Was hören wir? Wie viel der Sinnennahrung ist technischer Art? Sehen und hören wir noch Geräusche und Laute von Menschen, Pflanzen, Tieren, Wind und Wetter? Berühren sie noch unsere Augen und Herzen oder haben wir uns vor allem technische Umwelten und technische Artefakte als Kommunikationspartner ausgesucht: vom Radiowecker über das Frühstücksfernsehen, den Aufzug, das Auto, den Computerarbeitsplatz und wieder zurück

106 Vgl. Bihar School of Yoga 2006.

zum Fernseher und Computer? Wann und wie viel „Mediennahrung“ muten wir uns zu und vor allem welche „Mediennahrung“ berührt unsere Wahrnehmungssinne und hinterlässt daher Spuren in unserem Geist?

Heute wird der Markt der Ratgeberliteratur von Diätvorschlägen aller Art überflutet. Meist geht es darum, bestimmte Anweisungen zu befolgen. Sie versprechen bei strikter Regeleinhaltung: Heilung von Krankheit, Schlankheit, Glück, Wohlbefinden, Erfolg in der Liebe und vieles andere mehr. Was in den Ratgebern meist zu kurz kommt, sind zwei Aspekte:

- Zum einen, dass auch Sinnennahrung eine Nahrungsaufnahme bedeutet, die der Mensch körperlich-seelisch-geistig zu „verdauen“ hat. Wer Diät halten oder Fasten will, sollte sich daher fragen, welche Diäten und Fastenregeln er oder sie bei Sinnennahrung und Medienkonsum einhalten möchte. Die weit verbreitete Unsitte, beim Fernsehen zu essen, ist dabei ebenso zu überprüfen wie das Zeit fressende „Sich-Reinziehen“ von Action- , Porno- und Gewaltfilmen zu jeder beliebigen Tages- und Nachtzeit, der beliebige Konsum von Soft-Soaps, Videoclips, musikalischer Dauerberieselung oder Handykommunikation oder das Ausagieren welcher Gefühle auch immer mit der Spielkonsole.
- Zum anderen geht es darum, die eigene Aufmerksamkeit von den zu befolgenden Vorschriften abzuziehen und sie hinzulenken zum eigenen Körperempfinden und den eigenen Körperwahrnehmungen. Der Körper zeigt – so wir achtsam sind – unmissverständlich, was dem eigenen Wohlergehen dient, was ihm hilft, die Energie hochzuhalten bzw. was ganz im Gegenteil dazu führt, dass Körper und Seele übersäuern, die Energien blockiert werden und sich Verschleißerscheinungen und Verstimmungen aller Art entwickeln.

Die noch viel größere Herausforderung ist es jedoch, willentlich die Gedanken und Gefühle von Negativität sich und anderen gegenüber zu befreien. Dies verlangt eine genaue Beobachtung der eigenen Gefühle und Gedanken: Was denke ich? Was fühle ich? Was hat das mit mir zu tun? Wieso kommt dieser Gedanke jetzt, welche Überzeugungen stehen dahinter? Wenn ich meine Gedanken von Grund auf verwandeln will, dann brauche ich dazu die Kraft des transpersonalen Willens. Er hilft, Gedanken und Gefühle zu finden, die dem Leben gegenüber offen und zugewandt sind, die von der Entwertung zur Wertschätzung führen, von der Gewalt zur Gewaltlosigkeit, vom Hass zur Liebe[107].

Höhere Intelligenz und Intuition

„Ich denke, also bin ich" – diese Formel von Descartes wurde zum Glaubenssatz der Aufklärung und der wissenschaftlich-technischen Revolution im Westen. Sie führten zu einem Bildersturm, zur Abwertung und Abspaltung der Gefühlsdimension des Menschen und zu einer Missachtung der Kräfte des Unbewussten und der Intuition. Die Folge ist, dass man im Westen von einer regelrechten kollektiven Blockade der Intuition, der Höheren Intelligenz und des Spirituellen sprechen kann. Nach Jahrzehnten der Vorherrschaft eines kaum mehr in Frage gestellten Rationalismus macht sich allmählich eine Veränderung breit. Nicht nur wird die spirituelle Dimension der menschlichen Existenz mit Macht wiederentdeckt. Auch die Intuition als Quelle des Zugangs zum unbewussten Wissen wird wieder ernst genommen. So genannte „Bauchentscheidungen" erscheinen als legitim und Erfolg versprechend und man feiert sogar die Entdeckung eines zweiten Hirns im Bauch[108]. Längst bekannt und anerkannt ist auch, dass große wissenschaftliche Durchbrüche und Erfindungen wie z.B. die Heisenbergsche Unschärferelation nicht allein kraft des Denkens, sondern letztlich kraft der Intuition, der plötzlichen unvermittelten Eingebung, gemacht wurden. Selbst erfolgreiche Manager, Politiker, Entscheider und Entscheiderinnen jeder Herkunft sind sich heute wieder stärker bewusst, dass mit Verstand und logischem Denken allein keineswegs weise Entscheidungen herbeizuführen sind.

107 Vgl. die 3. Übungseinheit.

108 Lange vor dessen Entdeckung hat die Körpertherapeutin Gerda Boyesen bereits eine erfolgreiche Therapiemethode entwickelt, die mit dem Bauchhirn arbeitet. Vgl. Boyesen/Bergholz 2003.

Wenn man sich vergegenwärtigt, wie das Bewusstsein funktioniert, wird dies auch plausibel. Der Raum des Unbewussten und der erweiterten Wahrnehmung wird durch das Tagesbewusstsein weitgehend abgefiltert, ein Vorgang, den wir aus dem Prozess des Aufwachens nach Träumen kennen: Es braucht nur Sekunden oder Minuten, um den Traum zu vergessen: Der Deckel des Wach- oder Tagesbewusstseins hat sich wieder über das Unbewusste gelegt. Es kann uns damit seine Geheimnisse nicht mehr mitteilen.

Die höhere Intelligenz oder Intuition ist – nach vedantischer Philosophie – eine der vier Funktionen des Geistes neben Manas (Denken), Ahamkara (Ego) und Chitta (Wille)[109]. Höhere Intelligenz oder Buddhi entwickelt sich mit dem spirituellen Prozess und wird geöffnet, wenn wir uns bewusst dem Göttlichen in uns selbst zuwenden. Möchten wir also Zugang zu diesem erweiterten Raum der Wahrnehmung und des Bewusstseins gewinnen, so brauchen wir eine Reinigung dieser geistigen Funktionen. Die Wege hierzu sind Gebet, Meditation und Kontemplation, Singen, Chanten oder Rezitieren der Namen Gottes oder von Mantren, d.h. den heiligen Lauten, die es in allen Religionen gibt.

Reinigung auf der Ebene der erweiterten „Hüllen"

Kleidung

Kleidung ist die erste Hülle, die über unseren Körper hinaus geht. Sie ist nicht nur ein Mittel der Selbstdarstellung („Kleider machen Leute"), sondern entscheidet auch in hohem Maße über unser Wohlbefinden. Insbesondere dem Material und der Farbe der Kleidung kommt eine besondere Bedeutung zu. Naturfasern erlauben dem Körper, „frei zu atmen", d.h. der Energieaustausch zwischen Mensch und Umwelt funktioniert gut. Die Haut, das größte Organ des Menschen, kann ihre Entgiftungsarbeit tun, weil sich der Schweiß nicht staut. Auch der Schnitt der Kleidung beeinflusst das Wohlbefinden. Zu enge, einschneidende Kleidung oder Kleidung, die den Körper auskühlt, mag zwar dem Schönheitsideal entsprechen, lässt jedoch die natürliche Schönheit eines Körpers, der sich

109 Vgl. Mettler-v.Meibom 2006, 123.

selbst regulieren kann, nicht zum Ausdruck kommen. Farben wiederum haben eine besondere Wirkung auf die Aura. Mit der Auswahl der Farben können wir flexibel der Aura die Farben zuführen, die sie gerade braucht. Eine Farbsensibilität zu entwickeln, ist daher hilfreich, um das eigene Wohlbefinden zu erhöhen.

Wer solche Kriterien beachtet, braucht sich weder in Birkenstock, Jesuslatschen und Sackleinen zu hüllen noch die Farbpalette auf Rosa bis Violett zu reduzieren. Kleidung aus Naturfasern, die die natürliche Anmut des Körpers unterstützt, kann ebenso hochelegant sein, wie die Wahl der für einen Menschen passenden Farben. Doch wie auch immer: Eine starke Fixierung auf Kleidung, Schminke und Schmuck erweist sich als Hindernis auf dem Weg des Spirituellen Selbstmanagements: Sie gibt dem Körper eine Bedeutung, die im Widerspruch steht zu der Aufforderung, das Körperbewusstsein zugunsten eines Bewusstseins aufzugeben, dass wir zwar einen Körper *haben*, aber letztlich alle EINS *sind*, unabhängig von Herkunft, Aussehen und Auftreten.

Wohnung und Arbeitsplatz

Wohnung und Arbeitsplatz, Orte, an denen wir uns überwiegend aufhalten, sind die nächsten Körperhüllen, deren Qualität uns auf dem Weg des Spirituellen Selbstmanagements unterstützen oder behindern kann. Die Kunst des Feng-Shui und der Geomantie, die sich mit der Beschaffenheit des Wohnumfeldes und der Landschaft auseinandersetzen, ist inzwischen auch im Westen sehr bekannt geworden. Alle entsprechenden Maßnahmen dienen dem Ziel, dass die Lebens(Ki)energie im Umfeld optimal fließen kann. Dunkle Ecken, Gerümpel oder Wasseradern sind Störfelder, die nicht immer beseitigt werden können, bei denen sich jedoch mit Information, etwas Geschick und Intuition einiges verbessern lässt. Karen Kingston, eine Feng-Shui-Meisterin, die jahrelang auf Bali gelernt hat, hat in einem wunderbaren Buch gezeigt, in welchem Ausmaß die reinigende Beseitigung von Alltagsgerümpel Energie auf allen Ebenen freisetzen kann – geistig, emotional und körperlich.[110]

110 Kingston 2000. Dies gilt in gleichem Maße für die Reinigung von Gedankenmüll.

Gemeinschaft (Company)

„Sag mir, mit wem du gehst, und ich sage dir, wer du bist" – dieser uralte Satz verweist auf die nächste Hülle, mit der wir uns umgeben: die Menschen, die wir anziehen oder zu denen wir uns gesellen. Sie haben eine ungeheure Bedeutung für unsere seelisch-geistige Entwicklung, denn jeder Mensch ist für uns nicht nur Spiegel, sondern hinterlässt auch Spuren in Geist und Gemüt. So wie ich mit Bedacht meine Sinnesnahrung auswählen kann, so kann ich auch mit Bedacht auswählen, mit wem ich meine Zeit verbringen möchte. Und je enger die Beziehung ist, desto wichtiger ist dies.

Wir haben nicht immer die Wahl, die nahen Menschen auszuwählen, vor allem nicht, solange wir jung und abhängig sind. Doch ein Teil der menschlichen Selbstverantwortung besteht darin, sich mit den Menschen zu umgeben und zu verbinden, die „good company" – gute Gesellschaft sind auf meinem Weg der seelisch-geistigen Entwicklung und Entfaltung. Menschen neigen dazu, sich selbst aufzuwerten, indem sie andere abwerten. Selbst wenn dies nicht böse gemeint ist, klebt es wie Gift im eigenen System. Auch die weit verbreitete Tendenz, immer alles schlecht zu machen, sich als Opfer zu begreifen oder aggressiv über andere herzuziehen, ist Ausdruck einer Geisteshaltung, die es mir schwer macht, die eigene (Liebes-)Energie zu halten und dem Leben mit einem offenen Herzen und Zuversicht zu begegnen.

Deswegen ist es wichtig, genau hinzuspüren, welche Menschen mir gut tun, mich in meinem Weg bestärken und zu wem ich Vertrauen fassen kann. Sind es Menschen, die auch mir und meinem Weg Vertrauen entgegenbringen? Wenn die Prüfung negativ ausfällt, so kann dies Anlass sein, einen radikalen Schnitt zu machen: Trennung vom Elternhaus, Trennung von Partnern, Trennung von Freunden, Wechsel des Arbeitsplatzes. Dabei gibt es einen entscheidenden Test, ob es die richtige Maßnahme war: Bei einer Trennung nehme ich mich selbst mit. Alles Belastende in mir, was ich vielleicht vorher auf den anderen verschieben (projizieren) konnte, kommt daher nach der Trennung auf mich selbst zurück. Trennung – wenn sie der richtige Weg war – verhilft also dazu, dass ich mit mir und anderen besser klarkomme als vorher, dass ich leichter in der Liebeskraft bleibe als bisher. Das entscheidende Kriterium ist, ob es für *meinen* Prozess der Selbsttransformation wichtig ist, einen solchen Schritt zu machen. Solche Trennung ist nicht *gegen* den anderen, sondern *für* mich.

Übungen

Übung 2.1:
Den Willen trainieren

Wie Roberto Assagioli betont, bietet das *tägliche Leben mit seinen Aufgaben und Beschäftigungen unzählige Gelegenheiten zur Entwicklung des Willens.*

Sie können Ihren Willen schulen, indem Sie ihn auf einen Aspekt von Reinigung richten, der Ihnen besonders wichtig ist. Sie können eine Selbstverpflichtung für jeweils eine Woche eingehen, z. B. abends vor dem Schlafengehen die Küche gereinigt zu hinterlassen. In der nächsten Woche nehmen Sie sich ein anderes Beispiel, z. B. abends nicht mehr nach 20 Uhr den Computer anzuschalten; in der dritten Woche nehmen Sie sich vor, den Fernseher weder als Beruhigungspille noch als Zeitfresser gegen die Langeweile zu nutzen usw. Belohnen Sie sich selbst, indem Sie Ihren Willen nicht betrügen. Andernfalls würden Sie den Willen schwächen, statt ihn zu stärken.

Wenn Sie Ihren Willen schulen, brauchen Sie beides: Ihr Handeln und die Beobachtung Ihres Handelns. Die Schulung des Willens führt insofern zu größerer geistiger Bewusstheit.

Übung 2.2:
Leberreinigung

„Ich bin sauer" ist in der Regel eine doppelte Aussage: eine über den geistig-emotionalen Zustand und eine über den körperlichen Zustand der Übersäuerung. Falsche *Ernährung* (zu viel Fisch, Fleisch und Fett, Mangel an klarem Wasser, industrialisierte Nahrung, Mikrowelle, zu spätes Essen ...), *Drogen*konsum (Alkohol, Zigaretten, Halluzinogene) übersäuern den Körper und führen zu Ablagerungen im Gewebe, weil die Leber den Körper nicht ausreichend entgiften kann. Dasselbe gilt für *Stress*, wie er in der heutigen Arbeitswelt üblich geworden ist; auch er übersäuert den Körper.

Um den Säure-Basen-Haushalt wieder ins Gleichgewicht zu bringen, empfiehlt sich daher eine Leberentgiftung. Dabei gibt es die verschiedensten Wege. Je nach körperlicher Befindlichkeit sollte ein Weg gesucht und gefunden werden, der optimale Ergebnisse bringt. Die Palette der möglichen Maßnahmen ist breit: Rohkostkuren, Mayrkuren, Ayurvedakuren, Azedosetherapien etc. In jedem Fall muss die Leber durch eine entsprechende Ernährung entlastet werden; doch mindestens ebenso wichtig ist es, einen geeigneten Weg zu finden (Öl, Kräuter, Darmreinigung etc.), wie die Säurekristalle aus dem Gewebe ausgelöst und dann ausgeleitet werden können.

Wer sich einer solchen Leberreinigung unterzieht und dies periodisch wiederholt, schafft für die Leber Bedingungen, in denen sie wieder ihre ureigene Arbeit verrichten kann, nämlich den Körper regelmäßig zu entgiften. Derartige Kuren lassen vielfach langjährige rheumatische Beschwerden deutlich zurückgehen, während sich das allgemeine Wohlbefinden spürbar erhöht.

Übung 2.3:
Yoga, Pranayama-Yoga, Alexanderarbeit

Wählen Sie sich eine Praxis der Körperarbeit, mit deren Hilfe sie den Körper vitalisieren und den Geist beruhigen können.

Nicht ohne Grund erfreut sich die Praxis des Yoga im Westen zunehmender Beliebtheit. Es ist eine von mehreren Methoden, wie die Meridiane und Nadis (die Energiebahnen im Körper) „geputzt“ werden können, so dass die Lebens- und Atemenergie wieder leichter fließen kann. So genannte Asanas, bestimmte Körperhaltungen des Yogas, beleben ganz bestimmte Körperpartien und Körperfunktionen, stimulieren z. B. die Nieren, die Leber oder die Milz, entlasten den Geist, indem sie den Geist im Körper zur Ruhe bringen. Eine regelmäßige Yoga-Praxis zu entwickeln, ist daher ein guter Weg, um Körper, Seele und Geist von Schlacken zu befreien.

Eine ganz besondere Bedeutung hat dabei das Pranayama-Yoga, also ein Yoga, das vor allem mit der Atmung und deren Steuerung, Kontrolle und Belebung zu tun hat. Es sollte nur unter fachkundiger Anleitung gelernt werden.[111]

Während Yoga aus dem indischen Kulturraum in den Westen gekommen ist, gibt es andere Techniken, die in unserem Kulturraum entstanden sind und die ähnliche Ergebnisse erzielen können: Dazu gehören zum Beispiel die Alexanderarbeit, die Feldenkraisarbeit oder die progressive Muskelentspannung.

Übung 2.4:
OM-Singen/Chanten

Der Körper ist ein Resonanzraum, der durch entsprechende Techniken neu ausgerichtet werden kann. Man kann sich diesen Vorgang verdeutlichen, indem man Sand auf ein Klangbecken streut. Wenn man das Becken mit dem Stock anschlägt, bildet der Sand ein neues Muster. Wenn wir den Sand mit den Händen in Unordnung bringen und erneut die Klangschale anschlagen, bilden die Sandkörner eine neue harmonische Ordnung.

Dieses Prinzip lässt sich auf den Körper anwenden, indem heilige Klänge, so genannte Mantren, gesungen werden, die den (Energie-)Körper reinigen und harmonisieren. Am bekanntesten ist das Singen des heiligen Urlautes OM (ausgedrückt als AUM), aus dem, wie es in den Veden heißt, das ganze Universum erschaffen wurde. Wenn morgens 21-mal das OM gesungen wird, wie dies an vielen spirituellen Orten geschieht, so werden auf diesem Weg Körper, Seele und Geist energetisch neu ausgerichtet.

111 Vgl. z. B. die Yoga Vidya Schule in Bad Meinberg und Bihar School of Yoga 2006.

Als Gedankenstütze gebe ich dem 21-maligen Singen des Lautes OM jeweils einen eigenen Fokus:

- 1-5: Reinigung der fünf Sinne: Auge, Ohren, Nase, Mund, Haut;
- 6-10: Reinigung der fünf Elemente im Körper: Erde (Wurzelchakra), Wasser; (Sakralchakra), Feuer (Solarplexuschakra), Luft (Herzchakra), Äther (Halschakra);
- 11-15: Reinigung der fünf Körperhüllen: Annamayakosha, Pranamayakosha, Manomayakosha, Vijnanamayakosha, Anandamayakosha[112];
- 16-20: Konzentration auf die fünf menschlichen Werte: Wahrheit, Rechtschaffenheit, Friede, Liebe, Gewaltlosigkeit;
- 21: Konzentration auf das Höchste, auf das Universale Selbst, Gott.

Übung 2.5: **Die Zunge beachten**

Die Kontrolle der Zunge gilt auf dem spirituellen Weg als eine der wichtigsten Übungen. Sie ist schwer und für die meisten ungewohnt. Machen Sie es sich daher zur Gewohnheit, auf den Gebrauch Ihrer Zunge zu achten. Dies hat einen doppelten Aspekt, einerseits geht es um die Essgewohnheiten. Andererseits geht es darum, was, warum und wie bzw. aus welcher Haltung Sie etwas sagen.

Achten Sie vor allem darauf, nicht schlecht über andere in deren Abwesenheit zu sprechen. Jede Ihrer Handlungen hat einen Effekt; das gilt auch für Sprechhandlungen. Über andere schlecht zu reden, wirkt indirekt auf die eigene Person zurück. Die Geschichten, die wir uns über uns selbst und über andere erzählen, werden zur Wirklichkeit, da wir durch das Erzählen mit dem Gesetz der Manifestation arbeiten.

112 Siehe S. 86.

Deswegen hilft die Regel, willentlich Gutes zu sehen, Gutes zu sprechen und gut zu handeln. Dies ist nicht zu verwechseln mit Gutheißen.

Übung 2.6:
Entrümpeln

Nehmen Sie sich ihr häusliches Umfeld vor und prüfen Sie, wo sich Gerümpel befindet. Gehen Sie eine Selbstverpflichtung ein, bis zu einem bestimmten Zeitpunkt bestimmte Teile zu entrümpeln. Spüren Sie genau hin, wann Sie bereit und offen sind, sich von Dingen zu trennen. Gehen Sie immer dann ans Entrümpeln, wenn Sie dazu Kraft und Motivation verspüren. Sie werden merken, dass es Ihnen dann leichter von der Hand geht. Öffnen Sie sich für die zusätzliche Energie, die ihnen zuwächst, wenn Sie Überflüssiges aus Ihrem Leben herausbefördern. Sie können dieses Prinzip auf Wohnung, Kleidung, Bücher, Garten, Arbeitsplatz etc. anwenden.

Übung 2.7:
„Good Company"

Bringen Sie Ihren Freunden und Freundinnen, den Menschen, die Ihnen nahestehen, alle Wertschätzung entgegen und Dank, dass sie Sie bis hierher auf Ihrem Lebensweg begleitet haben. Dies gilt auch für die schwierigen und konfliktreichen Beziehungen.

Prüfen Sie, ob diese Beziehungen schwierig sind, weil Ihnen in diesen Menschen Ihre eigenen Schattenseiten begegnen. Wenn dies der Fall ist, sind es gute Partner und Partnerinnen, mit deren Hilfe Sie lernen können.

Prüfen Sie dann, ob es in Ihrem Leben Menschen gibt, bei denen es Zeit ist, sie – aus einer Haltung der Wertschätzung, der Liebe und des Verzeihens – loszulassen. Dies kann z. B. der Fall sein, wenn Sie inzwischen andere Werte entwickelt haben und Sie mit Menschen in Resonanz treten möchten, denen diese Werte wichtig sind.

Bedenken Sie, dass es Ihnen nichts nützt, wenn Sie letztlich Ihren eigenen Schattenseiten ausweichen möchten. Bei jeder Trennung nehmen Sie Ihre Schattenseiten mit und laden ähnliche Konflikte wie bisher ein. Wenn es jedoch Zeit ist, sich von bislang nahestehenden Menschen zu entfernen und andere Menschen und Energien in Ihr Leben einzuladen, so tun Sie dies in vollem Gottvertrauen, dass Er/Sie auf diesem Weg führen wird.

3. Bewusstsein erweitern: Mentale Modelle erkennen und transformieren

> *„Unsere ‚mentalen Modelle' bestimmen nicht nur, wie wir die Welt interpretieren, sondern auch, wie wir handeln."*[113]

Die Macht unserer Gedanken! Mit ein wenig Aufmerksamkeit und Selbstbeobachtung können wir sie leicht erkennen: Ich sehe einen Menschen auf der anderen Straßenseite und denke, es ist ein Freund, den ich erwartet habe. Das Herz beginnt zu hüpfen; die Vorfreude auf das Wiedersehen wird größer. Ich gehe auf die andere Straßenseite; plötzlich merke ich, dass ich mich geirrt habe. Es ist eine mir völlig unbekannte Person. Die Stimmung sinkt; ich ärgere mich über meinen Irrtum. Ich bin frustriert.

So leicht kann ein Gedanke mein Gefühlsleben und sogar mein Verhalten beeinflussen. Meist sind wir uns der Macht der Gedanken nicht bewusst. Schlimmer noch: Wir vergessen, dass Gedanken und Gedankenverknüpfungen selbst gemacht sind. Die Verantwortung für die Gedanken, die ich denke, liegt letztlich bei mir.

Als Menschen sind wir darauf angewiesen, mentale Modelle zu entwickeln. Unter mentalen Modellen verstehe ich Wenn-dann-Verknüpfungen, die auf Erfahrungen beruhen und meist ins Unbewusste absinken. Mentale Modelle ordnen das Universum unserer Erfahrungen; sie schaffen Klarheit und vermitteln Sicherheit. Dieser Prozess beginnt spätestens mit unserer Geburt (wenn nicht gar früher) und aus psychologischen Forschungen weiß man, dass die wichtigsten Festlegungen bis etwa zum sechsten Lebensjahr geschehen. Sie prägen unsere Wahrnehmung von Welt, Glaubensvorstellungen und legen weitgehend fest, welche Erfahrungen wir einladen und welche uns leiten.

113 Senge 1997, 214

So unausweichlich dieser Prozess ist, so problematisch wird es für uns und andere, wenn wir aus unseren einmal erworbenen Gedankenkonzepten feststehende unverrückbare Glaubenssätze machen nach dem Motto, „so ist die Welt, sie kann gar nicht anders sein". Wir werden dann unfrei, unsere Wahrnehmung der Welt zu ändern und die Sicht anderer Menschen als bereichernd und wertvoll zu erleben. Peter Senge, der die Meisterung der mentalen Modelle als eine der fünf Disziplinen für Menschen in Lernenden Organisationen erkannt hat, schreibt daher:

> *„Ob mentale Modelle zu Problemen führen, hängt nicht davon ab, ob sie richtig oder falsch sind – alle Modelle sind per definitionem Vereinfachungen. Problematisch wird es, wenn die mentalen Modelle im Verborgenen operieren – wenn sie unterhalb der bewussten Wahrnehmungsschwelle liegen."*[114]

Besonders unangenehm sind mentale Modelle, die auf so genannte negative Core Beliefs zurückgehen. Es sind negative Selbstbilder, die wir in unserer Kindheit über uns selbst entwickelt haben. Aufgegriffen haben wir sie von Eltern, Freunden oder Verwandten. Ohne dass wir dies wissen, prägen sie unsere Vorstellung von uns selbst: Du bist dumm; du bist hässlich; du wirst im Leben nie Erfolg haben; du bist ein Schwächling; du bis schamlos; du bist eine Hure... Solche Glaubenssätze führen in der Psyche ihr Unwesen, weil sie wie machtvolle Prägestöcke für Selbstbild, Denken, Empfinden und Verhalten wirken – vielfach, ohne dass sich der von ihnen ausgehende unbewusste Bann lösen ließe.

Kontrolle der Sinne und Begrenzung der Wünsche

Doch Gedanken sind nicht nur die Folge unserer biographischen Prägungen. Das ewige Geschwätz im Kopf, das sich nicht abstellen lässt und insbesondere in Momenten der Ruhe mächtig ins Bewusstsein dringt, ist die Folge unserer Lebens- und Arbeitsgewohnheiten, unserer Ernährung und der – auch medialen – Umgebung, die wir

---

114 Senge 1997, 215

uns schaffen und aufbauen. Dabei wirken die Sinne, die nach Lust und Befriedigung lechzen, als ständiges Feuer, das unsere Wünsche antreibt und damit das Wechselbad von Gedanken und Gefühlen provoziert: Erwartungen, Hoffnungen und Frustrationen; Neid, Missgunst, Konkurrenz, Gier, Hass, Überheblichkeit; oder auch Freude, Hochstimmung, Überschwänglichkeit, Begeisterung ...

Ein ruhiger Geist ist ein starker Geist. Er ist wie ein See, in dem sich die Sonne/Gott spiegelt. Ein unruhiger Geist ist hingegen ein Geist mit Gedankenandrang, der den Menschen hin und her reißt zwischen Gefühlen der Hochstimmung und der Niedergeschlagenheit. Wer meditiert, weiß aus eigener Erfahrung, dass immer zwei Arten von Störenfrieden auftauchen, die verhindern, dass der Geist zur Ruhe kommt: unabgeschlossene Dinge (Situationen mit Menschen, beruflich, privat, gesellschaftlich) und unerfüllte Wünsche. Erst wenn diese beiden nicht mehr ins Bewusstsein vordringen können, herrscht „Ruhe im Tempel" und das Ich kann in das Selbst eintauchen. Deswegen lehren die Veden, dass die Sinne unter Kontrolle gebracht und die Wünsche begrenzt werden müssen[115]. Der Geist sei wie ein umherspringender Affe, unkontrollierbar, wenn er durch die Sinne und durch unsere Wünsche angetrieben wird. Erst wenn der Geist frei ist von Wünschen und damit von der Macht der Gedanken, kann sich Ausgeglichenheit im Gemüt herstellen. Wo das (denkende) Ich sich im (seienden) Selbst auflöst, geschieht „Moksha" oder Befreiung als höchste Stufe des spirituellen Weges.

Denken entscheidet über Bindung oder Befreiung

> *„Alle Erfahrungen von Freude und Schmerz haben in den Gedanken der Menschen ihren Ursprung."*[116]

Das Denken entscheidet deswegen über Befreiung oder Bindung, so lehren die Veden. Die Methoden, unser Denken zu verändern, sind äußerst vielfältig. Wer das eigene Denken verändern will, muss lernen, das eigene Denken zu beobachten. In der Beobachtung

115 Krystal 1995
116 Entdecke 1996, 505

gewinne ich Abstand, unterbreche den Automatismus eingefahrener Gedankenmuster und schaffe mir einen Raum, um mein Denken zu überprüfen und ggf. zu verändern.

Solchen Raum brauche ich z. B., wenn ich mich entscheide, in Zukunft Gutes sehen, hören und tun zu wollen („Do good, See good, Be good"). Wer die Welt als Ausdruck Gottes begreift, in der Er Seine Schöpfung zu Sich ziehen will, wird akzeptieren, dass das so genannte Schlechte sein Gutes hat, weil es Teil des göttlichen Planes ist. Wir können unseren Geist auf Gott auszurichten und die Erfahrungen, die wir machen, als Schritte des Lernens erkennen und würdigen.

Auch die Macht der Sinne, die den Geist herumspazieren lassen, lässt sich einschränken, indem wir die Sinne durch die richtige „Sinnennahrung" zähmen. Und nicht zuletzt können wir unsere Wünsche begrenzen, so dass wir aus dem Rad der Hoffnungen, Erwartungen, Enttäuschung und Beglückungen aussteigen.

> *„Gedanken entstehen in Übereinstimmung mit den Bindungen, die man entwickelt hat und hängen von den Ergebnissen ab, die man von seinen Handlungen erwartet."*[117]

Unser Leben muss deswegen nicht langweilig werden. Es heißt nur, dass sich die Bindung an unsere Sinne und Wünsche löst und dass wir erkennen, wie wir uns unsere Enttäuschungen und Hoffnungen selber kreieren. Im Sanskrit werden vier Funktionen des Geistes unterschieden: Manas, Buddhi, Ahamkara und Chitta.[118] Manas ist für Denken und Fühlen verantwortlich und fordert uns am meisten heraus. Nach vedischer Auffassung ist diese Geistesfunktion in der dritten Körperhülle beheimatet. Dieses Denken können wir auf die Immanenz oder auf die Transzendenz ausrichten, d. h. auf die Welt der Formen und Namen oder auf die geistigen Welten. Geschieht Letzteres, so gewinnen wir Zugang zur Höheren Intelligenz, die die Kraft der Unterscheidung hat – und zur Intuition. Und genau dieses brauchen wir:

---

117 Entdecke 1996, 5f.
118 Vgl. Mettler-v.Meibom 2006, 123.

„Der Geist (mind) ist nichts als ein Bündel Gedanken, ein Konglomerat von Wünschen und Verlangen. Sobald ein Gedanke, Verlangen oder Wunsch auftaucht, muss die Höhere Intelligenz Wert oder Berechtigung überprüfen – ist die Regung gut oder schlecht? Wird sie helfen oder schaden? Wohin, zu welchem Ende wird sie führen?

Wenn man sich dieser Prüfung nicht unterzieht, liefert man sich dem Unglück aus. Wenn man dagegen der besseren Einsicht folgt, kann man den richtigen Weg finden."[119]

Die niedere Funktion des Geistes (mind) ist eine Funktion des bewussten Ich. Sie löst sich – wie vor allem Ramana Maharshi lehrt – auf, wenn wir den Vorgang des Denkens mit Hilfe der Höheren Intelligenz, des Zeugenbewusstseins (Buddhi) wahrnehmen[120].

„Buddhi ist ein friedvoller, ausgeglichener Zustand des Intellekts, der durchdrungen ist von Vertrauen und Hingabe sowie Entschlossenheit und Beharrlichkeit. Buddhi ist jene vom Wissen um die göttliche Urordnung, von Wahrheit, von der Herrschaft über die Sinne und dem kosmischen Urprinzip erfüllte Intelligenz. Sie besitzt nicht nur die Kraft der Besonnenheit und des Unterscheidungsvermögens, sondern auch die Kraft der tieferen Einsicht, der Erforschung und der unvoreingenommenen Urteilsfindung."[121]

Buddhi, die Entwicklung der Höheren Intelligenz, ist eine Voraussetzung dafür, nicht nur innerlich zur Ruhe zu kommen, sondern auch zu werden, was ich von Anbeginn an BIN: SEIN – BEWUSST-SEIN – GLÜCKSELIGKEIT.

---

119 Entdecke 1996, 419
120 Ramana Maharshi 2006, insb. 84 ff
121 Entdecke 1996, 35

Übungen

Übung 3.1:
Erkennen von mentalen Modellen

Die Beobachtung des eigenen Denkens und der eigenen mentalen Modelle ist die wichtigste Voraussetzung, um auf dem Weg des Spirituellen Selbstmanagements voranzukommen. Wie erkenne ich meine eigenen mentalen Modelle oder die von anderen? Nach Senge und Agyris geht dies durch[122]:

- „das Erkennen von ‚Abstraktionssprüngen' (dass man bemerkt, wenn man seine Beobachtungen verallgemeinert),
- das Offenlegen der so genannten ‚linken Spalte' (dass man ausspricht, was man normalerweise verschweigt),
- das Gleichgewicht von Erkunden und Plädieren (Fertigkeiten für eine ehrliche Untersuchung),
- das Erkennen der Unterschiede zwischen den verlautbarten Theorien (das, was man sagt) und den praktizierten Theorien (die dem Handeln innewohnende Theorie)".

Übung (nach Agyris): Erzählen Sie einen Konflikt mit einem Kunden, Kollegen oder Familienmitglied. Erzählen Sie nicht nur, was Sie dabei gesagt haben, sondern auch, was Sie dabei nicht gesagt haben[123]. In diesen nicht gemachten Aussagen können Sie Ihre eigenen mentalen Modelle, Ihre inneren Glaubenssätze, die sich in Erwartungen verdichten, erkennen. Die Nichterfüllung dieser Erwartungen ruft den wechselseitigen Konflikt hervor.

122 Senge 1997, 227
123 Senge 1997, 223

Übung 3.2: **„The Work"**

Auch die Arbeit von Byron Katie[124], einer erleuchteten Meisterin, die ihr Konzept von The Work weltweit unterrichtet, lehrt uns, dass alles, was wir denken und glauben, nur mentale Modelle sind, die in letzter Konsequenz nicht der Wahrheit standhalten. Durch die schlichten Fragen – *Ist das wahr? Ist das wirklich wahr? Kannst du mit absoluter Sicherheit sagen, dass es wirklich wahr ist?* – stößt sie Menschen auf die eigenen Glaubenssätze und hilft ihnen, andere Glaubenssätze zu entwickeln, die für sie und ihr Leben förderlicher sind. Die vier zentralen Fragen, mit denen sie arbeitet, sind:

1. Ist das wahr?
2. Kann ich wirklich wissen, dass das wahr ist?
3. Wie reagiere ich, wenn ich an dieser Überzeugung festhalte?
4. Wer wäre ich, wie ginge es mir ohne diese Überzeugung?

Danach wird man aufgefordert, den Glaubenssatz umzukehren und damit in seiner Bedeutung zu verwandeln, z. B. indem das Subjekt und Objekt verändert werden, indem eine Negation in eine Bejahung umformuliert wird. Mit dieser einfachen Methode laden wir neue Gedankenmodelle ein. Allmählich können sich so Glaubenssätze herauskristallisieren, die dem Leben dienen und die Verständigung und Kooperation erleichtern.

An einen typischen Glaubenssatz im Büroalltag lässt sich dies demonstrieren: *Mein Kollege gibt mir die Unterlage nicht, weil er mich hinters Licht führen will.* Umdrehung: Ich gebe meinem Kollegen die Unterlagen nicht, weil ich ihn hinters Licht führen will (hier nehme ich eine Projektion zurück). Oder: Mein Kollege gibt mir die Unterlagen nicht, aber er tut dies ohne jede böse Absicht (hier öffne ich mich und suche Verständigung).

124 Vgl. Boerner 1999.

Übung 3.3:
Brillenübung

Bei dieser Paar- oder Gruppenübung, die auf Christopher Greatorex zurückgeht, entwickeln wir ein Bewusstsein dafür, dass unsere Wahrnehmungen von unseren Vorstellungen abhängen und wie wir diese steuern können. Hier ist es eine Gruppenübung, die angeleitet wird:

Wählen Sie einen Partner / eine Partnerin, die Sie nicht gut kennen. Setzen Sie sich einander gegenüber und sehen Sie sich in die Augen. Ich biete Ihnen jetzt vier Brillen an. Ziehen Sie bitte jeweils eine Brille auf und lassen Sie sich, ohne dabei zu reden, auf die Erfahrung dieser speziellen Brille ein. Spüren Sie genau, wie Ihr Körper reagiert, welche Gefühle, Bilder und Gedanken bei der jeweiligen Brille aufsteigen!

1. Ihr Gegenüber ist ein Mensch, der Ihnen freundlich gesonnen ist (3 Minuten). Legen Sie die Brille zur Seite und bedanken Sie sich wechselseitig.

2. Ihr Gegenüber ist ein Mensch, von dem Sie viel lernen können (3 Minuten). Legen Sie die Brille zur Seite und bedanken Sie sich wechselseitig.

3. Ihr Gegenüber ist ein Mensch, von dem Sie genau wissen, dass er Ihnen nur Probleme bereitet (3 Minuten). Legen Sie die Brille zur Seite und bedanken Sie sich wechselseitig.

4. Ihr Gegenüber ist ein Kind Gottes wie Sie auch (3 Minuten). Legen Sie die Brille zur Seite und bedanken Sie sich wechselseitig.

Tauschen Sie sich nun über Ihre Erfahrungen aus, auch darüber, welche Körperreaktionen, Gefühle, Bilder und Gedanken auftraten.

Übung 3.4: **Negative Glaubenssätze entdecken, transformieren und loslassen**

Negative Glaubenssätze über uns selbst steuern unser Verhalten und engen unsere Möglichkeiten drastisch ein. Daher ist es wichtig, negative Glaubenssätze zu erkennen und zu transformieren. Die Übungssequenz in der folgenden Form geht im Wesentlichen auf Kristina Brode zurück.

Nehmen Sie sich einen Raum der ungestörten Konzentration. Lassen Sie nun in Ihrer Erinnerung einen wichtigen Glaubenssatz über sich aufsteigen. Oft sind diese Glaubenssätze/Botschaften von eng vertrauten Menschen, Vater, Mutter, Geschwistern. Diese Sätze müssen nie so gesagt worden sein. Gleichwohl sind Sie bei Ihnen „angekommen“. Prüfen Sie, ob es sich um eine belastende oder eine stützende Kernaussage über Sie als Mensch handelt.

Sofern es eine negative Aussage ist, schreiben Sie diese jetzt auf ein Blatt Papier, das Sie später verbrennen, und prüfen Sie, wie diese in Ihrem Leben gewirkt hat. Machen Sie sich eine Liste der Wirkungen.

- *Was war der positive Ertrag?*
- *Was waren die Kosten?*

Bejahen Sie nun beides mit Ihrem Herzen als wichtige Lernerfahrung. Spüren Sie, wo der Satz in ihrem Körper verankert ist und lösen Sie ihn in ihrer Vorstellung vorsichtig heraus.

Schließen Sie nun die Augen und schicken Sie dorthin heilendes Licht.

Stellen Sie sich nun vor, dass Sie ein feinmaschiges Netz unter Ihren Füßen haben, das Sie behutsam und vorsichtig durch den ganzen Körper ziehen. In ihm bleiben alle noch verbliebenen Schlacken und Schmerzen hängen, die auf diesen belastenden Kernsatz zurückgehen. Sie ziehen in Ihrer Vorstellung dieses Netz vorsichtig durch Ihren Körper, ohne dass Ihnen dabei Leid zugefugt wird.

Wenn Sie damit fertig sind, verbrennen Sie in Ihrer Vorstellung das Netz samt Inhalt und vergessen Sie auf keinen Fall, strahlendes weißes Licht in die Körperzonen zu schicken, die vorher belastet waren.

Kommen Sie dann vorsichtig in Ihrem Tempo wieder mit dem Bewusstsein in den Raum zurück.

Nachdem Sie den Zettel verbrannt haben, nehmen Sie sich nun eine Zeit ungestörter Ruhe, wenn möglich an der frischen Luft.

Übung 3.5: **Refraiming – Neu Erzählen**

Die Geschichten, die wir uns über uns selbst erzählen, werden Wirklichkeit. Dieser Grundsatz der wertschätzenden Befragung verdeutlicht, welche Verantwortung wir für unsere eigene Existenz tragen. Wir schaffen uns unsere Existenz fortlaufend selber. Die Brille, die wir auf der Nase haben, prägt nicht nur unsere Sichtweise, sondern schafft auch Realitäten in der Welt der Namen und Formen. Deswegen ist es so wichtig, sich selbst zuzuhören und sich bewusst zu machen, welche Geschichten man/frau über sich erzählt. Sind es Geschichten der Wertschätzung oder der Entwertung von sich und anderen? Sind es Geschichten des Mangels oder der Fülle? Sind es Geschichten voller Bitterkeit oder voller Dankbarkeit? Sind es Geschichten der Verzweiflung oder der Hoffnung?

Wenn Sie sich wieder einmal dabei ertappen, dass Sie eine Geschichte erzählen, in der sie sich und/oder andere entwerten, dann machen Sie folgende Übung:

Erzählen Sie sich die Geschichte neu. Dabei sollten Sie nichts an den Fakten ändern. Doch ändern Sie die Bewertungen und die Einordnung der Fakten. Erzählen Sie sie als eine Geschichte der sie bereichernden Erfahrung, in der das Leben Sie etwas lehrt und wofür Sie dankbar sind. Tun Sie dies mit Offenheit und Freude und spüren Sie, wie Ihre Wahrnehmung sich verändert.

Übung 3.6:
Wertschätzung üben oder das Gute im Schlechten finden

Wenn Herz und Verstand im Widerstreit sind, beeinträchtigt dies unser Wohlbefinden auf allen Ebenen, körperlich, seelisch und geistig. Die so genannte Herzkohärenz stellt sich dann nicht ein, die für unsere Gesundheit von zentraler Bedeutung ist[125].

Wenn wir eine Situation als misslich empfinden, tun wir uns daher selbst etwas Gutes an, wenn wir mit dem Herzen *akzeptieren, was ist*. Dies ist eine Haltung der Wertschätzung, die sich aus dem Wissen speist, dass letztlich alles, was uns im Leben begegnet, zu unserem Besten ist. Gott, die umfassende Liebeskraft, hat es uns gegeben, damit wir in Kontakt mit unserem Selbst treten.

Nehmen Sie eine Erfahrung in Ihrem Leben, die Sie immer noch belastet. Ändern Sie nichts an den Eckpfeilern dieser Erfahrung, aber suchen Sie nach drei Gründen, warum – ohne dass sich an den Fakten irgendetwas ändert – diese spezielle Erfahrung gut für Sie ist.

Spüren Sie nach, wie es Ihnen nun geht.

Übung 3.7:
Innere Synthese suchen oder Teilpersönlichkeiten in einen Dialog bringen

Die folgende Übung wird normaler Weise mit Unterstützung gemacht. Doch sie lässt sich auch mit gewissem Erfolg alleine praktizieren.

Nehmen Sie eine Situation, in der sie einander widerstreitende Gedanken und Gefühle haben. Stellen Sie sich nun vor, dies seien zwei (Teil-)Persönlichkeiten, die miteinander ins Gespräch kommen sollen. Platzieren Sie nun zwei Stühle in einem guten Abstand

125 Childre/Martin 1998

zueinander. Jeder der Stühle ist für jeweils eine (Teil-)Persönlichkeit vorgesehen. Auf jedem Stuhl spüren Sie sich jeweils gut in die entsprechende (Teil-)Persönlichkeit ein und reden und handeln Sie aus den Impulsen, die Sie auf dem jeweiligen Stuhl erhalten. Seien Sie diese (Teil-)Persönlichkeiten, frei von Bewertungen und Selbstzensur. Je offener Sie sich auf die unterschiedlichen Energien der beiden (Teil-)Persönlichkeiten einlassen, desto mehr können Sie über Ihre innere Dynamik in Erfahrung bringen.

Beginnen Sie nun das Gespräch aus der einen Position; wechseln Sie sodann auf den anderen Stuhl und (re)agieren Sie dann aus der anderen Position.

Führen Sie dies so lange fort, bis die beiden (Teil-)Persönlichkeiten zu Verständigung und Kooperation kommen, indem Sie eine gemeinsame Sicht höherer Ordnung entwickeln.

Wenn Ihnen dies schwerfällt, nehmen Sie zwischendurch eine dritte Position stehend ein, die zwischen den beiden Stühlen ist. Es ist die Zeugenhaltung (Buddhi), aus der heraus Sie die beiden Gedanken- und Gefühlskontrahenten beobachten können. Tun Sie dies in einer wohlwollenden, nicht bewertenden Haltung. Versuchen Sie zu verstehen, was die beiden Persönlichkeitsanteile blockiert und wie die Blockade gelöst werden kann.

Nehmen Sie dann wieder die jeweiligen Positionen auf den Stühlen ein und sehen Sie, ob Sie nun zu einer wechselseitigen Verständigung kommen können, die einen Ausweg aus der gedanklichen, gefühlsmäßigen und energetischen Blockade eröffnet.

Übung 3.8:
Zeugenperspektive einnehmen und Disidentifikation

Die Disidentifikationsübung nach Roberto Assagioli ist bei allen Arten von belastenden Situationen hilfreich[126]. Eine abgekürzte Variante, um rasch die Zeugenperspektive einzunehmen und eine Disidentifikation mit einem belastenden Gedanken oder Gefühl einzuleiten, geht wie folgt:

---

126 siehe Seite 132

Lassen Sie dort, wo Sie gerade sitzen, das belastende Gefühl oder den belastenden Gedanken intensiv lebendig werden und in Ihr Bewusstsein treten. Stehen Sie dann auf und stellen Sie sich hinter den Stuhl, auf dem Sie vorher gesessen haben und nehmen Sie eine wohlwollende Beobachterrolle ein. Spüren Sie in dieser Zeugenhaltung, dass Sie nicht das Gefühl oder der Gedanke sind.

Nehmen Sie dieses Bewusstsein mit in die Alltagssituation.

Übung 3.9:
Sinne, Gedanken und Gefühle kontrollieren; Wünsche begrenzen

Wer den schwierigen, jedoch nachhaltigen Weg gehen will, Gedanken an der Wurzel zu kappen, kann sich dem auf verschiedenen Wegen nähern:

- Die Sinne so kontrollieren, dass Wünsche, noch bevor sie richtig lebendig geworden sind, mental gestoppt werden, damit sie keine Macht über das Bewusstsein gewinnen können;
- Geld und Energie, welche durch die Begrenzung der Wünsche frei werden, für gemeinwohlorientierte Zwecke (z. B. Hilfe von Bedürftigen) einsetzen;
- Gedanken und Gefühle, die sich und andere entwerten, bereits im Moment der Entstehung unterbinden;
- Den eigenen Willen dafür einsetzen, Gutes zu sehen, Gutes zu hören, Gutes zu denken, Gutes zu tun;
- Selbsterforschung betreiben, indem beobachtet wird, wer das Ich ist, das Gedanken und Gefühle entwickelt: Ist es das bewusste Selbst oder Ich oder stammt es aus der Höchsten Quelle? Wer sich diese Frage stellt, wird erleben, dass sich – zumindest in diesem Moment – das bewusste Ich als nichtexistent erweist und damit auch die Grundlage der Gedanken und Gefühle hinfällig wird.

4. Orientierung finden: Intuition und die Innere Führung annehmen

Den eigenen Willen dem Willen Gottes zu unterwerfen, Ihn auszudrücken, im SAT – CHIT – ANANDA (Sein – Bewusstsein – Glückseligkeit), in der Fülle des Nichts anzukommen – das ist das Ziel des spirituellen Weges. Doch wie kann Gottes Wille erkannt, wie kann Gottesbewusstsein entwickelt werden? Wie kann ich lernen, das innere Geschwätz vom Höchsten Wissen/Bewusstsein zu unterscheiden? Das Problem, vor das wir uns hier gestellt sehen, wird gerne verglichen mit dem Drehen an einem Radioknopf. So wie bei einem Radiosender das Programm nur dann klar zu hören ist, wenn der Sender genau angesteuert ist, so geht es darum, die Wahrnehmungssinne so auf das innewohnende Göttliche auszurichten, dass die Impulse des Herzens wahrgenommen werden.

„Stille ist Gott" oder auch *„Gott ist Stille"* – solche Formulierungen weisen darauf hin, dass Gottes Stimme sicherlich nicht im Getümmel zu hören ist, weder im inneren Getümmel noch im äußeren. Innen hindert das Gedankengeschwätz; außen belagern und belegen alle Arten von Reizen die Sinne derart, dass ein Horchen nach innen unmöglich ist. Offenheit für die innere Führung und geistig-seelische Klarheit können sich also erst dann einstellen, wenn wir uns geistig-seelisch vom Überflüssigen befreien. Hier begegnen wir erneut dem Weg der Reinigung, des Loslassens und der Transformation

Gewissen

Unser Feld auf diesem Weg ist der Alltag, die Auseinandersetzung mit der Welt – in Beruf, Familie, Beziehung, Nachbarschaft, in Aktivitäten aller Art. In solchen alltäglichen Beschäftigungen die Stimme Gottes zu ahnen, zu spüren oder zu vernehmen, erfordert ein Hinhorchen nach innen. Gott spricht zu uns durch das Gewissen, durch die feine, nur allzu gerne von uns nicht wahrgenommene

Irritation, die sich im Gemüt zeigt, wenn wir von dem Weg abweichen wollen, den uns unsere Herzintelligenz als „richtig" weist. Wenn wir lügen, stehlen, betrügen, neidisch sind, übel nachreden, in Angst und Furcht verharren, andere entwerten, uns selbst schlecht machen, dann gibt es unweigerlich im Inneren einen feinen, leisen Hinweis darauf, dass wir im Begriff sind, vom Weg der Liebe, der Gott ist, abzuweichen.

Auf die eigene Gewissensstimme zu hören, ist unbequem. Es bringt die Konzepte durcheinander, die unser bewusstes Selbst sich von sich und anderen gemacht hat. Der Versuch, die eigene Sicherheit und das eigene Wohlergehen zu garantieren, verführt zu Verhaltensweisen, die vor dem Gewissen nicht standhalten. Der Umgang mit Geld, der Umgang mit Nahrung, insbesondere tierischer, der Umgang mit Mein und Dein, mit Macht und Ohnmacht – sie alle zeigen, wie es um die eigene Liebeskraft steht. Mit der Gewissensinstanz in diesen Spiegel zu schauen, ist keineswegs angenehm. Also schauen wir lieber weg, machen weiter wie bisher und überhören die feine innere Stimme, die zum Weg der Liebe und Einheit mahnt.

Die Macht des Gewissens verweist den Menschen auf etwas, was man auch als göttliche Urordnung bezeichnet. Im Hinduismus und Buddhismus steht hierfür der Begriff des Dharma. Ihm muss der Mensch folgen, wenn es ihm und der Gesellschaft wohlergehen soll. Das Gewissen verweist auf das Dharma, auf die göttliche Urordnung. Solche Gewissensinstanz ist nicht zu verwechseln mit dem Freud'schen Über-Ich. Im Über-Ich finden wir die Vorstellungen und Introjekte, die wir von Eltern und über unsere Kultur aufgenommen haben. Im Dharma geht es hingegen um die gottgewollte Urordnung, die das friedliche Zusammenleben von Menschen sichert und die Höherentwicklung des Menschen hin zum Gottesbewusstsein fördert. Im Christentum begegnen wir dem „Dharma" z.B. in den Zehn Geboten. Obgleich einer Religion zugehörig, vertreten die Zehn Gebote – religions- und kulturübergreifend – Vorstellungen davon, was „gottgefällig" ist und was ein friedliches Zusammenleben von Menschen fördert. Solche Gebote basieren auf Grunderfahrungen menschlichen Zusammenlebens, die plausibel und erprobt sind: Du sollst nicht töten, du sollst nicht lügen, du sollst deinen Vater und deine Mutter ehren, wie dich selbst, du sollst nicht ehebrechen, du sollst nicht stehlen, du sollst dir keine Götter machen neben Mir; liebe deinen Nächsten wie dich selbst; du sollst den Gast ehren ...

Wo immer wir gegen dieses intuitive Menschheitswissen verstoßen, meldet sich die innere Stimme und mahnt uns auf den rechten Weg. Mit der spirituellen Öffnung wird diese Stimme klarer und deutlicher. Sie macht sich im Bewusstsein immer stärker bemerkbar – eine Tatsache, die alle spirituellen Traditionen lehren[127]. In modernen Zeiten zeigen uns mutige und bemerkenswerte Menschen wie eine Eileen Caddy oder ein Neil Donald Walsch[128], dass es durchaus möglich ist, die innere Stimme als die Stimme Gottes in einem Menschen nicht nur als Gedankenschwingung, sondern auch als innerlich gesprochenes Wort zu hören, ohne dass man dahinter irgendeine Art von geistiger Krankheit vermuten müsste. Es ist eine Stimme der Liebe, die den Menschen auffordert, menschliche Werte und Tugenden zu entwickeln, sich und andere zu lieben, Gewaltlosigkeit zu üben, im Frieden mit der Natur zu leben, keinen Unterschied zwischen Mein und Dein zu machen und die Güter, die uns gegeben sind, zu teilen, insbesondere mit denen, die in Not sind.

Das ist unbequem, irritierend, steht dem Eigeninteresse und dem Egoismus im Wege. So wundert es nicht, dass die Innere Stimme nicht gehört wird und unser Denken alle Arten von Vorstellungen, Konzepten, Strategien entwickelt, um die Innere Stimme mit lautem Getöse zu überdecken. Es entsteht ein ständiger Konflikt zwischen dem, was das Herz eigentlich verlangt, und dem, was ich – aus dem Gefühl der Furcht, des Mangels, der Unsicherheit – meine tun zu können. Die Folge: Entweder ich versuche, das Gewissen zum Schweigen zu bringen, oder ich befinde mich in einem ständigen inneren Konflikt oder ich gebe mich dieser Inneren Führung hin und folge ihr.

127 Vgl. dazu die entsprechenden Bibeltexte, die meist beginnen mit: „Und Gott sprach zu ihm ...“; vgl. auch Aditya 2000, S. 1ff. im Kapitel über Stille und Innere Stimme.

128 Caddy 2004 und Walsch 2006

Intuition

„Join every second with Me; the rest is waste of time."

„Verbinde dich jeden Moment mit Mir; der Rest ist Zeitverschwendung." [129]

Gott ist für uns Menschen letztlich völlig unberechenbar, unvorhersehbar, undurchschaubar, unerklärbar. Konzepte von dem, was richtig und falsch ist, also Moralkonzepte, mögen sie noch so sehr durch das Gewissen vermittelt sein, sind letztlich Ausdruck unserer Gedanken und Vorstellungen. Doch das Formlose, Allumfassende entzieht sich solchen Vorstellungen. Gott ist jenseits der Dualität, jenseits von Gut und Schlecht, Richtig und Falsch. Alles Bewerten gehört in die Welt von Name und Form und führt, wenn es absolut genommen wird, zu Dogmen, die mit der bedingungslosen Liebeskraft Gottes unvereinbar sind.

Um zu dieser Liebeskraft Zugang zu gewinnen, brauchen wir daher das, was man auch Höhere Intelligenz, Buddhi nennt, eine Zeugenperspektive, jenseits von Richtig und Falsch, die uns eine Ahnung des SEINS vermittelt, frei von unseren Konzepten, Ideen, Annahmen.

Wenn die Intuition spricht – egal, ob in den kleinen Situationen des Alltags oder in zutiefst aufwühlenden Momenten –, dann stellt sich unvermittelt eine Gewissheit ein, die weder Hinterfragen noch Zweifel duldet. Intuition ist emotionslos. Sofern die Intuition Weisungen für den Alltag gibt, denen wir folgen, stellt sich darüber hinaus unweigerlich ein Gefühl der inneren Stimmigkeit her. Handlungen, zu denen die Intuition auffordert, mögen fremd und die Folgen mögen unbequem sein – egal: Die Intuition erweist sich als ein Wissen höherer Ordnung, das auch durch bohrende Nachfragen aus dem Umfeld nicht erschüttert werden kann. Leben aus der Intuition macht das Leben einfach, leicht, flüssig. Es verweist das Denken auf den zweiten Platz, dorthin, wo es bei der Umsetzung des intuitiven Wissens gebraucht wird. Doch es räumt

129 Sathya Sai Baba: Damit gemeint ist die Verbindung mit dem innewohnenden Göttlichen.

dem Denken keine Weisungskompetenz für das eigene Fühlen und Handeln ein.

Die Intuition öffnet sich auf dem spirituellen Weg durch Reinigung auf allen Ebenen und durch Ausrichtung des Denkens auf Gott. Blockiert wird sie vor allem, wenn sich der Mensch im Denken verfängt (Manas). Das Denken, das sich aus dem Ich speist, blockiert dann die *Höhere* Intelligenz, die sich aus dem SEIN speist. Wer sich die Welt denkend erschließen und erklären will, ist in der Gefahr, sie in Übereinstimmung mit den eigenen Wünschen und Vorstellungen kontrollieren und steuern zu wollen. Die Höhere Intelligenz hingegen weiß um die Unerklärbarkeit der Welt und um die Unmöglichkeit, sie zu steuern. Sie stimmt sich auf ein Wissen ein, das das individuelle Wissen übersteigt. Sie öffnet sich für das Universale Bewusstsein, für den Schöpfergeist selbst, für die universale Liebeskraft, die wir Gott nennen. Wo sich solche Öffnung vollzieht, wird der Mensch frei zum „Liebe und tue was du willst" (Augustinus). Wer zum Ausdruck der göttlichen Liebeskraft geworden ist, transzendiert Moral und Bewertungen und hat Teil an der Freiheit Gottes.

Allerdings birgt der Gebrauch der Intuition auch eine Gefahr. Menschen, deren Intuition sich geöffnet hat, die damit einen Zugang zur Höheren Intelligenz gewonnen haben, können in ihrer Persönlichkeitsentwicklung zurückfallen. Der Weg geht nicht immer nur in Richtung Liebesenergie. Er kann sich auch umkehren. Das Herz kann sich wieder verschließen, Angst und Furcht können die Überhand gewinnen und das bewusste Ich kann nach Wegen suchen, wie die Kontrolle über das Leben – vermeintlich – (zurück)gewonnen werden kann. Mit anderen Worten, das Ich mit seinen Ego-Konzepten übernimmt wieder die Führung. Der Zugang zur Intuition muss dabei nicht gleich verschlossen sein. Doch nun wird die Intuition aus einer Haltung heraus „angezapft", die der Verwirklichung von Ego-Konzepten dient und nicht der Verbindung mit dem Universalen Bewusstsein.

Sehr deutlich wird diese Entwicklung in Hermann Hesses berühmter Erzählung Siddharta[130]. Siddharta, ein Mönch auf der Suche

130 Hesse 1974

nach seiner Buddhanatur, beschließt eines Tages, das Leben des Einsiedlers aufzugeben. An der Seite einer schönen Frau stürzt er sich in das Abenteuer des weltlichen Lebens und setzt seine gesamten Fähigkeiten dafür ein, ein äußerst erfolgreicher Geschäftsmann zu werden. Dabei sind auch Finten und Tricks für ihn kein Tabu mehr. Der Kontakt zu seiner Inneren Führung wird immer schwächer, so lange, bis er – bevor er sich selbst völlig aufgibt – eines Tages das Ruder mit genauso großer Entschiedenheit wieder herumreißt: Um seine Seele zu retten, bricht er mit einem mondänen Leben, welches ihn seiner Seele entfremdet, und kehrt in die Einsamkeit zurück. Der Kontakt zu seinem Herzen und – so ließe sich jetzt hier sagen – zu seiner Höheren Intelligenz ist wiederhergestellt.

Was können wir tun, um die Intuition zu schulen? So wie es Techniken auf der Ebene der ersten, zweiten und dritten Körperhülle gibt, so gibt es auch Techniken auf der Ebene der vierten Körperhülle, in der nach den Lehren der Veden der Sitz der Intuition (Buddhi, Höhere Intelligenz) ist. Gebet, Meditation und Kontemplation helfen, den Geist auf das Göttliche auszurichten. Wenn das Göttliche zu mir sprechen soll, muss ich die inneren Werkzeuge des Hörens entwickeln durch Stille, Rezitieren heiliger Laute (Mantren und Namen Gottes) sowie durch regelmäßige Meditations- und/ oder Kontemplationspraxen. Meine Intuition wird auch gestärkt, wenn ich wach wahrnehme, was um mich und mit mir geschieht, und darauf horche, welche innere Resonanz sich darauf einstellt: Ist es ein Gefühl der Stimmigkeit oder trennt es mich von mir selbst, genauer von meinem SELBST?

Sein – Bewusstsein – Glückseligkeit

Jenseits der Intuition beginnt der Raum der Gnade, ein Zustand des Bewusstseins, der – je nach kultureller Tradition – Samadi, Sartori, Moksha, Erleuchtung genannt wird. Wie alle Weisen lehren, ist er vom Menschen nicht machbar, kontrollierbar. Ja bereits der Wunsch danach steht dem im Wege, denn jeder Wunsch entspringt dem bewussten Selbst und nicht dem wirklichen oder wie es in der Psychosynthese heißt dem Transpersonalen Selbst, das eins ist mit dem Universalen Bewusstsein. Wenn der Mind, die Denkfunktion des Geistes, schweigt und das Ich sich im SELBST auflöst, im ICH BIN, wenn alles, was existiert, als Ausdruck Gottes, als SAT – CHIT – ANANDA, als Sein – Bewusstsein – Glückseligkeit erfahren wird, dann ist der Tropfen in den Ozean zurückgefallen, dann hat sich das individuelle Bewusstsein im Universalen Bewusstsein aufgelöst.

Richard Stiegler hat dem Weg dorthin den Namen „Kein Pfad" gegeben und begreift ihn als ein „Zurücktreten" von Identifikationen, die unsere wahre Natur verdecken[131]:

- vom Gefühl, nicht richtig zu sein,
- von Wertvorstellungen, Selbstbildern und Idealen,
- von Vorlieben und Abneigungen,
- von Konzepten und der Vorstellung zu verstehen,
- von der Identifikation mit unseren Sinneserfahrungen,
- von der Vorstellung, dass die Welt unabhängig von unseren Wahrnehmungen existiert,
- von der Vorstellung, individuelle abtrennbare Wesenheiten zu sein,
- von der Vorstellung von Zeit als einer unabhängigen Dimension; Lebensgeschichte und Körper,
- von dem Wunsch, aus der Stille heraus die Welt und Objekte auszugrenzen.

Wenn alle diese Identifikationen fallen, zurücktreten, bleibt die Stille, absolutes SEIN, ein Bewusstsein, das sogar noch jenseits des feinstofflichen Körpers und des Kausalkörpers liegt und nach den Veden aus dem Universalen Bewusstsein (Atman) gespeist wird.

„Ich bin ein Tropfen im Ozean der Liebe."[132]

Wo das Denken aufhört und der Mensch sich nicht mehr als Handelnder erlebt, erwacht er zum Gottesbewusstsein, zu dem Wissen, dass er Nichts und Alles zugleich ist: Nichts von dem, was er

131 Stiegler 2005, insbes. 205 ff.
132 Herkunft unbekannt

meinte zu sein, und Alles, nämlich eine Verkörperung Universalen Bewusstseins.

> *„Spirituelle Selbst-Verwirklichung in diesem spezifischen, klar umrissenen Sinn bedeutet eine kurzzeitige, nur mehr oder weniger andauernde Identifikation oder Verschmelzung des Ich-Bewusstseins mit dem Spirituellen Selbst. In diesen Fällen sind alle Bewusstseinsinhalte verschwunden, ebenso alles, was die Persönlichkeit darstellt ... es gibt dann nur die reine, intensive Erfahrung des Selbst."*[133]

„Ich bin im Licht, das Licht ist in mir, ich bin das Licht." Dieser Dreisatz verdeutlicht die Stufen der Höherentwicklung des Bewusstseins. Erst auf der dritten Ebene bin ich mir bewusst, dass Gott und Mensch eins sind, dass es daneben kein Zweites gibt. Ein Mensch, der dieses Wissen so verinnerlicht hat, dass es sein Denken, Fühlen und Handeln bestimmt, hat „Erleuchtung" erfahren. Er ist das Licht selbst, jenseits von Name und Form. Er erfährt sich als das Wahre SELBST, bloßes SEIN. Wir anderen auf dem Weg, denen diese Erfahrung noch fehlt, können ahnen, wenn wir die Lebensgeschichten großer Heiliger lesen, wohin unser Sehnen uns führen kann und soll: Das Höhere Selbst, die Kraft reiner, alles verbindender Liebe soll mehr und mehr unser Bewusstsein durchdringen.

Ramana Maharshi, der Weise vom Berg Arunachala, hat seine Schüler immer wieder mit simplen Fragen auf die Existenz dieses Wahren Selbst verwiesen[134]: Wer ist es, der denkt, wenn ich im Tiefschlaf bin und mein Bewusstsein völlig ausgeschaltet ist? Bin ich dann nicht mehr existent oder gibt es etwas in mir, was jenseits meiner Gedanken, Gefühle, ja sogar meiner Träume existiert, ein unveränderbares, unwandelbares Zentrum meines Seins? Das Wissen um die Existenz dieses Zentrums kann nur aus der Erfahrung resultieren. Es entzieht sich der Verstandestätigkeit.

---

133 Assagioli 1982, 200
134 Ramana Maharshi 1984

Übung 4.1:
„Juwelen" suchen: Die Kraft des Gewissens annehmen

Wer die Kraft des Gewissens und damit die Innere Führung annehmen will, kann sich auf Erfahrungen zurückbesinnen, in denen er oder sie dem Gewissen gefolgt ist und dessen positive Kraft spüren konnte.

Solche Rückbesinnung auf positive Erfahrungen nennen wir in der Wertschätzenden Befragung „Juwelen"[135]. Es sind Erfahrungen, in denen wir das, was wir verwirklichen wollen, bereits erfolgreich gelebt haben. Statt uns als defizitär zu erleben, kräftigen wir uns an dem, was wir bereits sind.

Nehmen Sie sich einen Zeitraum ungestörter Konzentration auf Ihre Innenwelt. Bitten Sie darum, dass Ihre Erinnerung Sie zu einer Erfahrung zurückführt, in der Sie – auch gegen innere Widerstände – Ihrem Gewissen gefolgt sind.

Lassen Sie die Situation nochmals ganz lebendig werden. Dann stellen Sie sich Fragen, zu denen Sie sich kurze Notizen machen, wobei Sie sich nach dem Schreiben sogleich wieder auf Ihre Innenwahrnehmung konzentrieren:

- *Was war das Besondere an der Situation?*
- *Welcher Widerstand war da? Und wovor hatten Sie Angst?*
- *Was hat Ihnen geholfen, den Widerstand zu überwinden?*
- *Welche Handlungen erwuchsen daraus?*
- *Welche Wirkungen hatte dies für Sie und andere?*
- *Wie haben Sie sich dabei gefühlt?*

Indem Sie sich diese Situation in Erinnerung rufen, die Sie bereits erlebt haben, wissen Sie, dass dem Gewissen zu folgen für Sie keineswegs neu ist und dass daraus Kraft erwachsen kann.

135 Zur Juwelensuche vgl. Mettler-v. Meibom 2006.

Hier ein Beispiel: Ein Mann, der seit Jahren Steuerhinterziehung betrieben hat, indem er Geld in die Schweiz transferiert hat, hat – nachdem er seinem Gewissen folgte – eine Selbstanzeige getätigt und einen sechsstelligen Betrag an Steuern nachgezahlt. Während er vorher ständig im Armutsbewusstsein verharrte (er habe kein Geld), stand ihm das Geld fortan – ohne schlechtes Gewissen – zur Verfügung und das Armutsbewusstsein nahm deutlich ab. Die ständige Beschäftigung mit etwas, was seiner eigenen Ethik grundlegend widersprach, verflüchtigte sich ins Nichts.

Übung 4.2: **„Juwelen" suchen: Achten auf die Intuition**

Nehmen Sie sich einen Zeitraum ungestörter Konzentration auf Ihre Innenwelt. Bitten Sie darum, dass Ihre Erinnerung Sie zu einer Erfahrung zurückführt, in der Sie eine intuitive Eingebung hatten, der Sie konsequent gefolgt sind.

Lassen Sie die Situation nochmals ganz lebendig werden. Dann stellen Sie sich Fragen, zu denen Sie sich kurze Notizen machen, wobei Sie sich nach dem Schreiben sogleich wieder auf Ihre Innenwahrnehmung konzentrieren:

- *Was war das Besondere an der Situation?*
- *Handelte es sich um eine intuitive Eingebung, die grundlegend für Ihr weiteres Leben wurde, oder war es eine „kleine" intuitive Eingebung, wie Sie sie öfter im Alltag erleben?*
- *Welches eingefahrene Wahrnehmungs- oder Verhaltensmuster wurde durch die Intuition durchbrochen?*
- *War ein innerer Widerstand da oder waren Sie sich Ihrer Eingebung gewiss?*
- *Gab es innere oder äußere Widerstände, gegen die Sie diese Eingebung durchsetzen mussten?*
- *Wenn ja, was hat Ihnen geholfen, den Widerstand zu überwinden?*

- *Welche Handlungen erwuchsen daraus?*
- *Welche Wirkungen hatten diese für Sie und andere?*
- *Wie haben Sie sich dabei gefühlt?*

Indem Sie sich diese Situation in Erinnerung rufen, wissen Sie, dass Sie die Kraft haben, Ihrer Intuition zu folgen und wie sich dies für Sie auswirkt.

Hierzu ein eigenes Beispiel: Mitte der 1990er-Jahre wusste ich intuitiv, dass ich meinem Leben nicht nur eine neue Ausrichtung geben wollte, sondern dass ich dazu mehr als das übliche Forschungsfreisemester brauchen würde. Meine Intuition sagte mir klar, dass ich ein volles Jahr in großer Freiheit für meine innere Suche brauchen würde. In meinem Umfeld stieß ich auf erheblichen Widerstand, der sich insbesondere auf die finanzielle Seite dieses Abenteuers bezog, da von dem Jahr nur die Hälfte finanziell gesichert war und ich immerhin zwei studierende Kinder zu versorgen hatte. Ich hielt dennoch an dieser Idee fest und setzte – zusätzlich zu den sechs Monaten Forschungsfreisemester – ein weiteres halbes Jahr unbezahlten Urlaub durch. In diesem Jahr nahm mein Leben eine grundlegend neue Wendung, die mich bis heute mit Dankbarkeit erfüllt. Mehr noch: Kurz nachdem die Entscheidung für das Sabbatjahr gefallen war, erhielt ich völlig unerwartet eine bedeutende Steuerrückzahlung, die die zweite Jahreshälfte finanzierte.

Übung 4.3: **Öffnen der Intuition: Antworten suchen**

Suchen Sie sich einen ruhigen Raum, in dem Sie sich ungestört nach innen wenden können. Stellen Sie sich dann eine wichtige Frage, die Sie bewegt. Bitten Sie Gott darum, Ihnen eine Antwort zu geben. Lassen Sie dann die Frage los und konzentrieren Sie sich auf Ihren Atem. Wenn Gedanken auftauchen, lassen Sie sie wie Wolken vorbeiziehen und kehren Sie zu Ihrem Atem zurück. Tun Sie dies im vollen Vertrauen darauf, dass Gott Ihnen eine Antwort geben wird.

Wenn unvermutet eine Antwort auftaucht, prüfen Sie, ob es ein Ego-Gedankenkonzept ist. Fragen Sie sich: Wer hat diesen Gedanken gedacht? Wenn Sie merken, dass der Gedanke aus Angst, Furcht, Mangel, Entwertung von sich oder anderen resultiert, lassen Sie ihn erneut wie eine Wolke weiterziehen und kehren Sie zur Beobachtung des Atems zurück.

Wenn Sie spüren, dass eine Eingebung aus der Liebesquelle, die Sie in letzter Konsequenz sind, kommt, machen Sie sich Ihre Haltung dazu bewusst: Spüren Sie innere Sicherheit und Klarheit? Wenn dies der Fall ist, danken Sie Gott dafür und setzen Sie diesen Impuls in Ihrem Leben um, im vollen Vertrauen darauf, dass es das Richtige für Sie ist.

Solange es an dieser Klarheit fehlt, lassen Sie den Prozess ruhen und greifen Sie ihn später wieder auf.

Variationen:

Sie können diese Übung auch machen, indem Sie vor dem Einschlafen Gott um eine Antwort bitten und morgens Ihr Bewusstsein dafür öffnen, was Ihnen aus dieser Quelle zugeflossen ist.

Übung 4.4: **Prüfen der Intuition**

Die Entwicklung der Intuition geht mit Irrtümern einher: Sie meinen, intuitiv eine richtige Antwort bekommen zu haben, ohne dies jedoch genau zu wissen. Ohne Überprüfung gerät der Gebrauch der angeblichen Intuition daher leicht zum Macht- und Egotrip. Deswegen ist es wichtig, die Intuition immer wieder zu überprüfen. Die folgende Paar- bzw. Gruppenübung geht auf Kristina Brode zurück:

Wenn Sie Ihre Intuition spielerisch prüfen wollen, suchen Sie sich eine Person, mit der Sie sich auf eine wechselseitige spielerische Selbsterfahrung einlassen können. Es ist besonders günstig, wenn Sie wenig von dieser Person wissen.

- *Setzen Sie sich einander gegenüber und versetzen Sie sich schweigend und voller Achtsamkeit in Ihr Gegenüber. Sie können dabei die Augen schließen.*
- *Stellen Sie sich dann schweigend Fragen wie: Was braucht dieser Mensch jetzt? Über welches Geschenk würde er sich jetzt freuen? Wie würde er/sie gerne wohnen? Was ist sein/ihr Lieblingsessen? Von welchen Reisezielen träumt er/sie? Was ist die Ursache seines/ihres Kummers oder seiner/ihrer Freude?*
- *Notieren Sie sich die Antworten jeweils.*
- *Tauschen Sie sich jeweils über die Antworten aus.*
- *Prüfen Sie, ob Sie richtig lagen.*

Bedanken Sie sich am Ende für das Vertrauen und die Achtsamkeit, die Ihnen entgegengebracht wurden

In Gruppen: Bilden Sie einen inneren und einen äußeren Stuhlkreis. Stellen Sie sich in der oben beschriebenen Weise schweigend eine der Fragen und tauschen Sie sich anschließend über die Antworten aus, wobei Sie die Richtigkeit Ihrer Intuition überprüfen. Bedanken Sie sich für das Vertrauen und die Achtsamkeit, die Ihnen entgegengebracht wurden und rutschen Sie, sofern Sie im äußeren Kreis sitzen, einen Platz weiter. Mit dem neuen Gegenüber machen Sie die Übung zur nächsten Frage usw.

Übung 4.5: **Mantren und Namen Gottes**

Heilige Laute und das Singen/Chanten der Namen Gottes gilt in allen Hochreligionen als ein wichtiger Weg, um Körper – Seele – Geist auf Gott einzustimmen. Im Christentum sind solche Klänge z. B. Halleluja, Kyrie Eleison oder Amen. Im Asiatischen gibt es eine unendlich reiche Tradition von so genannten Mantren, heiligen Klängen, meist aus dem Sanskrit, zur Ausrichtung des Geistes auf Gott. Zu den bekanntesten gehören OM oder AUM (der Urlaut der Schöpfung), OM

NAMAH SHIVAJA (Herr dein Wille geschehe), Tat tvam asi (Das bist DU) oder OM MANI PADME HUM (In meinem Herzen ist Gott). Ein spiritueller Aspirant / eine spirituelle Aspirantin, der/die vom Lehrer / der Lehrerin (Guru) eine spirituelle Initiierung erhält, bekommt von diesem/dieser ein Mantra, welches täglich als Weg der Reinigung und der Transformation rezitiert wird.

Auch das Singen der Namen Gottes ist eine Tradition, die sich in allen Hochreligionen findet, egal ob im Islam (Allah), im Hinduismus (Bhrama, Vishnu, Shiva, Rama, Krishnu, Sathya Sai Baba, Shankara, Parvati, Sarashvati, Gauri, Lakshmi, Rhada, Durga, Kali ...) oder im Christentum (Deus, Christus, Elia). Im Hinduismus heißt es, dass im jetzigen Zeitalter, dem Kali-Yuga, das Singen der Namen Gottes die wichtigste Hilfe auf dem spirituellen Weg sei.

Zur Unterstützung von Mantrenrezitation, Singen der Namen Gottes oder Gebet gibt es im Katholizismus den Rosenkranz und in den asiatischen Religionen die Japamala, eine Kette mit 108 Perlen[136], die durch die Finger gleitet, wenn der Name Gottes / das Gebet / das Mantra 108 Mal rezitiert wird.

Sofern Sie keinen eigenen Lehrer / keine Lehrerin haben, von denen Sie eine spirituelle Einweihung bekommen können, wählen Sie sich auf der Grundlage Ihrer Gottesvorstellung / Ihres Glaubens einen Namen Gottes oder einen heiligen Klang, den Sie rezitieren. Machen Sie es sich zur Gewohnheit, diesen Namen/Klang nicht nur morgens und abends, sondern im Laufe des Tages immer und immer wieder zu rezitieren. Tun Sie dies nicht als mechanische Übung, sondern voller Hingabe und Ausrichtung auf Gott.

Beim Erlernen von Mantren kann man inzwischen auf ausgezeichnete CDs zurückgreifen.

136 108 ergibt als Quersumme die Zahl 9, die für das Göttliche steht.

Übung 4.6:
Gebet

„Wenn ihr mir einen Schritt entgegenkommt, will Ich euch 1.000 Schritte entgegenkommen" – in solcher Formulierung zeigt sich, dass Gott die Hinwendung des Menschen zu Ihm braucht. Sie geschieht im Gebet, mit dem wir uns bewusst an Gott richten. Wir sprechen zu ihm, tragen Ihm unsere Bitten und Wünsche vor, danken Ihm für das, was Er für uns tut. Das Gebet erwächst aus einer Haltung der Demut vor der Unerschöpflichkeit Gottes und im Vertrauen auf Seine Gnade.

Entwickeln Sie eine Regelmäßigkeit des Betens: Beten vor der Nahrungsaufnahme; Beten beim Aufwachen und vor dem Einschlafen. Beten Sie nicht nur, wenn Sie Wünsche haben oder in Not sind, sondern auch wenn Sie dankbar und voller Freude sind.

Übung 4.7:
Meditation und Kontemplation

Auch eine Zeit der Einkehr, der Stille, der Wendung nach innen ist in allen Hochreligionen ein wichtiger Weg für spirituell Suchende. In der Bibel ging Jesus 40 Tage in die Wüste, wo er den Versuchungen des Teufels widerstand. Exerzitien und Fastentage haben sich bis heute im Christentum erhalten und erfreuen sich inzwischen wieder zunehmender Beliebtheit. Im Sufismus, der mystischen Richtung des Islam, gibt es eine 40-Tage-Einkehr, bei der Menschen – abgeschnitten von menschlichem Kontakt, sinnlichen Anregungen und nur mit minimaler Nahrung versorgt – „Gott begegnen wollen". Im Zen-Buddhismus sind es die so genannten Sesshins in der Begleitung eines Zen-Lehrers / einer Zen-Lehrerin, die auf dem Weg nach innen helfen.

Neben solchen punktuellen Formen des Rückzugs von der Welt, die eine Woche oder länger dauern mögen, gibt es die Praxis der täglichen Einstimmung auf den Dialog mit Gott.

Die Praktiken variieren wiederum von Richtung zu Richtung, doch – wie auch immer sie beschaffen sind – sie sollen den Menschen für die Innere Führung öffnen.

Meditation und Kontemplation sollten täglich zu einer bestimmten Uhrzeit und an einem bestimmten ruhigen Platz durchgeführt werden. Am besten eignet sich dazu die Zeit der Dämmerung zwischen Tag und Nacht, morgens und abends. Hilfreich ist es, dies am Anfang unter Anleitung zu tun, um die Praxis des richtigen Sitzens (aufgerichtete Wirbelsäule, guter Kontakt zum Boden, störungsfreier Platz; richtige Unterlage, z. B. aus Wolle) und Wege der Meditation zu erlernen. Die Meditationszeit sollte mindestens 20 Minuten betragen.

Es gibt Meditationen über ein Wort/Mantra, über ein Bild (und ein Wort/Mantra) und gegenstandslose Meditation. In der gegenstandslosen Meditation tauchen Sie in die Stille ein, in den Dialog mit Gott jenseits der Worte und Gedanken. Sie kommen in der Gegenwart an und üben sich im absoluten Gewahrsein. Wenn Sie in der Meditation Gedankenandrang (unerledigte Sachen, Wünsche) erleben, und dies wird mit Sicherheit der Fall sein, dann lassen Sie die Gedanken wie Wolken vorüberziehen und kehren zu einer Haltung der Gegenwärtigkeit und des offenen Gewahrseins zurück.

Übung 4.8:
Meditatives Schreiben

Setzen Sie sich nach der Meditation/Kontemplation hin und schreiben Sie aus dieser Haltung der Anbindung ohne ins Denken zurückzufallen. Sie können dabei Fragen formulieren und die Antworten aus sich herausfließen lassen. Meine eigene Praxis ist, an mich zu schreiben, d. h., Es schreibt an mich, nicht ich schreibe.

Um dabei die Täuschungen des Egos so weit wie möglich zu vermeiden, ist es immer wieder wichtig, anschließend zu prüfen, ob die Antworten aus der Liebesquelle stammen und ob

Ihr Herz dazu ja sagen kann. Sie werden erleben, sofern Sie aus der Anbindung schreiben, dass Ihnen Wissen zuteil wird, das Sie sich mit Ihrem „kleinen Spatzenhirn" niemals hätten erdenken können.

Übung 4.9: **Selbsterforschung (Self-Inquiry)**

Wenn es um die Auflösung der niederen Geistesfunktion (Mind) geht, um die Befreiung vom Denken zu erlangen und in das Höhere Wissen und das Universale Selbst einzutauchen, dann hilft der Weg der anhaltenden Selbsterforschung (Self-Inquiry). So fordert Ramana Maharshi, der Weise vom Berg Arunachala und bedeutendste Jnani-Yogi des 20. Jahrhunderts: Wenn ein Gedanke auftaucht, dann frage: Wer ist es, der denkt? In den Worten Ramana Maharshis:

„29. Cease all talk of ‚I' and search with inward-diving mind whence the thought of ‚I' springs up. This is the way of wisdom. To think instead, ‚I am not this, but I am That', is helpful in the search, but it is not the search itself …

30. When the mind turns inward seeking ‚Who am I?' and merges in the Heart, then the ‚I' hangs down its head in shame and the one ‚I' appears as Itself. Though it appears as ‚I-I', it is not the ego. It is reality, perfection, the substance of the Self."

„29. Hör auf, von dem ‚Ich' zu sprechen und suche mit dem nach innen tauchenden Geist, woher der Gedanke ‚Ich' entspringt. Dies ist der wahre Weg der Weisheit. Stattdessen zu denken, ‚Ich bin nicht dies, sondern ich bin das', ist hilfreich bei der Suche, aber es ist nicht die Suche selbst …

30. Wenn der Geist sich nach innen wendet auf der Suche ‚Wer bin Ich' und mit dem Herzen verschmilzt, dann lässt das ‚Ich' seinen Kopf mit Scham hängen und das eine ‚Ich' erscheint als es selbst. Obwohl es als ‚Ich-Ich' erscheint, ist es nicht das Ego. Es ist Wirklichkeit, Vollkommenheit, die Substanz des Selbst."[137]

137 Ramana Maharshi 2006, 92ff; eigene Übersetzung

5. Ruhe in der Bewegung: Den Kontakt zwischen Innen und Außen halten

Das Modul Ruhe in der Bewegung hat eine Scharnierfunktion zwischen den ersten vier und den zweiten vier Modulen. Spiritualität ist ein Weg nach innen, der jedoch letztlich zurück in die Welt führt. Dort gilt es, den Schatz zu manifestieren, der im Spirituellen Herzen verborgen ist: die Liebeskraft und das Wissen um die Einheit alles dessen, was existiert.

Wer daher den Weg nach innen gewagt hat, entwickelt ein Bedürfnis, wieder hinaus in die Welt, auf den „Marktplatz" zu gehen, wie es im Zen-Buddhismus heißt. Es ist das Bedürfnis, aus einer veränderten Grundhaltung heraus in der Welt zu wirken. Dieser Wunsch vollendet sich, wenn im Menschen die Trennung zwischen Innen und Außen aufgehoben ist. Dann sprechen wir von einem erleuchteten Geist.

Die Fähigkeit, im Bewusstsein Innen und Außen einzuschmelzen, ist jedoch mit dem Verstand nicht zu erreichen. Es ist der Quantensprung auf eine neue, höhere Ebene des Bewusstseins, jenseits der Verstandestätigkeit. Im Zen wird dieser Sprung mit Hilfe von Koans angeregt, d. h. mit Hilfe von paradoxen Denkaufgaben, die sich dem Verstand verschließen. Solange der Bewusstseinssprung nicht erfolgt ist, bleibt nichts anderes übrig, als die Blickrichtung immer wieder zu wechseln. Wenn es jedoch gelingt, die Innenschau und die Außensicht zu vereinen, dann erleben wir das Innen als das Außen und das Außen als das Innen. Das geschieht am Anfang momentweise, dann häufiger und – in einem Zustand der Gnade – bleibend. Dann ist der Blick geprägt von dem Bewusstsein, dass alles EINS ist ohne ein Zweites.

Wie schwer dies ist, lehren nicht nur die spirituellen Schriften, sondern interessanterweise auch die modernen Naturwissenschaften: Licht ist sowohl Welle als auch Korpuskel. Doch wir können diese beiden Beschaffenheiten nicht gleichzeitig wahrnehmen. Auch Bilder und Töne verarbeitet unser Gehirn nacheinander. Die absolute Gleichzeitigkeit verlangt eine Wahrnehmung höherer Ordnung. Dies gilt auch für die gleichzeitige Wahrnehmung der Innenwelt und der Außenwelt. Solange sie sich nicht eingestellt hat, brauchen wir Wege, um Innen- und Außenwelt immer wieder neu aufeinander zu beziehen. Wir brauchen Möglichkeiten, um im Trubel des Alltags innezuhalten und uns neu – aus der Kraft der Mitte, der Kraft der Stille, aus der Innenschau heraus – auszurichten und zu orientieren.

Entspannung – Ruhe – Stille

Kann dieser Weg ein Weg der *Entspannung* sein? Schließlich hat der Wunsch nach Entspannung eine ganze Wellness-Industrie hervorgebracht, um den gestressten Menschen im Westen etwas zu geben, was sie verloren haben: die Fähigkeit zur rhythmischen Entspannung nach einer Phase der Anspannung. Unsere Alltagsorganisation ist inzwischen derart hektisch und krank machend, dass bei vielen Menschen die körpereigenen Zyklen der Selbstregulierung außer Kraft gesetzt sind. Sie werden körperlich-seelisch krank, sofern sie nicht immer wieder gezielt Entspannungstechniken einsetzen.

Doch ist Entspannung das, worum es hier geht? Oder ist Ruhe und Stille mehr als Entspannung? Mit Sicherheit ist Entspannung eine *notwendige* Vorbedingung für Ruhe und Stille. Ein Körper im Stress kann keinen ruhigen Geist hervorbringen. Er wird immer Gedankenandrang produzieren. Doch obgleich die Fähigkeit zur Entspannung notwendig ist, um zur Ruhe zu kommen, ist sie dafür noch nicht *hinreichend*.

Ruhe ist mehr. Ruhe ist die Abwesenheit von Gedankenandrang, das Leeren des Geistes, die Konzentration auf die eigene Mitte jenseits von Wollen und Wünschen. Ruhe entsteht aus Gegenwärtigkeit. Sie ist Ausdruck von Mitte, ist Nabe im Getriebe des Alltags. Eine Persönlichkeit, die konzentrierte Ruhe ausstrahlt, erleben wir als angenehm: Sie ist weder übergriffig noch hektisch noch schlaff oder schlapp. Sie strahlt eine angenehme Kraft aus, die aus der Tatsache resultiert, dass der Geist gemeistert wurde, die Wünsche ihre drängende Macht verloren und sich Gelassenheit und Gleichmut eingestellt haben.

Und *Stille*? Ramana Maharshi, der spätere Weise vom Berg Arunachala und große Jnani-Yogi, entdeckte in jungen Jahren im Angesicht des Todes sein Wahres Selbst, seine göttliche Natur. Er wusste unvermittelt auf allen Schichten seines Seins, dass Er etwas jenseits seines Körpers ist, etwas ohne Namen oder Form, ohne Geburt oder Tod. Kurze Zeit danach verfiel er in einen Zustand der Glückseligkeit, in dem er seinen eigenen Körper vergaß. Zurückgezogen in der Höhle eines Tempels verharrte er in diesem Zustand, ohne zu merken, dass die Termiten an ihm herumfraßen und sein Körper Nahrung brauchte. Ramana war eingetaucht in eine Stille jenseits der Worte, der Formen, der Erfahrungen, er verharrte im Bewusstsein des bloßen SEINS.

Stille, so verstanden, ist tiefer und weiter als Ruhe. Wer in diese Stille eintauchen darf, ist der Tropfen, der in den Ozean der Liebe zurück gefallen ist: er ist im Einheitsbewusstsein – selbst, wenn er oder sie noch in der Welt agiert. Ramana Maharshi überlebte den Zustand der geistigen Entzückung nur mit Hilfe von Menschen, die seine Größe erkannten und ihn am Leben erhielten. Doch danach trat auch er den Weg zurück in die Welt an. Unermüdlich lehrte er Schüler und Schülerinnen, dass es dieses SELBST gibt, dass sie es bereits SIND und immer waren und dass es nur darum geht, die Schleier der Unbewusstheit abzuziehen und ins Universale Bewusstsein einzutauchen.

Rhythmen und Zyklen: Balance zwischen Innen und Außen

Wer Entspannung und Ruhe finden und das Tor zur Stille öffnen will, darf sich daher nicht in der Hektik des Alltags verlieren. Er oder sie braucht Wege, um sich nicht in den unzähligen Geschäftigkeiten und Verstrickungen zu erschöpfen, die aus dem Denken (Mind) erwachsen und diesen mit Macht anfeuern. Das Beachten natürlicher Rhythmen und Balancen ist eine wichtige Grundlage, um zu Entspannung und Ruhe zu kommen.

Welche natürlichen Rhythmen gibt es? Ihre Vielfalt im Mikro- und Makrokosmos ist unendlich. Sie lassen sich unmöglich aufzählen. Besonders wichtig sind für uns die unzähligen Körperrhythmen wie Herzrhythmus, Ultradian-Rhythmen, Circadian-Rhythmen, oder Biorhythmen. Daneben gibt es Körperzyklen (Geburt, Wachstum, Altern, Tod; Menstruation und Menopause), Lebenszyklen (Kindheit und Jugend, Bildung und Ausbildung; Erwachsenenalter und Familienbildung; gesellschaftliche Verantwortung; Altern und spirituelle Einkehr) und Zeitrhythmen und -zyklen (Tag und Nacht, Mondzyklus; Jahreszyklus, Zeitalter). Alle diese Zyklen und Rhythmen wirken auf uns ein. Sie bestimmen uns mehr, als wir uns eingestehen wollen. Wer sie beachtet und sein Leben im Einklang mit ihnen führt, hat einen Schlüssel zur Ruhe gefunden. Doch dies ist nicht leicht in einer Alltagsorganisation, die als permanenter Stressor wirkt.

Zivilisatorische Stressoren

Unsere superindustrielle globalisierte Arbeitswelt funktioniert rund um die Uhr. Deren Grundlage, die abstrakte messbare Zeit der Nanosekunde, durchpulst immer mehr unser Leben, ohne auf natürliche (Bio-)Rhythmen Rücksicht zu nehmen. Die Globalisierung mit ihren Kommunikationsstrukturen quer zu den Zeitzonen weckt eine Nachfrage nach 24-stündiger Erreichbarkeit ohne Rücksicht auf Schlaf-, Lebens- oder soziale Rhythmen. In Zeiten des Handys mit der Möglichkeit ständiger Erreichbarkeit an jedem Ort der Welt wird diese Entwicklung auf die Spitze getrieben. Was passiert hier? Eine Antwort lässt sich finden, wenn zwischen verschiedenen Erreichbarkeiten unterschieden wird. Es gibt:

- eine instrumentelle Erreichbarkeit, z. B. für professionelle Bedürfnisse,
- eine soziale Erreichbarkeit, z. B. für Freunde, Familienmitglieder etc.,
- eine Erreichbarkeit für sich selbst und
- ein Eintauchen in Meditation und Kontemplation.

Telefon, Handy und Blackberry unterstützen die Erreichbarkeit, doch nicht jede. Wer in Ruhe der Arbeit nachgehen will, verliert immer wieder Focus und Konzentration, wenn die elektronischen „Freunde" dazwischenfunken. Wer sich mit Kollegen und Kolleginnen in einem intensiven professionellen Gespräch begegnet, dürfte kaum eine konzentrierte Arbeitsatmosphäre aufrechterhalten können, wenn das eigene oder das Handy der Kollegen ständig als Unterbrecher fungiert. Wer mit Freunden, Familienmitgliedern und Menschen gesellig zusammen ist und gleichzeitig Handy oder Telefon bedient, nimmt im Kreis der Anwesenden gravierende Störungen in Kauf. Wer sich eine Eigenzeit gönnen will, dürfte sich selbst kaum begegnen, wenn die elektronischen Nabelschnüre als Zeitfresser fungieren. Und wer gar den Rückzug in Meditation, Kontemplation oder Gebet sucht, ist mit Sicherheit nicht erfolgreich, sofern die nervigen Ruhestörer den Geist weiterhin in Anspruch nehmen und in ständiger Bewegung halten.

Dieselbe Wirkung hat der Computer. Er ist nicht nur inzwischen der unerlässliche Begleiter im beruflichen Alltag geworden. Er hat auch im privaten Alltag als Stressor Einzug gehalten – in Kombination mit Fernsehen, Radio, elektronischem Spielzeug, Printmedien aller Art. Sie belegen den Geist mit ständig neuen Reizen, so dass er – wie es in den Veden heißt – wie ein Affe herumspringt. Spielen am PC, Essen und Einschlafen mit dem Fernseher, nächtliches Surfen im Internet, Wecken mit dem Radio – dies alles sind Reize für die Sinne, die „verdaut" werden müssen, weil sie den Geist in Unruhe versetzen. Der Elektrosmog, dessen Wirkungen für viele noch unterhalb der Wahrnehmungsschwelle liegen, tut dazu sein Übriges. Darüber hinaus wecken Konsumsystem und Werbung Wünsche aller Art. Sie fördern Begehrlichkeit, Neid, Frustration und ein Denken in Mein und Dein. Wer viel anschaffen will, muss viel verdienen, und so setzt sich das Hamsterrad im Denken und Tun immer weiter fort.

Die Wirkungen dieser Arhythmisierung haben inzwischen auch die Lebensplanung erreicht. Heute wird die Phase der Familienbildung immer weiter hinausgeschoben. Paare bekommen ihre Kinder, wenn überhaupt, in einem Zeitraum, in dem die Frau bereits Mitte 30 ist und der Mann oft bereits in den 40ern. Die Gründe hierfür sind naheliegend. Ein Zusammenleben von Mann und Frau ist heute auch ohne Ehe und Familie möglich. Beide Geschlechter erleben einen gnadenlosen Konkurrenzkampf um knappe Arbeitsplätze, und Frauen fürchten – vielfach zu Recht – keinen Fuß in die Berufswelt zu bekommen, wenn sie früh Mütter werden. Die Folge ist, dass zahllose Frauen über dreißig in einer tiefen inneren Unruhe leben aus Angst, dass die biologische Zeituhr gegen den tief verankerten Kinderwunsch tickt. Kommt es schließlich zur Familienbildung, so widersprechen sich die Bedürfnisse der Kinder und die der Eltern: Die Eltern sind längst in einem Alter, in dem sie sich dem Weltbezug eines Kindes entfremdet haben und können ihre zielorientierte Zeitorganisation schwerlich mit der von Kindern in Übereinstimmung bringen. Die Folge ist ewige Unzufriedenheit und Stress, vielfach mit dem Ergebnis einer Trennung der Partner. Patchworkfamilien machen diesen Zustand oft nur noch schlimmer, weil noch mehr divergierende Interessen unter einen Hut gebracht werden müssen.

Zeitqualitäten

Zeit ist nicht gleich Zeit. Es gibt kurze Zeitphasen, die uns wie Ewigkeiten erscheinen, und lange Zeitphasen, die uns kurz erscheinen. Rinderspacher[138] unterscheidet zwischen organischer, zyklischer, linearer und abstrakter Zeit. Die organische Zeit wird durch organische Prozesse festgelegt (Dauer von Schwangerschaft; Wachsen einer Pflanze; Zeit für einen Verdauungsprozess etc.). Die zyklische Zeit markiert wiederkehrende Zeiten (Sonne- und Mondzyklen, Jahreszyklen etc.), die lineare Zeit bezieht sich auf die Zeitspanne, die bis zur Erreichung eines Zieles gebraucht wird, und die abstrakte Zeit ist die in (Nano-)Sekunden zerlegte Uhrzeit.

In der superindustriellen globalisierten Gesellschaft der Gegenwart leben wir unter dem Diktat der abstrakten Zeit, die sich den Konzepten einer linearen Zeitverwendung fügt: Zeitrationalisierung, Zeitoptimierung, Geschwindigkeitsbeschleunigung dienen sämtlich dem Ziel, am Markt konkurrenzfähiger als andere zu sein.

138 Rinderspacher 1985

Es ist ein gnadenloser Zeitwettlauf, der bis in die feinsten Verästelungen unseres Alltags reicht.

Man könnt auch sagen: Wir alle stehen heute unter der Herrschaft des griechischen Zeitgottes Chronos. Er bemisst die Zeit und prüft, ob etwas zu früh oder zu spät ist. Er ist der Hüter der Schwelle und wacht über die (Uhr-)Zeit oder abstrakte Zeit. Wenn Chronos unumschränkt regiert, kommen die beiden anderen mindestens so wichtigen Zeitgötter zu kurz, die die Griechen kannten: Äon und Kairos. Äon steht für die Dauer, die etwas braucht, auch die Ewigkeit. Äon regiert also über alle organischen und zyklischen Zeiten, aber auch über die Zeit, die es braucht, um ein Werk gelingen zu lassen. Kairos hingegen steht für den rechten Augenblick, an dem alles zusammenkommt, was für das Gelingen eines Projektes vonnöten ist: Der rechte Ort, die rechten Personen, die rechten Dinge, die rechte Zeit und die Unterstützung der Götter. Kairos kann man nicht machen; man kann ihn jedoch ergreifen, so Wachheit und Aufmerksamkeit vorhanden sind – oder Kairos zieht unwiederbringlich vorbei.

Wenn du es eilig hast, werde langsam – ist daher ein einschlägiges Sprichwort. Oder wie es der ehemalige Manager und heutige Zen-Lehrer Paul Kohtes formuliert: „Hören Sie auf zu rennen."[139] Er und Nadja Rosmann fordern in ihrem Buch – auch um des Erfolges willen – zur Langsamkeit auf. Wir brauchen sie umso dringender, je mehr wir Zugang zu Ruhe und Stille finden wollen, wenn wir *in* der Welt, doch nicht *von* der Welt sein wollen.

Life-Management und Zeitmanagement

Life-Management und Zeitmanagement sind Antworten auf derartige Herausforderungen. Doch Vorsicht! Gerade Zeitmanagement kann zu dem führen, was eine Teilnehmerin im Kurs Spirituelles Selbstmanagement das „Ganzkörperkondom der Funktionalität" nannte. Wenn Life-Management und Zeitmanagement uns im Kontakt mit dem Selbst halten sollen, müssen wir sie aus einer Haltung praktizieren, die nicht funktional, sondern spirituell gewendet ist. Welche Art des Life-Managements und des Zeitmanagements verhilft mir zur Ruhe, lässt mich in der Mitte des Taifuns ankommen?

139 Kohtes/Rosmann 2006

Stephan Covey[140] hat in seinem Buch zum Zeitmanagement der vierten Generation wichtige Antworten hierzu gegeben. Er hat den Gedanken des Life-Managements aufgegriffen und neu ausformuliert, wonach wir aufgefordert sind, unser ganzes Leben im Blick zu halten. Dies bedeutet zweierlei: Zum einen, und darauf weist Covey hin, müssen wir unterschiedliche Sphären unserer Existenz miteinander harmonisieren – körperliche, emotionale, geistige und spirituelle. Zum anderen geht es darum, worauf Covey nicht hinweist, das zu tun, was in der jeweiligen Lebensphase angesagt ist und in einer anderen, späteren Lebensphase nicht mehr oder nur unter erschwerten Bedingungen gelebt werden kann.

Solches Life-Management war früher durch die Art der Lebensgestaltung selbstverständlich. Heute muss es neu gelernt werden. Es verlangt Zeiten der Einkehr, des Rückzugs, in denen wir uns mit Fragen auseinandersetzen, wie: Was ist jetzt und in Zukunft wesentlich? Was gibt meinem Leben einen bleibenden Sinn? Was will ich hinterlassen, wenn ich einmal sterbe?

Covey gibt den Lesern und Leserinnen eine wichtige Hilfe an die Hand, die Warnung vor der so genannten Dringlichkeitsfalle, sowie Wege, wie man ihr entgehen kann. Danach unterscheidet er zwischen vier Zeitquadranten, die von einer Matrix aus wichtig und unwichtig, dringend und nicht dringend gebildet werden. Der I. Quadrant steht für wichtige und dringende Angelegenheiten. Hierzu gehören alle Terminfragen, die keinen Aufschub erlauben. Der II. Quadrant steht hingegen für wichtige aber (noch) nicht dringende Angelegenheiten. Dazu gehört wirkliche Erholung (bevor der Burn-out im I. Quadranten erscheint), Familienplanung, berufliche Planung, Beziehungspflege etc.

Die Stärkung des II. Quadranten bringt uns mehr in die Ruhe. Sie unterstützt uns darin, das Wesentliche vom Unwesentlichen zu unterscheiden, das eigene Leben in Übereinstimmung mit den Botschaften des Herzens auszurichten, uns zu vergemeinschaften und den Tendenzen zu wehren, Zeit zu verschwenden oder sich zum Workaholic zu machen.

140 Covey 2001

Zeiten des Rückzugs

Der zweite Quadrant lässt sich stärken, indem wir Rhythmen und Rituale in den Alltag, im Verlauf des Jahres und passend zur jeweiligen Lebensphase entwickeln. Dabei handelt es sich um andere Rhythmen als die, die wir üblicherweise mit Ferienreisen verbinden. Dazu gehören

Rhythmen wie:

- tägliche Meditations- oder Kontemplationszeiten,
- Yoga oder andere Körperpraxen, die den Geist in den Körper hinein entspannen,
- Retreats und Fastenzeiten (an Wochenenden oder zu bestimmten Daten wie Ostern und Jahresende),
- Sabbatjahr (insbesondere um das 50. Lebensjahr herum),
- Teilnahme am Leben spiritueller/religiöser Gemeinschaften.

Rituale wie:

- Gebet,
- Anzünden einer Kerze als Symbol für den Bezug zur Innenwelt,
- Singen oder Tanzen als spirituelle Praxis,
- Rituale, die im Tagesverlauf zu bestimmten Stunden an die innewohnende Göttlichkeit erinnern, z. B. in der Morgendämmerung, am Mittag und in der Abenddämmerung oder anlässlich von Glockenläuten,
- Gespräche über spirituelle Themen mit Menschen auf dem Weg,
- Pilgerwanderungen oder -reisen.

Zeiten des Rückzugs und Rituale im Alltag helfen, immer wieder in die eigene Mitte zurückzukehren, Ruhe zu finden und das Tor zur Stille zu öffnen. Ich selbst reise seit mehr als 15 Jahren jedes Jahr nach Indien, um mir diesen Rückzug zu gönnen. Ich wage gar nicht, mir vorzustellen, wie mein Leben heute aussähe, wenn ich nicht wenigstens diese für mich unendlich kostbare Stütze auf meinem Weg gefunden hätte.

Übungen

Übung 5.1:
Meditation über „Alles hat seine Zeit“

Aus der Hektik treten wir dann leichter heraus, wenn wir uns die besondere Qualität der jeweiligen Zeit bewusst machen. Statt alles zugleich und damit nichts wirklich zu machen, können wir uns dann auf das einlassen, was gerade jetzt „ansteht“. Um sich dafür zu öffnen, meditieren Sie über die Bibelworte:

„Ein jegliches hat seine Zeit, und alles Vornehmen unter dem Himmel hat seine Stunde.

Geboren werden und sterben, pflanzen und ausrotten, was gepflanzt ist, würgen und heilen, brechen und bauen, weinen und lachen, klagen und tanzen, Steine zerstreuen und Steine sammeln, herzen und ferne sein von Herzen, suchen und verlieren, behalten und wegwerfen, zerreißen und zunähen, schweigen und reden, lieben und hassen, Streit und Friede hat seine Zeit. Man arbeite, wie man will, so hat man keinen Gewinn davon. Ich sah die Mühe, die Gott den Menschen gegeben hat, dass sie darin geplagt werden. Er aber tut alles fein zu seiner Zeit und lässt ihr Herz sich ängstigen, wie es gehen solle in der Welt; denn der Mensch kann doch nicht treffen das Werk, das Gott tut, weder Anfang noch Ende. Darum merkte ich, dass nichts Besseres darin ist denn fröhlich sein und sich gütlich tun in seinem Leben. Denn ein jeglicher Mensch, der da isst und trinkt und hat guten Mut in aller seiner Arbeit, das ist eine Gabe Gottes." [141]

Prüfen Sie, wo und wie Sie sich auf die Qualität der jeweiligen Zeit einlassen oder auch dagegen auflehnen. Stellen Sie sich vor, dass Sie Gott, dem Zeitgeber, vertrauen in dem Wissen, dass Er alles zu Seiner Zeit geschehen lässt.

Übung 5.2:
„Juwelen" suchen: Balance zwischen Innen und Außen

Nehmen Sie sich einen Zeitraum ungestörter Konzentration auf Ihre Innenwelt. Bitten Sie darum, dass Ihre Erinnerung Sie zu einem Zeitraum zurückführt, in dem Sie gespürt haben, dass Sie eine gute Balance zwischen Ihrer Innenwelt und ihrem Handeln in der Welt halten konnten.

Dann stellen Sie sich Fragen, zu denen Sie sich kurze Notizen machen, wobei Sie sich nach dem Schreiben sogleich wieder auf Ihre Innenwahrnehmung konzentrieren:

- *Was war das Besondere an diesem Zeitraum?*
- *Hatten Sie bestimmte Alltagsroutinen/Alltagsrituale entwickelt, um sich immer wieder mit Ihrer Innenwelt zu verbinden? Wenn ja, welche waren das?*
- *Welche Wirkungen hatte dies für Ihre Gesundheit, Ihr seelisches Gleichgewicht, Ihre Gedankenwelt, Ihr Verhalten?*
- *Gab es einen Widerstand, den Sie überwinden mussten, um diese Balance immer wieder herzustellen und die Alltagsroutinen/-rituale zu praktizieren?*
- *Wenn ja, was hat Ihnen geholfen, den Widerstand zu überwinden?*
- *Welche Handlungen erwuchsen daraus?*

---

141 Prediger 3. 1-13

- *Welche Wirkungen hatte all dies für Sie und für die Menschen in Ihrer Umgebung?*

Indem Sie sich diese Erfahrungen in Erinnerung rufen, wissen Sie, dass Sie die Balance zwischen innen und außen halten können. Zugleich können Sie sich die Erfolgsindikatoren nochmals bewusst machen und von ihnen für heute lernen. Suchen Sie nach weiteren Erfahrungen dieser Art in Ihrem Leben.

Übung 5.3: **Entscheidungen treffen – Dem Herzen zuhören**

Hektik im Alltag, schlechte Laune und Gereiztheit sind häufig Indikatoren dafür, dass eine Entscheidung über grundlegende Prioritäten im eigenen Leben ansteht. Um diese Entscheidung zu vermeiden, wird die aktivistische Selbstüberforderung nur noch größer. Eine Coachee in meiner Praxis, die sich in ihrer Leitungsfunktion als „Wasserträgerin für alle“ erlebte, identifizierte sich in einer Sitzung mit dem Bild einer Frau, die obgleich gestanden und selbstbewusst, einen umgedrehten Kochtopf auf dem Kopf trug. So komme sie sich vor, meinte sie, ohne klare Sicht, doch umso eifriger in dem Versuch, alles geregelt zu bekommen.

Wenn Sie also vor lauter Hektik oder aus einer tiefen und eher depressiven Unlust heraus nicht wissen, *wo Ihnen im wahrsten Sinne des Wortes der Kopf steht*, ist es Zeit, Entscheidungen zu treffen und sich auf das Wesentliche zu besinnen. Dem stehen vielfach unbewusste Ängste oder Konzepte im Wege. Um hier zu einem tieferen Einklang mit sich selbst zu kommen, wird auf dem Weg des Spirituellen Selbstmanagements die Weisheit des Herzens gesucht.

- *Halten Sie inne und machen Sie sich Ihre Lage bewusst!*
- *Gönnen Sie sich eine ungestörte Eigenzeit!*
- *Befragen Sie Ihr Herz, was ihm wirklich wichtig ist und was es jetzt möchte!*

- *Lassen Sie dann die inneren Widersacher, Bedenkenträger und Angsthasen zu Wort kommen und bringen Sie diese mit dem Herzen in einen Dialog!*
- *Treffen Sie eine Entscheidung über das für Sie Wesentliche, bei der die innere Ratsversammlung unter Führung des Herzens ein klares Ja sagen kann! Das kann sehr Unterschiedliches betreffen: bestimmte Werte, eine konkrete Handlung oder eine für das ganze Leben wichtige Weichenstellung.*
- *Setzen Sie diese Entscheidung gezielt im Alltag um und halten Sie immer wieder Rücksprache mit dem Herzen, ob es „zufrieden" ist.*

Übung 5.4: **Zeitverwendung überprüfen**

Bilden Sie unterschiedliche Kategorien der Zeitverwendung wie z. B.

- *Partnerschaft, Familie*
- *Freunde*
- *Arbeit*
- *Haushalt und Alltagsorganisation*
- *Eigenzeit (Lesen, Lernen, Denken, Hobby, Sport)*
- *Ehrenamt/Gesellschaft*
- *Spirituelle Praxis (Meditation, Kontemplation, Retreat)*
- *Unterhaltung (Theater, Fernsehen, Medien)*
- *Schlafen*

Geben Sie den Zeiten unterschiedliche Farben und gehen Sie nun Ihren Kalender durch und prüfen Sie, wie Sie Ihre Zeit in der letzten Woche / im letzten Monat verwendet haben. Markieren Sie die Art der Zeitverwendung farbig im Kalender.

Erkunden Sie nun, ob die Zeitverwendung Ihrem Inbild und Ihren Vorstellungen von einem gelingenden Leben entspricht. Sofern dies in bestimmten Bereichen nicht der Fall ist, überlegen Sie, was Sie ganz konkret in der Zeitverwendung verändern können (z. B. ab sofort einmal wöchentlich einen Abend mit dem/der Partner/-in exklusiv verbringen oder einmal wöchentlich Sport oder Fitnesstraining (z. B. mit Freunden).

Formulieren Sie für sich eine Selbstverpflichtung, schreiben Sie diese nieder und suchen Sie sich einen Menschen, der mit Ihnen gemeinsam periodisch überprüft, ob Sie Ihre Selbstverpflichtung eingehalten haben.

Übung 5.5:
Aus der Dringlichkeitsfalle herauskommen

Wenn Sie merken, dass die Zeit Ihnen aus dem Ruder läuft und Sie ständig unter dem Stress von Terminarbeiten stehen, dann sind Sie voll und ganz in der Dringlichkeitsfalle angekommen. Statt Ihr Leben zu gestalten, *werden Sie gelebt* – und das bis in die feinsten Zeitporen des Alltags hinein.

Um hier eine Änderung einzuleiten, bilden Sie eine Vierfeldermatrix mit vier Quadranten[142]*.*

- *Quadrant I steht für Wichtiges und Dringendes;*
- *Quadrant II steht für Wichtiges, aber noch nicht Dringendes;*
- *Quadrant III steht für nicht Dringendes, aber Wichtiges und*
- *Quadrant IV steht für nicht Wichtiges und nicht Dringendes.*

Besondere Aufmerksamkeit verdient nun der II. Quadrant mit allem, was wichtig, aber noch nicht dringend ist. Ihn gilt es zu stärken, damit sie aus der Dringlichkeitsfalle herauskommen. Dies bedeutet, dass Sie sich im I. Quadranten (dringend und wichtig) Zeit blockieren, um einen zeitlichen Freiraum zur Stärkung des II. Quadranten zu gewinnen.

142 Vgl. dazu Covey 2001.

Die einzelnen Schritte:

- *Entscheiden Sie sich, den II. Quadranten zu stärken.*
- *Tragen Sie dies als eine dringende und wichtige Terminarbeit in den I. Quadranten ein, d. h. als eine Aufgabe, die keinen Aufschub erlaubt. Bestimmen Sie einen zeitnahen Zeitraum, um diese „Terminarbeit" zu erledigen.*
- *Wenn der Zeitraum gekommen ist, nehmen Sie sich ein Blatt mit den Quadranten I bis IV und bringen Sie Ihre Tätigkeiten in die vier Felder.*
- *Je voller der I. Quadrant ist, desto mehr Aufmerksamkeit widmen Sie nun dem zweiten Quadranten: Was in Ihrem Leben ist wichtig, aber nicht dringend? Wie viel Zeit brauchen Sie dafür? In welchen Zeitschritten wollen Sie Ihre Ziele umsetzen?*
- *Blockieren Sie nun mit Hilfe Ihres Terminkalenders Zeiten für diese wichtigen, aber nicht dringenden Tätigkeiten.*
- *Überprüfen Sie in regelmäßigen Abständen, ob Sie aus der Dringlichkeitsfalle herauskommen bzw. was Sie noch zur Stärkung des II. Quadranten tun können.*

Die Herausforderungen stellen sich für jeden Menschen verschieden: Wenn Sie sich eine Siebentagewoche angewöhnt hatten, dann gehen Sie auf sechs Arbeitstage zurück. Wenn Sie wöchentlich sechs Tage arbeiten, dann schauen Sie, ob Sie sich auch eine Fünftagewoche vorstellen können. Wenn Sie immer bis in die Nacht arbeiten und dann vor dem Fernseher „abhängen", dann schaufeln Sie sich die Abendstunden frei. Wenn Sie hingegen eine „Couch-Potato" sind, die nicht „in die Puschen kommt", gehen Sie den umgekehrten Weg: Erhöhen Sie den Druck auf sich selbst und setzen Sie sich konkrete Aufgaben und Ziele mit konkreten Zeitschienen, um sie zu erledigen.

Wer die Dringlichkeitsfalle vermeiden kann, kann sich auf die wirklichen Prioritäten im eigenen Leben konzentrieren.

Übung 5.6:
Routinen und Rituale entwickeln

Das Aufbrechen aller Zeitrhythmen in der modernen Gesellschaft ist für viele Menschen mit dem Verlust von stützenden Routinen und Ritualen verbunden. Doch Routinen und Rituale können neu erfunden werden. Wichtig ist es dabei, dass sie der jeweiligen Lebenssituation entsprechen und dass sie „gefüllt" sind, d.h. von innen heraus belebt sind. Sonst werden die Rituale „verstauben" und Routinen werden zur toten Routine.

- *Wählen Sie sich einen Bereich, den Sie stützen möchten (z. B. Kontakt zu Ihren Kindern, Weiterbildung, spirituelle Praxis, Partner und Freunde).*
- *Entwickeln Sie – alleine oder mit beteiligten Personen – kräftigende Rituale oder entlastende Routinen.*
- *Bringen Sie den Ritualen und Routinen Wertschätzung und Aufmerksamkeit entgegen, indem Sie sie mit voller Überzeugung praktizieren.*
- *Wenn Sie spüren, dass die Überzeugung nachlässt, prüfen Sie, ob Sie die Rituale oder Routinen neu beleben können, sie verändern möchten, sie fallen lassen sollten oder ob Sie ggf. neue Rituale oder Routinen entwickeln wollen.*

Übung 5.7:
Retreat- und Sabbatzeiten einplanen

Retreats, also Zeiten des Rückzugs, gibt es in allen Kulturen. Sie werden als wichtige Brücken zum Spirituellen Selbst angesehen. Retreats können jährlich, vierteljährlich oder auch in längeren Zeitabständen aufgesucht werden. In der christlichen Tradition spricht man auch von Kontemplation. Sesshins sind Retreats in der Zen-Tradition, in denen man gemeinsam im Schweigen sitzt. Sie erfreuen sich einer immer größeren Beliebtheit auch bei uns im Westen und werden von den verschiedensten spirituellen Zentren angeboten. Sabbatjahre oder -halbjahre greifen den Sabbatbegriff des Judentums auf, in denen der Sabbat als Tag der Ruhe gefeiert wird. Unter Sabbat versteht man aber auch Praxen der Ruhe und Konzentration in anderen Bereichen. So erhalten Professorinnen und Professoren in regelmäßigen Jahresabständen ein Sabbathalbjahr, um sich ungestört der Forschung widmen zu können. Inzwischen wählen immer mehr Menschen – oft unter erheblichen finanziellen Einbußen im Beruf – die Chance, sich in einem Sabbatzeitraum auf die eigenen Lebensprioritäten zu besinnen.

- *Prüfen Sie, in welcher Lebenssituation Sie sich befinden!*
- *Prüfen Sie für sich, ob Sie ein Retreat oder einen Sabbatzeitraum brauchen.*
- *Prüfen Sie, wann Sie dies am ehesten verwirklichen können, ohne den Plan beliebig „auf die lange Bank zu schieben".*
- *Machen Sie eine Kostenplanung, in der Ihr (Herzens-)Wunsch eine Chance auf Realisierung erhält.*
- *Machen Sie eine Rückwärtsplanung (Retrognose[143]), in der Sie bestimmen, welche Schritte bis zu dem gewählten Zeitraum wie umgesetzt werden müssen, damit Sie Ihr Ziel eines Retreats oder Sabbatzeitraums erreichen können.*

143 Mettler 1998

6. Die eigenen Grenzen erweitern: Wachsen aus der Kraft der Mitte

Ruhe und Stille führen in das Zentrum, die Nabe, das Auge des Taifuns. Doch so wie das Auge des Taifuns – der Raum absoluter Stille – nur existiert, weil die Bewegung im Außen ihn herstellt, so hängen Welt und Mittekraft zusammen. Beides ist aufeinander bezogen, das Zentripetale und das Zentrifugale. Das Stolpern, Straucheln und Scheitern in der Welt lädt uns immer wieder ein, in die Mitte zu gehen; und die Mitte lädt ein, sich wieder der Welt zuzuwenden. Im Labyrinth wird dies für die Füße erfahrbar: Der Weg führt in ständig überraschenden Windungen letztlich in die Mitte. Doch genauso unausweichlich führt er auch wieder nach außen. Diese Doppelbewegung in der Fläche erleben wir in der dritten Dimension, der Zeit, als eine sich langsam nach oben schraubende Ellipse, die für die Höherentwicklung des Bewusstseins steht. Die Sängerin, Liedertexterin und Filmschauspielerin Portia Nelson hat dies unübertroffen humorvoll in einer Autobiographie in fünf Kapiteln verdichtet.

Abbildung 4: Labyrinth

Autobiographie in fünf Kapiteln von Portia Nelson[144]

Kapitel 1

Ich laufe die Straße entlang.
Dort ist ein tiefes Loch im Bürgersteig.
Ich falle hinein.
Ich bin verloren.
Ich bin hilflos.
Es ist nicht meine Schuld.
Es dauert ewig, einen Weg herauszufinden.

Kapitel 2

Ich laufe dieselbe Straße entlang.
Dort ist ein tiefes Loch im Bürgersteig.
Ich tue so, als ob ich es nicht sehe.
Ich falle erneut.
Ich kann es nicht glauben, ich bin am selben Platz.
Aber es ist nicht meine Schuld.
Es dauert immer noch sehr lange herauszukommen.

Kapitel 3

Ich laufe dieselbe Straße entlang.
Dort ist ein tiefes Loch im Bürgersteig.
Ich sehe, dass es da ist.
Ich falle immer noch hinein.
Es ist eine Angewohnheit.
Aber meine Augen sind offen.
Ich weiß, wo ich bin.
Es ist meine Schuld.
Ich gehe sofort heraus.

Kapitel 4

Ich gehe dieselbe Straße entlang.
Dort ist ein tiefes Loch im Bürgersteig.
Ich gehe drum herum.

Kapitel 5

Ich gehe eine andere Straße entlang.

144 Eigene Übersetzung

Pforten auf dem Weg des Spirituellen Selbstmanagements

Auf dem Weg des Spirituellen Selbstmanagements gibt es Krisen und Schwellen. Es gibt die dunkle Nacht der Seele, in der ich voller Verzweiflung nicht ein noch aus weiß; es gibt sanftes Gelände, in dem ich mich ausruhen und Kraft sammeln kann. Der Weg kennt kein Ende. Er konfrontiert uns mit immer neuen, unerwarteten und überraschenden Herausforderungen, in denen wir schließlich selbst zum Weg werden, d.h. im SEIN ankommen.

Doch unterwegs scheint es ein Gesetz der Trägheit zu geben. Wir Menschen richten uns gerne im Gewohnten und Vertrauten ein. Dies schafft Sicherheit und beruhigt. Das Gewohnte sagt mir, wer ich „bin", z.B.: weiß, protestantisch, aus einer traditionsreichen Familie, nicht ohne gewisse materielle Sicherheiten, mit einem Status, der mir Anerkennung verschafft ... Oder die andere Variante: arm, mittellos, missbraucht, immer auf der Verliererschiene, bar jeder gesellschaftlichen Anerkennung. So verschieden diese Identitäten auch sein mögen – beide können so vertraut sein wie ein Handschuh. Dann prägen sie das Selbstbild dermaßen, dass selbst kleine Abweichungen, egal ob zum so genannten Schlechten oder zum Guten, als verunsichernd und bedrohlich erlebt werden.

Wenn wir uns derart in unserer vertrauten Wirklichkeit eingerichtet haben, tragen wir unsere Identität wie ein Schutzschild vor uns her. Eine bekannte Übung auf dem spirituellen Weg ist daher die Meditation *„Sage mir, wer du bist"*. Dabei sitzt man einander gegenüber, die eine Person hört aufmerksam zu, ohne zu reagieren, die andere gibt Antwort auf die Frage des Gegenübers „Sage mir, wer du bist". Was dann kommt, sind in aller Regel die Selbstinterpretationen und Selbstbilder, die jede und jeder von uns sich zugelegt hat. Sie variieren je nach Gegenüber, weil wir gelernt haben, anderen Menschen unterschiedliche Facetten unserer selbst zu zeigen, je nach dem, was sie in uns auslösen. Doch es sind sämtlich Vorstellungen und Selbstbilder, von dem, wer ich bin.

Dass es Vor-Stellungen sind im Sinne von „vor das wahre SELBST" gestellt, wird in einer Variante dieser Übung erfahrbar, die sich Enlightenment-Intensiv nennt[145]. Hier arbeitet eine Gruppe von Menschen rund 14 Tage nur mit dieser einen Frage und den Antworten, die darauf hochkommen. Sie führt die Psyche immer tiefer, lässt Zwiebelschale um Zwiebelschale aufbrechen und allmählich entwickelt sich ein Gespür und Erleben davon, dass das Ich etwas anderes ist als all die vor-gestellten Rollen und Selbstbilder, die wir uns zurechtgelegt haben. Ramana Maharshi, der Weise vom Berg Arunachala, gab deswegen seinen Schülern und Schülerinnen immer die eine Frage mit: „Wer bin ich?" Es ist die Frage nach der Höchsten Wahrheit, die Frage nach dem, was nicht veränderlich ist, was weder geboren wird noch stirbt. Sie kann uns helfen, in unserem Bewusstsein die Schwelle zur Höchsten Wahrheit zu überwinden und anzukommen in dem „ICH BIN" oder, wie es in den Veden heißt, im SEIN – BEWUSSTSEIN – GLÜCKSELIGKEIT.

Wenn Gott uns zum Bewusstsein unserer innewohnenden Göttlichkeit führen will, dann – so könnte man sagen – hat ER „alle Hände voll zu tun", gilt es doch, unsere geistige Trägheit zu überwinden, damit wir die Identifikation mit der Welt der Formen und Namen aufgeben. Hier betreten wir die Welt der spirituellen Pforten, Schwellen und Prüfungen, die uns zu einer Erweiterung unseres Bewusstseins führen sollen. Wenn sie sich uns in den Weg stellen, dann fordern sie uns vom Grunde her heraus. Sie stellen uns in Frage, erschüttern das Selbstbild und Selbstverständnis, zeigen uns, dass wir das Leben nicht kontrollieren können und dass unsere Selbstbilder sich im Nu verflüchtigen können.

Jede und jeder von uns kennt solche Herausforderungen, bei sich selbst oder im Freundes- und Familienkreis: eine plötzliche schwere Krankheit, der Kinderwunsch, der sich nicht erfüllt, die unerwartete Kündigung, obwohl alles auf den neuen Arbeitgeber gesetzt wurde, der finanzielle Betrug oder die Fehlspekulation an der Börse, unvermutete Gewalt oder Terror in unmittelbarer Nähe.

Fünf solcher grundlegenden Pforten und Schwellen auf dem spirituellen Weg scheint es zu geben. Es sind:

- Verlust eines geliebten Menschen;
- Verlust von Gesundheit (und v. a. in unserer Gesellschaft von Jugendlichkeit);

145 Plate/Etminan 1995, 36ff.

- Verlust von Einkommen und Besitz;
- Verlust von Status und Reputation;
- Verlust des Lebens.

Die letzte große Herausforderung ist der Tod. Er lehrt uns bereits im Leben die Endlichkeit des körperlichen Daseins und jedes materiellen Besitzes (Das letzte Hemd hat keine Taschen.). Er lehrt, das Leben aus diesem Wissen heraus anzunehmen, zu wagen und zu gestalten: *Im Leben frei sein zum Tod und im Tod frei sein zum Leben*. Gelingt dies, so findet der Mensch einen Zugang zur transpersonalen Dimension des eigenen Seins. Die Frage nach dem Sinn des Lebens stellt sich ihm oder ihr neu und das Leben wird neu ausgerichtet. Nicht ohne Grund krempeln viele Menschen, die durch die Erfahrung einer lebensbedrohlichen Krankheit oder des nahenden Todes gegangen sind, ihr Leben von Grund auf um. Statt weiterzumachen wie bisher, suchen Sie nach letzten Wahrheiten, nach dem Sinn des Lebens und wagen das Leben neu, inspiriert aus der geistigen Dimension ihrer Existenz.

Konzentration auf das Jetzt

Viele große spirituelle Lehrer und Lehrerinnen sind durch solche Erfahrungen des Todes gegangen. Es waren letztlich Erfahrungen des Todes ihrer sozialen Existenz. Das Wissen, das sie zurückbrachten, ist für andere, die diesen Weg noch nicht beschritten haben, von unschätzbarem Wert. Ein Neale Donald Walsch, eine Byron Katie, ein Ramana Maharshi, ein Willigis Jäger oder ein Eckhart Tolle – sie alle lehren aus der Authentizität ureigenster Erfahrung heraus. Sie haben erfahren, dass der Urgrund des Seins, der sich in uns manifestiert, ohne Form und Namen, ohne Raum und Zeit IST.

Deswegen ist es in den turbulenten Herausforderungen unserer weltlichen Verstrickungen so wichtig, einen Zugang zu dieser anderen Wissensdimension zu finden. Wie, das hat Eckhart Tolle mit seiner Lehre zum „Jetzt“ für viele auf den Punkt gebracht[146]. Er fordert auf, sich radikal auf das Jetzt zu beziehen. Wirklichkeit geschieht nur im Jetzt. Jede Erinnerung findet statt im Jetzt. Jedes

146 Tolle 2000

Vorherdenken und Planen findet statt im Jetzt. Nichts existiert außerhalb des Jetzt.

Angesichts der Wegmetapher, der Stufen und Hindernisse, die – so die Vorstellung – zu etwas führen sollen, ist diese Position eine erfrischende und entlastende Richtigstellung. So sehr wir uns auf einem Stufenweg bewegen mögen. Er findet immer nur im Jetzt statt. Auch Erleuchtung geschieht nicht irgendwann. Sie geschieht im Jetzt. Beherzigen wir dies, dann können wir uns dem Jetzt, dem „Was ist", ganz neu öffnen. Wir können auf die Ego-Spielchen verzichten, mit denen wir das, was ist, versuchen umzuinterpretieren oder umzupolen. Statt uns im „Was wäre, wenn ..." zu verlieren, können wir ankommen in dem „Was ist" und aus der Kraft der Mitte heraus unseren Weg des Wachstums in der Welt, mit der Welt, durch die Welt und in der Auseinandersetzung mit der Welt gehen.

Stufen des Bewusstseins, Stufen des Wachstums

„Ganz entspannt im Hier und Jetzt!" – mit diesem humorvollen Zuruf auf dem Weg des Spirituellen Selbstmanagements verbindet sich meist das Eingeständnis, dass es ganz so leicht im Hier und Jetzt eben doch nicht geht. Und dennoch – vertrauend, dass Gott es „gut" mit mir meint, dass die Herausforderungen, die mir begegnen, zu meinem Wohl sind, kann ich auch leichter die Stufen und Schmerzen des Wachstums durchlaufen. Für mich sind es Stufen der Erweiterung des Bewusstseins, in denen ich immer tiefer und umfassender erfahre, dass alles Geschaffene Ausdruck des EINEN ohne ein Zweites ist. Sie führen mich über die Disidentifikation mit dem Körper, die Disidentifikation mit den Gedanken und Gefühlen, die Disidentifikation mit meiner Höheren Intelligenz letztlich zur Quelle des SEINS, zum Ich BIN das EINE ohne ein Zweites[147].

147 Vgl. dazu oben die Lehre von den Körperhüllen und Bewusstseinsstufen, S. 42, und die Disidentifikationsübung von Roberto Assagioli, S. 132.

Übungen

Übung 6.1:
Drehbuch schreiben

Die eigene Geschichte persönlicher Herausforderungen und Krisen zu schreiben, hilft, das Gewesene zu würdigen, mit Vergangenem abzuschließen und sich für Neues zu öffnen. Die Anregung für diese Übung stammt von Margarete Schmidt-Sonntag.

- *Kaufen sie sich eine schöne Kladde, in die Sie das Drehbuch Ihres Lebens schreiben wollen.*
- *Stellen Sie sich nun vor, ein Film sei in Vorbereitung, in dem die wichtigsten Situationen Ihres Lebens gezeigt werden, Situationen, in denen Ihre Persönlichkeit sich entwickeln durfte oder musste. Es waren Situationen, die Sie zwangsläufig auf eine neue Stufe Ihres Bewusstseins von sich, anderen und der Welt führten.*
- *Lassen Sie diese Situationen ganz lebendig vor Ihrem inneren Auge werden, durchleben Sie sie erneut.*
- *Betrachten Sie diese sodann aus einer wohlwollenden Zeugenperspektive.*
- *Nehmen Sie sich die Muße und Freiheit, die Situationen mit Bild, Text, Grafik, Gedicht lebendig werden zu lassen.*
- *Würdigen Sie die Erfahrungen, die Sie machen durften – auch und gerade, wenn es schwierige gewesen sein sollten. Machen Sie sich die Geschenke dieser Erfahrungen bewusst und danken Sie dem allerhöchsten Geist für das, was Sie erleben durften.*
- *Bringen Sie auch dies zu Papier in Ihrer schönen Kladde.*

Übung 6.2:
Pforten erkennen und akzeptieren

Wenn Sie sich in einer existenziell schwierigen, lebensbedrohenden oder Sie zutiefst aufwühlenden Phase befinden, halten Sie inne und nehmen Sie eine wohlwollende Zeugenhaltung sich selbst und der Situation gegenüber ein:

- *Fragen Sie sich, ist es eine Pforten- oder Schwellensituation auf meinem Weg?*
- *Was ist die Lehre, die ich hier und jetzt zu lernen habe?*
- *Wie sähe mein Leben aus, wenn ich diese Lehre beherzige?*
- *Was hindert mich (noch), die Lehre anzunehmen?*
- *Welche Kraft hilft mir, meine Lektion zu lernen?*
- *Wenn ich diese Herausforderung bejahe, was sind dann die nächsten Schritte für mich?*
- *Danken Sie für die Erkenntnisse, die Sie gewonnen haben, und öffnen Sie sich für den Weg der inneren und äußeren Transformation.*

Übung 6.3:
Lust auf Prüfungen: „Quatschi" und „Innerer Coach"

Der Managementberater Jens Corssen spricht in seinem Konzept „Der Selbst-Entwickler" von der Figur des „Quatschi"[148]. Der Quatschi ist der innere Widersacher, der im Zweifelsfalle immer anderen die Schuld zuschiebt, wenn etwas nicht so funktioniert, wie gewünscht. Penetrant meldet er sich im Inneren zu Wort und treibt dort sein Unwesen als Saboteur, der sich einer Entwicklung der Persönlichkeit in den Weg stellt. Die Gegenfigur nennt Corssen den „Inneren Coach". Der Innere Coach weiß, dass hier wieder einmal

148 Corssen 2002

eine Herausforderung ansteht, die es anzunehmen gilt. Er erkennt, wo es bei der Persönlichkeit hapert und geht deren Entwicklung beherzt an. Dieses Konzept greift wichtige Elemente der personalen Psychosynthese und der Arbeit mit Teilpersönlichkeiten auf.

- *Wenn Sie einmal wieder über andere schimpfen oder Ihnen die Schuld zuschieben, halten Sie inne und nehmen Sie eine wohlwollende Zeugenperspektive ein.*
- *Begrüßen Sie den Quatschi in Ihrem Inneren und sagen Sie ihm, dass er nun genug dazwischengequatscht hat.*
- *Rufen Sie nun Ihren Inneren Coach in Ihr Bewusstsein und befragen Sie ihn, wo es denn bei Ihnen selbst hapert und was in Ihrer Persönlichkeit die Situation herbeigeführt hat.*
- *Überlegen Sie sodann mit Hilfe Ihres Inneren Coaches, wo und wie Sie Ihre eigene Persönlichkeit weiterentwickeln können und wollen.*
- *Danken Sie für Herausforderung, für Erkenntnisgewinn und Wachstumschance!*

Übung 6.4: **Die Mitte kräftigen, eine neue Sicht entwickeln**

In Ihrem Buch „Führen aus der Mitte“ stellen die Autoren Barbara und Michael Fromm[149] das so genannte „magische Dreieck“ vor. Es beschreibt den Weg in die eigene Mitte und wird gebildet aus *„aufmerksam sein“*, *„nicht bewerten“ und „loslassen“*. Solche Stärkung der Mitte unterstützt gerade in den Stürmen von professionellen oder privaten Herausforderungen die innere Gelassenheit und Authentizität.

- *Wenn Sie wieder einmal innerlich heftig auf eine professionelle oder private Situation reagieren, nehmen Sie eine wohlwollende Zeugenperspektive ein.*

---

149 Fromm/Fromm 2004

- *Betrachten Sie aus dieser Haltung die Situation aufmerksam.*
- *Versuchen Sie dabei, die Beobachtung sorgfältig von Bewertungen freizuhalten. Sie sind nur Ausdruck Ihrer eigenen mentalen Modelle. Erlauben Sie sich einen frischen neuen Blick.*
- *Entwichtigen Sie damit die Situation.*
- *Lassen Sie dann die ganze Situation los, frei von emotionaler Anhaftung.*
- *Öffnen Sie sich für eine Sichtweise, in der Sie die Situation als eine Wachstumschance interpretieren.*

Übung 6.5: **Ankommen im Jetzt: Sich auf den Inneren Körper konzentrieren**

Eckhart Tolle hat sich in seinem Buch „Jetzt!" intensiv mit dem Inneren Körper beschäftigt.[150] „Immer, wenn du gegenwärtig bist, wirst du in gewissem Maße ‚durchscheinend' für das Licht, das reine Bewusstsein, das von dieser Quelle ausstrahlt." [151] Um die Brücke dorthin zu finden, empfiehlt Tolle, sich auf den so genannten Inneren Körper zu konzentrieren, worunter er einen zeitlosen (Energie-)Körper versteht, der eine Verbindung ist zwischen der manifesten und der geistigen Welt. In der Wahrnehmung stets die Verbindung zu diesem Inneren Körper aufrechtzuerhalten, führt daher zur Quelle.

„Richte deine Aufmerksamkeit in den Körper. Fühle ihn von innen. Ist er lebendig? Ist Leben in deinen Händen, Armen, Beinen und Füßen – in deinem Bauch, deinem Brustkasten? Kannst du das feine Energiefeld spüren, das den gesamten Körper erfüllt und pulsierendes Leben in jedes Organ und jede Zelle bringt? Kannst du es gleichzeitig in allen Teilen des Körpers als ein

---

150 Tolle 2000, 122f. und 140ff.
151 Tolle 2000, 140

einziges Energiefeld spüren? Verweile für einige Momente bei dem Gefühl des Inneren Körpers. Fange nicht an, darüber nachzudenken. Fühle es. Je mehr Aufmerksamkeit du ihm gibst, desto klarer und stärker wird dies Gefühl werden. Es wird sich anfühlen, als würde jede Zelle lebendiger ... Der Innere Körper befindet sich an der Schwelle zwischen deiner Identität als Form und deiner Identität als Essenz, deiner wahren Natur. Verliere nie den Kontakt zu ihnen."[152]

Übung 6.6: **Im Fluss sein**

Diese Übung ist eine Erweiterung der vorgenannten Übung. Hier ist die Konzentration auf den Inneren Körper so weit gediehen, dass der Mensch die Erfahrung macht, „im Fluss zu sein", das höchste Ziel auf dem Weg des Spirituellen Selbstmangements. Hier erlebt sich der Mensch nicht mehr als Handelnde oder Handelnder, sondern als ein Ausdruck des Universellen Geistes in Raum und Zeit. Ramesh Balsekar würde sagen: *„I am not the doer; it happens."*[153] Ich bin nicht der Handelnde. Es geschieht.

Dazu nochmals Eckhart Tolle, der den Inneren Körper in der folgenden Antwort auf die Frage eines Schülers mit Chi, im Asiatischen der Ausdruck für feinstoffliche Energie, vergleicht:

„Das Unmanifeste ist die Quelle des Chi. Chi ist das innere Energiefeld deines Körpers. Es ist die Brücke zwischen dem äußeren Du und der Quelle. Es befindet sich auf halbem Wege zwischen dem Manifesten, der Welt der Form, und dem Unmanifesten. Chi kann mit einem Fluss oder einem Energiestrom verglichen werden. Wenn du den Fokus deines Bewusstseins tief in den Inneren Köper lenkst, dann verfolgst du den Lauf dieses Flusses zurück zu seiner Quelle. Chi ist Bewegung; das Unmanifeste ist Stille. Wenn du einen Punkt absoluter Stille erreichst, der trotzdem voll pulsierenden

---

152 Tolle 2000, 122f.
153 Balsekar 1999

Lebens ist, dann bist du jenseits des Inneren Körpers gegangen und jenseits von Chi zur Quelle selber: zum Unmanifesten. Chi ist die Verbindung zwischen dem Unmanifesten und dem physischen Universum.

Wenn du nun mit deiner Aufmerksamkeit tief in den inneren Körper hineingehst, erreichst du vielleicht diesen Punkt, diese Einzigartigkeit, wo sich die Welt im Unmanifesten auflöst und das Unmanifeste als Energiefluss des Chi Form annimmt, der dann die Welt wird.“[154]

154 Tolle 2000, 104f.

7. Die kommunikative Kraft der Liebe: Vom Konflikt zur Kooperation

„Man sieht nur mit dem Herzen gut."[155]

Gott ist Liebe und Liebe ist Beziehung. Liebe ist nichts Gegenständliches. Es ist die Kraft „hinter den Dingen", jenes schöpferische Urprinzip, das die Welt der Form hervorbringt. Als Menschen erfahren wir die Kraft der Liebe als ein „Dazwischen". Wo wir der reifen Liebe begegnen, erleben wir eine Kraft, die Beziehungen gelingen lässt, weil ein liebender Mensch im Du sich selbst erkennt. Verurteilungen und Bewertungen entfallen. Entwickelte Liebe überwindet Trennung. Sie schafft Einheit in der Vielfalt: Unity in Diversity.

Communicatio und Communio

Wie können wir uns dem Mysterium Liebe nähern, wie es besser verstehen? Liebe drückt sich in Beziehung aus; sie lebt durch Kommunikation. Kommunizieren wir aus der Herzenskraft, dann wird die besondere kommunikative Kraft der Liebe wirksam[156]. Wir spüren sie. Wir reagieren auf sie; doch wir können sie nicht „fassen". Was ich damit meine, wird deutlicher anhand der Unterscheidung zwischen *Communicatio* und *Communio*[157]. Der Begriff Communicatio bezieht sich auf die Inhalte der Kommunikation. Er bezeichnet all das, was man auf Medien aller Art – Papier, Bild, bewegtes Bild, Computer – bringen kann, d. h. auf Mitteilungen, die sich speichern, transportieren und verarbeiten lassen.

Communio hingegen ist das Dazwischen, das Wie, die feinstoffliche Energie, die sich „zwischen den Zeilen" manifestiert. Communio eröffnet in der Kommunikation den Raum der Beziehung, die Chance teilzuhaben. Wenn dies aus dem Geist der Liebe geschieht, dann gelingt etwas Besonderes: Freund-Feind-Denken

155 Saint-Exupéry
156 Mettler-v.Meibom 2000
157 Mehr dazu Mettler-v.Meibom 2000, 37ff.

wird hinfällig, Aggression und Abwehr verlieren ihre Schärfe. Trennungen werden überwunden, Blockaden verwandeln sich in Synergien, Konflikte reifen zur Kooperation, Missverständnisse münden in Versöhnung und Abwehr wird zur Einbeziehung. Wir wissen dann, dass Liebe im Spiel ist, nicht die romantische Liebe, sondern eine Liebeskraft, die Trennungen aufzulösen vermag.

In einer Welt der Materie, die von Vielfalt, Gegensätzen und Interessenkonflikten gekennzeichnet ist, bahnt solche Communio den Weg zur Einheit in Vielfalt (Unity in Diversity). Sie schafft Gemeinschaft und in letzter Konsequenz ein Wissen um die Einheit zwischen allem, was existiert. Wenn wir in hoher Bewusstheit (Awareness) kommunizieren, kommen wir – mit unserem Wissen, Verstehen und Erfahren – an in dem, was in Wirklichkeit IST, das *„EINE ohne ein Zweites"*.

Hier führt das Herz. Denn es ist das Herz, das alle Trennungen überwindet. Wir Menschen haben eine feine Wahrnehmung für die Herzensenergie. Wir spüren intuitiv, ob uns Liebe, Misstrauen, Abwehr oder Angst entgegengebracht werden. Tiere „riechen" förmlich, aus welcher Haltung wir ihnen begegnen. Ebenso fein wie unser Wahrnehmungsgespür ist, ebenso fein sind auch die meist unbewussten Reaktionen. Gut lässt sich dies an der Interaktion zwischen Erwachsenen und Kleinstkindern beobachten: Die unschuldige und unverdorbene Liebeskraft eines Kleinkindes verwandelt den Erwachsenen; er/sie beginnt zu strahlen und antwortet mit derselben unschuldigen Liebe.

Herzenskommunikation gibt jeder Botschaft, jedem Wort, jeder Geste eine verbindende Qualität. Was wir alle zur Genüge kennen, fehlt dagegen: Entwertung und Ausgrenzung des anderen, das ewige Misstrauen, die Angst übers Ohr gehauen, hintergangen, missbraucht, entmachtet oder gar lächerlich gemacht zu werden. Herzensergie prüft und wiegt nicht blind. Statt „rosarote Soße" über alles zu streichen und mit einem idealisierten Blick zu verklären, entscheidet sich das Herz dafür, mit Entschiedenheit das Gute zu sehen, zu hören und zu wollen. Gerade wenn Zweifel bestehen, will das Herz dem anderen – trotz und alledem – aus der Herzensenergie begegnen. Dazu braucht es einen bewussten Wechsel der Brille und die aktive Entscheidung zu vertrauen.

Wer die Herzensenergie als kommunikative Kraft achtet, wertschätzt und ausdrückt, der oder die geht sorgfältig mit Macht um. Macht ist die Fähigkeit, Menschen in ihrem Verhalten zu beeinflussen, möglicherweise auch gegen Widerstand. Macht braucht Kommunikation, um wirksam zu werden. Wer jedoch aus der Kraft der Liebe kommuniziert, respektiert den Willen der anderen, achtet ihren Eigen-Sinn, motiviert und inspiriert mehr als zu steuern oder zu kontrollieren. Eine Führungskraft, die Menschen mit Herz und Verstand führt, nimmt die Herzen derjenigen mit, über die er oder sie Macht ausübt. Wertschätzung wird hier zur Führungskunst. Führung wird zu „Supportive Leadership". In dieser Art der Führung verbinden sich Macht und Liebe.

Einheit in der Vielfalt

Gott, der Liebe ist, manifestiert sich in allen seinen Formen. Die gesamte Schöpfung ist der Ausdruck des unfassbaren Schöpfungsreichtums Gottes. Da alles, was IST, aus dem EINEN hervorgegangen ist, sind wir alle EINS.

Identifiziert mit dem Körperbewusstsein, mit der Welt der Formen und Namen, können wir dies nicht erkennen. In einer Phase wie der gegenwärtigen, in der unter dem Einfluss der Globalisierung alles zusammenwächst, freiwillig oder unfreiwillig miteinander in Kontakt tritt, erleben wir allerorten Fremdes. Wir erkennen es nicht als Eigenes. Es ist uns fremd und bleibt uns fremd, doch wir sind gezwungen, damit klarzukommen: Mit Menschen aus anderen Ländern, mit anderen Sprachen, anderen Gebräuchen, anderen Glaubensvorstellungen, anderen Werten und anderen Konzepten von einem gelingenden Leben. Damit noch nicht genug: Die Interessen stoßen mit unvermittelter Schärfe aufeinander: Der Kampf um knappe Ressourcen, der Kampf um Anerkennung, der Kampf um Sicherheit, um Marktanteile und um das Recht, die Regeln des Zusammenlebens zu bestimmen.

Dies stellt eine unerhörte Herausforderung dar: im unmittelbaren Alltag, in der Nachbarschaft, beim Einkaufen, beim Arzt, in Vereinen, in der Straßenbahn und im Bus – bei all den kleinen Dingen des gesellschaftlichen Lebens. Und genauso stellt sich die Herausforderung in der Arbeitswelt: gegenüber Kollegen und Kolleginnen, beim Reisen, im Auslandseinsatz, im geschäftlichen, politischen oder zivilgesellschaftlichen Kontakt. All diese Herausforderungen sind zusätzlich zu dem Fremden hinzugekommen, das wir ohnehin kennen und das uns sowieso schon Schwierigkeiten bereitet: das Fremde im Partner oder der Partnerin, in den Kindern, in den Freunden, Nachbarn und nicht zuletzt in uns selbst.

Was also ist der Ausweg? Ein Weg zurück ist nicht möglich. Die Globalisierung mit allen ihren Folgen lässt sich weder zurückdrehen noch durch übersteigerte und perverse Sicherheitsmaßnahmen kontrollieren. Letztere schaffen nur eine Pseudosicherheit, mit der die schwer erkämpften bürgerlichen Freiheiten untergraben werden.

Wir müssen also in eine neue *geistige* Freiheit hineinwachsen, die aus der kommunikativen Kraft der Liebe resultiert. Diese Freiheit erwächst aus einem Bewusstsein, bei dem ich mich selbst im anderen und mir Fremden erkenne. An diesem Punkt erwächst die Bereitschaft, die Barrieren zwischen dem Ich und dem Du einzureißen.

Dazu eine Geschichte, deren Herkunft ich leider nicht kenne: *Ein Paar trennt sich. Der Mann zieht aus. Nach einem Jahr kommt er zurück, klopft bei der Frau an. Sie fragt von innen, ohne die Tür zu öffnen: „Wer ist dort?" Er: „Klaus." Sie öffnet nicht. Der Mann geht fort. Nach einem weiteren Jahr kehrt er zurück. Sie fragt erneut von innen, ohne die Tür zu öffnen: „Wer ist dort?" Seine erneute Antwort: „Klaus." Und wiederum öffnet sie die Tür nicht. Nach fünf Jahren kehrt der Mann ein drittes Mal zurück. Sie fragt von innen, wiederum ohne die Tür zu öffnen: „Wer ist da?" Er antwortet: „Du bist es." Und dieses Mal macht sie die Tür auf.*

Im Englischen gibt es ein Wort, das bezeichnet, was wir brauchen, wenn wir die kommunikative Kraft der Liebe leben wollen: Awareness. Dieses Wort steht für Achtsamkeit, Bewusstheit, Aufmerksamkeit, Gewahrsein. Sie alle entstehen aus einem Blick, der sowohl nach innen als auch nach außen gerichtet ist. Es ist nicht nur ein „bifokaler" Blick, sondern letztlich ein nondualer Blick. Mit ihm nehme ich das Außen aus der Herzenskraft heraus wahr und drücke mich aus der Herzenskraft aus. Das ist nicht selbstverständlich und gelingt denen, die sich darum bemühen, oft nur in kleinen Schritten. Doch wer Macht und Liebe versöhnen will, braucht die kommunikative Kraft der Liebe. Wir brauchen die innere Gewissheit, dass das, was uns begegnet, in Wahrheit wir selbst sind, das „EINE ohne ein Zweites".

Dialogische Kommunikation

Wo immer Menschen die Einheit in der Vielfalt aufspüren wollen, kommt dialogische Kommunikation ins Spiel. Um das Fremde zu verstehen, brauchen wir ein tiefes Wissen um den anderen und eine darauf aufbauende echte Verständigung. Der Begriff der dialogischen Kommunikation wird heute sehr weit ausgedehnt. Alles wird Dialog genannt, egal, ob es sich eigentlich um eine Debatte, eine Diskussion, einen Disput oder ein Streitgespräch handelt. Der Begriff der dialogischen Kommunikation hingegen, wie er auf Martin Buber und David Bohm zurückgeht, begreift Dialog als eine Kommunikation zwischen Subjekten. Die Dialogpartner wenden sich einander auf Augenhöhe zu. Sie begreifen sich wechselseitig als eigenständige Subjekte, nicht als Objekt ihrer Wahrnehmungen oder Bewertungen. Im freien Fluss der Gedanken wächst ein gemeinsames Wissen, das das Wissen der je Einzelnen übersteigt. Es entsteht ein neuer gemeinsamer Sinn.

In einer der Lehrgeschichten Buddhas zeigt er mit Hilfe einer Metapher, worum es bei der dialogischen Kommunikation geht. Menschen sind demnach wie Blinde, die sich rund um einen Elefanten, eine Metapher für die Wirklichkeit, gruppiert haben. Jeder berührt den Elefanten an einer anderen Stelle und entwickelt daraus eine höchst persönliche und individuelle Sichtweise, von deren Wahrheit und Richtigkeit er oder sie überzeugt ist.[158] Wer am Schwanz sitzt, meint, es sei ein Strick, wer unter dem Bauch liegt, ist überzeugt, in einer Höhle zu sein, wer sich am Ohr aufhält, meint, ein großes Blatt in der Hand zu halten, und wer auf dem Hinterteil sitzt, ist überzeugt, sich auf der Kuppe eines Berges zu befinden. Als Blinde können sie nur dann einen Blick auf die Wirklichkeit tun, wenn sie sich miteinander verständigen. Doch

158 Vgl. Mettler-v.Meibom 2006, 141.

dazu braucht es die Bereitschaft, dem jeweils anderen zuzuhören und dessen Sichtweise zu verstehen. Nötig ist anstelle der üblichen *„Nein … aber …-Kommunikation“* etwas ganz anderes. Nötig ist die *„Ja … und …-Kommunikation“*, in der die eigenen Gedanken und Wahrnehmungen geäußert werden, jedoch für das Gegenüber ein Raum gelassen wird, die eigenen Wahrnehmungen ohne Furcht vor Ablehnung zu kommunizieren. So kann – im Dialog – eine Wahrnehmung höherer Ordnung entstehen, die die jeweiligen Einzelwahrnehmungen übersteigt. Achtsames Gewahrsein (Awareness) ist dazu der Weg, jenes Gewahrsein, in dem ich mich für die Wahrnehmungen des anderen öffne.

Solche dialogische Kommunikation gibt der kommunikativen Kraft der Liebe Ausdruck. Die Grundlagen dialogischer Kommunikation wurden durch das Team von Martina Hartkemeyer in hervorragender Weise in Handlungsmaximen übersetzt und zu anschaulichen Praxen verdichtet[159].

Kernfähigkeiten im Dialog

1. Die Haltung eines/einer Lernenden verkörpern.	„Im Anfängergeist gibt es viele Möglichkeiten. Im Geist des Experten gibt es wenige.“ (Shunryu Suzuki)
2. Radikaler Respekt	Nicht nur akzeptieren, wie mein Gegenüber ist, sondern auch der Versuch, die Welt mit den Augen meines Gegenübers zu sehen.
3. Offenheit	Bereitschaft, sich von den eigenen Überzeugungen zu lösen.
4. „Sprich von Herzen … und fasse dich kurz!“	Das sagen, was mir eigentlich wichtig ist. Sich selbst zeigen.
5. Zuhören	Zuhören ist der Schlüssel zu wechselseitigem Verstehen und zur Verständigung.

159 Hartkemeyer et al. 1998

6. Verlangsamung	Zeit nehmen zum Nachsinnen, Nachspüren, Verstehen, Wirken.
7. Annahmen und Bewertungen suspendieren	Wahrnehmen, Interpretieren und Bewerten zurückstellen, um einen Raum des Verstehens zu öffnen.
8. Produktives Plädieren	Die eigene Denkweise offenlegen und andere daran teilhaben lassen.
9. Eine erkundende Haltung einüben	Nicht etwas wissen, sondern erfahren wollen, d.h., dem anderen echtes Interesse zeigen.
10. Den Beobachter beobachten	Durch Verlangsamen und Beobachten die Bedeutung des Gedachten aufspüren.

(zusammengestellt nach Hartkemeyer et al. 1998, 78 ff.)

Einige dieser Kernfähigkeiten scheinen mir besonders wichtig: *Hinhören und Kommunizieren mit dem Herzen.* Die Fähigkeit zuzuhören, mehr noch hin-zuhören, ist heute ganz besonders bei Menschen, die große Macht haben, extrem unterentwickelt. Wenn ich Macht und Liebe zur Synthese bringen will, geht dies nicht, ohne das Zuhören zu lernen. Statt des Eindrucks, immer alles schon verstanden zu haben und besser zu wissen, öffnen sich dann Herz und Ohren und können auch die Bedeutung hinter den Worten entdecken. Aus eigener Erfahrung weiß ich mehr als genau, wie schwierig dies ist. Im Kontakt mit meinen machtvollen Brüdern habe ich bereits als junges Mädchen gelernt, machtvoll mit Worten umzugehen, um mir Respekt zu verschaffen. Dies bedeutete auch, dass ich eine männliche Untugend gelernt habe, nämlich andere zu unterbrechen. Als Professorin habe ich mir dann eine Bühne geschaffen, auf der ich die Macht des Wortes nutzen konnte. Hier „abzurüsten" und das Zuhören wieder zu lernen, war und ist nicht einfach. Die Begleitung von Menschen in ihren Prozessen, das ganz genaue und feine Hinspüren und achtsame Fragen – dies ist für mich ein wichtiger Weg geworden, mich selbst wieder an die Herzkraft anzuschließen und eine Synthese von Macht und Liebe zu wagen.

Erkunden und Plädieren ist eine wichtige Voraussetzung, wenn ich achtsam und wertschätzend meine Ansichten vermitteln und zugleich offen sein will, von anderen zu lernen. Erkunden heißt, dass ich mich durch Fragen für die Sichtweise des Gegenübers öffne. Plädieren heißt, dass ich – aus einer Haltung der Selbstwertschätzung heraus – meine Sicht der Dinge zum Ausdruck bringe. Nur wenn die beiden Haltungen zusammenkommen, gelingt es, ein Wissen und Verstehen höherer Ordnung zu entwickeln.

Einen solchen *Sinn höherer Ordnung* gemeinsam zu entwickeln, ist das Ziel der dialogischen Kommunikation. Statt in meiner begrenzten Sichtweise zu verharren, erweitere ich meine Sichtweise und öffne mein Herz dafür, dass die Wirklichkeit größer ist, als es mir mein begrenztes Denken und Wahrnehmen vorgaukelt.

Wer in dieser Weise die eigene Sicht erweitert, wird toleranter und verständnisvoller gegenüber dem, was im ersten Moment fremd erscheinen mag. Statt alles auf sich zu beziehen und als Ablehnung der eigenen Person zu erleben, erwächst wechselseitiges Verstehen aus einer Haltung der Selbstwertschätzung und der Wertschätzung von anderen. Statt die „fremde" Welt auszugrenzen, wird die Welt in ihrer unendlichen Vielfalt immer mehr zu einem Raum, in dem ich mich beheimatet fühle.

Win-win-Lösungen/Win-lose-Lösungen

Wo Interessenkonflikte und Machtbeziehungen im Spiel sind, gibt es zwei vom Prinzip her unterschiedliche Möglichkeiten, mit Konflikten umzugehen: Die eine ist die weitgehend übliche: Ein Konflikt wird auf Kosten eines der beiden Konfliktpartner gelöst. Hier haben wir die klassische Win-lose-Lösung, Gewinner-Verlierer-Lösung. Die Art unseres Wirtschaftens hat die Form des zivilen Wettrüstens angenommen, des Krieges um Marktanteile und Marktsphären. Die modernen Kriegsherren haben sich in den Managementzentralen der Großkonzerne niedergelassen und entwickeln Strategien, um die Welt unter sich aufzuteilen. Hier geht es um Sieg oder Niederlage.

Doch selbst im Bereich des Wirtschaftens gibt es inzwischen herausragende Persönlichkeiten und nachhaltige Konzepte, die auf eine andere Form der Lösung abzielen, nämlich die Win-win-Lösungen, von denen alle profitieren. Solche Gewinner-Gewinner-Lösungen werden z. B. dann verfolgt, wenn man in Dritte-Welt-Ländern dafür sorgt, dass die Produkte für den einheimischen Markt aus nachwachsenden Rohstoffen und unter Arbeitsbedingungen hergestellt werden, die nicht Sklavenarbeit sind, sondern in denen man mit den Menschen respektvoll umgeht. Win-win-Lösungen können wir anstreben, wo immer ein Konflikt auftaucht. Wenn wir darauf verzichten, auf Kosten des anderen unsere Interessen durchzusetzen, legen wir Grundlagen für Harmonie und wechselseitigen Respekt. Wo wir andere niederdrücken und entwerten, um unsere Interessen durchzusetzen, legen wir Grundlagen für Disharmonie, Unfrieden und säen die Saat für später aufgehende Gewalt. Der Zustand, in dem sich die Welt derzeit befindet, gibt dafür Anschauungsmaterial auf allen Ebenen.

Transformationszyklus der Wertschätzung

Dialogische Kommunikation unterstützt das, was ich den Transformationszyklus der Wertschätzung nenne. Ausgehend von der uneingeschränkten Akzeptanz dessen, was Gott mir / uns / der Welt als Aufgabe gestellt hat – „Was ist, ist", ja sogar „Was ist, ist heilig" – lasse ich mich darauf ein, mein eigenes Denken, Wahrnehmen, Kommunizieren und Verhalten einer sanften aber großen Veränderungsmacht zu übergeben.[160]

Wenn ich die einzelnen Stufen durchlaufe, kann ich das Fremde als das Eigene erkennen, weil sich mein Verstehen erweitert hat. „Fremdes" zeigt sich mir normalerweise auf allen Ebenen, z. B.: im Verhalten eines vertrauten Menschen, das ich ablehne; im Verhalten eines Kollegen, das mit meinen Werten nicht übereinstimmt; in gesellschaftlichen Missständen, die ich verurteile; in kulturellen Prägungen, die ich nicht verstehe oder die mich abstoßen; in Glaubensrichtungen, die sich mit meinen nicht vertragen. Die Gesichter des Fremden sind zahllos. Wenn ich das Fremde als Eigenes

160 Vgl. Mettler-v.Meibom 2006, 94.

Abbildung 5: Transformationszyklus der Wertschätzung

erkennen will, erfordert dies meine Bereitschaft zur inneren Arbeit und zur Öffnung meines Herzens. Wo solche Arbeit getan wird, breitet sich innerer Friede aus, denn meine Liebeskraft hat das mir bislang Fremde in den Raum meines Herzens aufgenommen.

Dies muss nicht bedeuten, dass ich missliche Zustände hinnehme. Ganz im Gegenteil. Allerdings ändert sich die Qualität meines Tuns. Wenn ich den Transformationszyklus der Wertschätzung durchlaufe, dann werde ich nicht mehr aktiv, um mich selbst gegen das Unerwünschte zu stabilisieren, zu sichern, zu verteidigen oder dagegen in den Angriff zu gehen. Stattdessen bringt mich Wertschätzung in Verbindung mit meiner Liebeskraft, und wenn ich aus dieser Haltung heraus aktiv werde, wird mein Handeln zum Segen. *„Liebe und tue was du willst.“* (Augustinus)

Übungen

Übung 7.1:
Die kommunikative Kraft der Liebe: Man hört nur mit dem Herzen gut

Rufen Sie sich einen Menschen ins Bewusstsein, bei dem sie regelmäßig innerlich „auf die Palme" gehen oder, wie Ben Fuchs dies nennt, „emotionale Allergien" entwickeln. Nehmen Sie sich vor, beim nächsten Kontakt mit der betreffenden Person ganz neu und anders zuzuhören.

Konzentrieren Sie sich vorher und während des Kontakts auf Ihre Herzkraft, verbinden Sie sich bewusst mit ihr und hören Sie Ihrem Gegenüber mit dem Herzen zu. Hören Sie auf das, was Sie hinter den Worten, Gesten, Verhaltensweisen wahrnehmen. Nehmen Sie Kontakt auf mit dem, was eigentlich gesagt werden will und was die Person Ihnen gegenüber im tiefsten Inneren bewegt, wonach sie sich sehnt und was sie wirklich braucht. Dann reagieren Sie auf das, was sich Ihnen auf dieser Ebene mitteilt. Sie werden überrascht sein, wie sich die Beziehung verändert.

Übung 7.2:
„Juwelen" suchen: Beziehungen klären

Nehmen Sie sich einen Raum ungestörter Konzentration auf Ihre Innenwelt und konzentrieren Sie sich auf Ihren Atem. Rufen Sie sich dann eine verfahrene Beziehung in Erinnerung, bei der es Ihnen gelungen ist, diese deutlich zum Besseren zu wenden. Das kann eine professionelle ebenso wie eine private Situation sein. Fragen Sie sich:

- *Was war das Besondere an der Situation?*
- *Wie kam es zu einer Änderung? Was haben Sie getan, wie haben Sie sich verhalten?*
- *Gab es einen inneren Widerstand, den Sie überwinden mussten?*

- *Welche Kraft haben Sie aktiviert, um den Widerstand zu überwinden?*
- *Wie hat es sich angefühlt – für Sie selbst und für die anderen?*
- *Wie hat sich die Veränderung ausgewirkt, kurz-, mittel-, langfristig für Sie und für die anderen?*

Suchen Sie nach weiteren derartigen „Juwelen" in ihrem Leben und machen Sie sich die Erfolgsparameter bewusst. Freuen Sie sich an dem, was sie gefunden haben und fragen Sie sich, ob es weitere Situationen gibt, die Sie auf diese Weise zum Besseren wenden können.

Übung 7.3: **Zuhören oder das eigene Ohr „erkennen"**

Der Kommunikationswissenschaftler Friedemann Schulz v. Thun hat ein Modell entwickelt, das zu Recht in allen Kommunikationstrainings Eingang gefunden hat: das so genannte Vier-Ohren-Modell[161]. Was dieses Modell verdeutlich: Wir alle haben durch unsere Erziehung bestimmte Hörmuster entwickelt, die mit unseren mentalen Modellen/ Glaubenssätzen zu tun haben. Diese Hörmuster verstellen den Weg zum wirklichen Hören und Verstehen, weil dem Gehörten sofort die innere Wahrnehmung übergestülpt wird. Deswegen ist es wichtig, das eigene Hörmuster zu erkennen und sich für ein unvoreingenommenes Hören zu öffnen. Schulz v. Thun unterscheidet:

- *Das Beziehungsohr: Es vermutet hinter jeder Aussage eine Beziehungsaussage, vielfach eine entwertende, in Frage stellende oder beschuldigende Aussage über die eigene Person.*
- *Das Sachohr: Es hört jede Aussage – nur – auf der sachlichen Ebene, überhört also alle anderen Aspekte.*

161 Schulz v. Thun 1981

- *Das Selbstoffenbarungsohr: Hier wird jede Aussage als eine Selbstoffenbarung des Sprechenden begriffen, was bedeutet, dass weder Sach- noch Beziehungsaspekte in die Wahrnehmung eingehen.*
- *Das Aufforderungsohr: Hier werden Aussagen als eine Aufforderung an die eigene Person erlebt.*

  Je dominanter ein Ohr ist, desto weniger werden die jeweils anderen Ohren und ihre Wahrnehmungen zugelassen. Wer also dominant auf dem Sachohr hört (meist ein Mann), überhört geflissentlich die Beziehungs-, Selbstoffenbarungs- oder Aufforderungsaspekte in dem, was Menschen (ihm) mitteilen. Wer vor allem auf dem Beziehungsohr hört (eher eine Frau), überhört vor allem die Sachaspekte in dem, was (ihr) gesagt wird.
- *Überprüfen Sie Ihr „Ohr", indem Sie registrieren, wie Sie auf Gehörtes reagieren. An Ihrer eigenen Reaktion können Sie feststellen, welches Ohr / welche Ohren besonders aktiv ist/sind.*
- *Setzen Sie nun aus der dialogischen Kommunikation die Fähigkeit des „Erkundens" ein und überprüfen Sie gezielt durch offene Fragen, ob Sie sich – durch Ihr dominantes Ohr – zu einer irrigen Wahrnehmung haben verführen lassen.*
- *Modifizieren Sie gegebenenfalls Ihre Wahrnehmung und reagieren Sie auf Ihr Gegenüber aus Ihrem erweiterten Verstehen.*

Übung 7.4:
Zuhören oder die Wiedergabe von Gehörtem

Diese Übung eignet sich in einer strengeren Durchführungsform vor allem für Trainings, lässt sich aber auch in Alltagsbeziehungen anwenden. Ziel der Übung ist es, sicherzustellen, dass Sie Ihr Gegenüber korrekt verstanden haben, d. h. dass Sie erfasst haben, was Ihr Gegenüber nicht nur gesagt, sondern auch gemeint hat. Dies geschieht, indem Sie sich ganz für die andere Person öffnen und Ihre eigenen Gesprächsbeiträge erst dann platzieren, wenn Sie sichergestellt haben, dass Ihr Gegenüber sich verstanden fühlt. Der Weg hierzu ist wie folgt:

- *Sie hören Ihrem Gegenüber aufmerksam und ohne Bewertung oder Interpretation zu.*
- *Sie geben wieder, was Sie gehört haben: Ich habe (Folgendes) gehört ...*
- *Sie lassen Ihr Gegenüber gegebenenfalls Ihre Wahrnehmung korrigieren und geben dann das Gehörte erneut wieder.*
- *Wenn Ihr Gegenüber sich mit seiner/ihrer Aussage wirklich gehört und verstanden fühlt, antworten Sie darauf mit einem eigenen Statement.*
- *Darauf antwortet Ihr Gegenüber erneut und der Prozess wiederholt sich.*

Was hier als Übung trainiert wird, kann zur inneren Haltung werden. Es ist eine Haltung, die von dem unbedingten Wunsch gekennzeichnet ist, das Gegenüber zu verstehen.

Übung 7.5:
Erkunden von mentalen Modellen

Diese Übung vertieft einen Aspekt der Übung 7.4. Sie geht von dem Wissen aus, dass wir Menschen Gedankenkonzepte im Sinne von mentalen Modellen entwickeln, die uns helfen, die Welt zu interpretieren und zu verstehen. Wir können gar nicht anders, als solche Vorstellungen und Glaubenskonzepte zu formen, da wir uns sonst in einem diffusen, ungeordneten Universum verlieren würden. Mentale Modelle sind meist unbewusst. Es sind gedankliche Wenn-dann-Verknüpfungen in unserer geistigen Vorstellungswelt, die vor allem in frühester Kindheit und Jugend entstehen, z. B.: Wenn ich nicht beachtet werde, werde ich nicht geliebt ... Wenn ich mich so oder so verhalte, wird mir das oder jenes zustoßen ...

Spirituelles Selbstmanagement hilft, die eigenen mentalen Modelle zu erkennen. Es befähigt dazu, mentale Modelle, die für die persönliche und gemeinschaftliche Entwicklung unproduktiv sind, von solchen zu unterscheiden, die dem Leben und dem inneren und äußeren Wachstum förderlich sind. Und es hilft, die Letzteren anzunehmen. In der Kommunikation mit anderen Menschen stoßen wir notgedrungen auf deren mentale Modelle. Interkulturelle Kommunikation ist letztlich darum so schwierig, weil unterschiedliche Modelle aufeinanderprallen, ohne dass man darum weiß.

Bei dieser Übung geht es um das Erkunden von mentalen Modellen. Der Weg ist wie folgt:

- *Beginnen Sie wie in Übung 7.4.*
- *Wenn Sie die Aussage des Gegenübers wiederholen, fügen Sie hinzu, welche Überzeugung Sie beim Gegenüber als Grundlage der Aussage vermuten.*
- *Klären Sie im Dialog ab, ob Sie den anderen korrekt verstanden haben.*

Übung 7.6:
Erkunden und Plädieren

Diese Übung kann in jedem beruflichen oder privaten Kontext angewendet werden. Sie lässt die Fähigkeiten lebendig werden, die Sie in den vorangehenden Übungen trainiert haben.

Sie befinden sich in einem Gespräch, bei dem es um die Klärung eines Sachverhaltes und um das Finden einer Entscheidung geht. Alle am Gespräch Beteiligten haben unterschiedliche Sichtweisen, Bewertungen und Zielvorstellungen. Nun geht es darum, zu einer einvernehmlichen Lösung zu kommen. Das wird leichter, wenn Sie Erkunden und Plädieren geschickt verbinden:

- *Konzentrieren Sie sich auf Ihren Wunsch nach Klärung und Lösung der anstehenden Fragen.*
- *Verbinden Sie sich mit Ihrem Herzen in dem Wissen, dass jede Person im Kreis, Sie selbst inbegriffen, das Recht auf eigene Sichtweisen hat und Konstruktives einbringen kann.*

- *Reagieren Sie auf die Statements der Gesprächspartner, indem Sie durch erkundendes Fragen versuchen herauszufinden, welche Vorstellungen deren Aussagen zugrunde liegen. Wenn Sie meinen, dies verstanden zu haben, klären Sie mit Ihren Gesprächspartnern und -partnerinnen, ob Ihr Verstehen korrekt war.*
- *Nehmen Sie sich dann die Freiheit, die eigenen Vorstellungen einzubringen und für sie einzutreten.*
- *Begreifen Sie sich im Laufe des Gesprächs in einem wechselseitigen Lernprozess und achten Sie darauf, wann sich einvernehmliche Lösungen zeigen, die den unterschiedlichen Sichtweisen gerecht werden. Sie sind „weiser", als wenn nur eine Sichtweise Berücksichtigung fände.*

Übung 7.7:
Offener Dialog: „Ja ... und ..."

Der offene Dialog als Kommunikationskonzept geht auf David Bohm zurück. Er vertrat die Auffassung, dass weise Entscheidungen und eine umfassende Sicht der Dinge entstehen, wenn in einer Gruppe der freie Fluss der Gedanken dazu verhilft, die intelligenteste Lösung zu finden. Inzwischen gibt es Trainings, die im offenen Dialog ausbilden[162]. Der offene Dialog in einer Gruppe braucht meist in der Anfangsphase eine Person, die den Prozess unterstützt (Facilitator). Nach einer Phase der inneren Einstimmung und Vertrauensbildung geht es darum, aus dem freien Gedankenfluss heraus das Thema zu bestimmen, das der Gruppe am Herzen liegt.

Nachdem die Gruppe eingestimmt ist und ihr Thema gefunden hat, organisiert sie sich selbst, indem die Gedanken fließend weiterentwickelt werden. Der Gedankenfluss wird befördert, indem jede und jeder die Sichtweise der anderen nicht nur achtet und würdigt, sondern auch um die eigene Sichtweise bereichert. Ich nenne dies die „Ja ... und ...-Kommunikation".

162 z.B. im Dialogprojekt von Martina Hartkemeyer: http://www.dialogprojekt.de/index.php

Im „*Ja*" würdige ich die Sicht des/der anderen. Im „*und*" würdige ich meine eigene Sicht und teile diese den anderen mit (Mitteilen als Teilen). So entsteht ein Wissen höherer Ordnung, in dem sich gemeinsam neuer Sinn herauskristallisiert.

Rituell unterstützen lässt sich der offene Dialog durch den so genannten Redestein oder Redestab. Sie sichern der redenden Person die ungestörte Aufmerksamkeit der Gruppe. Dieses aus dem Indianischen stammende Ritual bewirkt zugleich, dass die Sprechenden sich stärker auf das Wesentliche in den eigenen Aussagen beschränken.

Dialogisches Verhalten ist nicht einfach zu erlernen, weil es den Verzicht erfordert, über Worte andere beherrschen zu wollen. Insofern braucht der offene Dialog eine wertschätzende Haltung sich und anderen gegenüber. Solcher Dialog findet auf Augenhöhe statt und ist frei von manipulativen Absichten.

Übung 7.8:
Äußere Konflikte als innere erkennen und lösen

Wiederum von Schulz v. Thun stammt das Konzept des inneren und äußeren Teams[163], das auf die Grundlagen der Psychosynthese von Roberto Assagioli zurückgreift. Danach hat jede Führungskraft nicht nur mit einem äußeren, sondern auch mit einem inneren Team zu tun.

Dieses Konzept lässt sich verallgemeinern: Jeder Mensch hat innere Stimmen, die für unterschiedliche Werte und Vorstellungen eintreten. Um mit sich selbst ins Reine zu kommen, braucht es eine innere Ratsversammlung und Konzertierung der inneren Stimmen unter Führung des Ich (der Ich-Funktion bzw. in Metaphern gesprochen von Regisseur / Regisseurin oder Dirigent / Dirigentin).

Konflikte in einem Team, in einer Partnerschaft, Freundschaft oder sonstigen Beziehung sind aus dieser Sicht Spiegel von

163 Schulz v. Thun 1998

ungelösten inneren Konflikten. Wer solche inneren Konflikte aufdecken und zu kohärenten Antworten kommen will, kann wie folgt vorgehen:

- *Wenn Sie einen Konflikt mit Kollegen/Kolleginnen oder vertrauten Menschen in Ihrer Umgebung haben, nehmen Sie innerlich Abstand und hören Sie auf, andere zu beschuldigen.*
- *Erlauben Sie sich nun zu erkunden, welcher innere Konflikt in Ihnen getriggert wird. Welche inneren Stimmen reagieren und wollen in dem Konflikt gehört werden?*
- *Bringen Sie jetzt die unterschiedlichen Stimmen (z. B. der/die Faule, der/die Pflichtbewusste, der/die Geschickte und Tüchtige, der/die Ängstliche, der/die Manipulative) miteinander ins Gespräch und tun Sie dies unter der Führung Ihres Herzens.*
- *Fragen Sie die einzelnen Stimmen, was sie wirklich brauchen und regen Sie an, dass die unterschiedlichen Stimmen im inneren Dialog Kooperationsmöglichkeiten entdecken und miteinander verhandeln.*
- *Regen Sie das innere Team an, zu einer gemeinsamen Sicht zu kommen, mit der Sie dem äußeren Team gegenübertreten und ggf. zur Bewältigung des Konflikts beitragen können („Ich bin bereit, das und das zu tun, wenn ...“).*
- *Bringen Sie nun diese integrierte Sicht in die Konfliktsituation ein und sehen Sie, was sich verändert.*
- *Wiederholen Sie das Ganze, bis Sie zu einer Lösung gelangen.*

Teamkonflikte – innen wie außen – sind in diesem Sinne besondere Geschenke an uns, unsere Sichtweise zu überprüfen, die unbewussten Anteile der Psyche zu erlösen, sie ins Bewusstsein zu heben, unser Wissen von uns selbst und von anderen zu erweitern und unnötige Konflikte zu überwinden.

8. Authentisch sein: Einheit von Denken, Fühlen, Handeln

Authentisch sind wir, wenn unser Denken, Fühlen und Handeln miteinander in Übereinstimmung stehen und wenn die unbewussten und bewussten Kräfte im Menschen miteinander harmonieren, wenn es also einen Einklang von Innen und Außen gibt. Authentische Menschen sind eine Wohltat für alle, die ihnen begegnen. Sie sind mit ihrer Herzenergie verbunden, sie senden keine Doppelbotschaften aus, sie projizieren nicht unbewusste Irrungen und Wirrungen auf andere, um jene dann auch noch zu kritisieren.

Wenn Führungskräfte authentisch sind, erscheint es uns, als wehe ein guter Geist durch eine Organisation. Authentizität ist das Gegenteil von „Politisieren", dem Versuch, alles so hin und her zu drehen, wie es den eigenen Ängsten, Sicherheitsstrategien und Konzepten für Erfolg und Karriere entspricht. Eine authentische Führungskraft mag Fehler machen und sich irren, doch man wird ihr dieses Verhalten als menschlich verzeihen, obgleich dasselbe Verhalten bei einer Führungskraft, die sich und anderen etwas vormacht, heftige Irritationen hervorrufen kann. Solange ein Mensch nicht mit einer Maske oder einem falschen Selbst herumläuft und meint, so tun zu müssen, als sei er/sie, das was er/sie vorgibt zu sein, entsteht im Umfeld auch nicht jene unbewusste Aggression, die Maske vom Gesicht zu reißen.

Authentizität kann die Frucht einer angstfreien Entwicklung in Kindheit und Jugend sein. Wenn Eltern ihren Kindern erlauben, ohne Furcht sich selbst zu entwickeln und zu entfalten, dann brauchen junge Menschen nicht ihr wahres Selbst zu verbergen. Wo solch glückliche Vorbedingungen nicht gegeben sind, ist der Weg zur Authentizität ein langer und nicht einfacher: Er verlangt das Ablegen einer Maske nach der anderen; es ist wie das Schälen einer Zwiebel, bis die Perle der wirklichen Persönlichkeit hervorleuchten kann und bis Denken, Fühlen und Handeln miteinander harmonieren.

Herzkohärenz

Doch Authentizität ist noch mehr als nur wohltuend für sich und andere. Sie ist auch gesundheitsförderlich! Durch die Forschungen des Teams von Childre und Martin wissen wir um die besondere Bedeutung der Herzkohärenz für die Salutogenese, d.h. für das körperliche Wohlbefinden[164]. Das Herz ist der wichtigste Rhythmusgeber im Körper. Sämtliche anderen Rhythmen werden von diesem Rhythmus beeinflusst: Atemrhythmus, Schlafrhythmus, Verdauungsrhythmus usw.

Ein Mensch, der seinem Herzen bzw. seinen emotionalen und spirituellen Herzregungen zuwiderhandelt, beeinträchtigt nicht nur den eigenen Herzrhythmus (Herzstörungen aller Art vom nervösen Herz bis zum Herzinfarkt), sondern auch sämtliche anderen Rhythmen. Der harmonische Gleichklang ist gestört.

Umgekehrt – so haben diese Forschungen ergeben – stellt sich die so genannte Herzkohärenz ein, wenn ein Mensch auf die Botschaften seines Herzens achtet, womit mehr gemeint ist als die körperlichen Botschaften. Entscheidend sind die seelisch-spirituellen Botschaften. Denn interessanterweise haben die Forscher herausgefunden, dass das Herz sich nicht „betrügen" lässt und dass eine Unehrlichkeit gegenüber dem eigenen Herzen sich mit Sicherheit als Störung in den Körperrhythmen niederschlägt.

Was lehrt all dies? Es ist wichtig, seinem Herzen zuzuhören und in Übereinstimmung mit dem Herzen zu leben, d.h. zu denken, zu fühlen und zu handeln. Dies ist eine unmittelbare Quelle von körperlicher Gesundheit und seelisch-geistigem Wohlergehen.

Dem Herzen die Führung überlassen

Solche Zusammenhänge mögen wir vielleicht mit dem Kopf verstehen. Weit schwieriger ist es, aus diesem Wissen heraus zu leben. Das Herz lässt sich weder kontrollieren noch steuern noch betrügen. Wer sich dem Herzen überlässt, gerät also in die Gefahr, die eigenen Konzepte und Vorstellungen (von Mein und Dein, von Richtig und Falsch, von Glück und Wohlstand, von Sicherheit und Unsicherheit, von Welt und Gott) aufgeben zu müssen.

164 Childre/Martin 1998

Statt dem Herzen die Führung zu überlassen, neigen wir dazu, dem Denken die Führung zu übergeben. Das Denken ist jedoch eine Funktion des Ego und nicht des Transpersonalen oder Höheren Selbst bzw. des spirituellen Herzens. Wenn wir dem Herzen die Führung überlassen wollen, müssen wir also entweder das Denken entmachten oder das Denken auf das Herz ausrichten.

Im Spirituellen Selbstmanagement haben wir eingewilligt, dem Herzen die Führung zu überlassen. Dies mag anfangs mehr schlecht als recht gehen. Doch indem wir uns darauf ausrichten, gewinnt dieser Prozess an Kraft und Dynamik. Es öffnet sich nicht nur das Herz, sondern wir entwickeln auch zunehmend Kraft, mit dem umzugehen, was es uns in den Weg legt oder aufträgt: Wir erleben uns nicht mehr als Opfer, sondern als Gestalter unseres Lebens in dem Vertrauen, dass das Herz den rechten Weg weist.

So wir dem Herzen bewusst die Führung überlassen, wird es unser Denken verändern und ihm die Angst nehmen. Ein Mensch, dessen Liebe umfassend geworden ist, ist von einer begnadeten Furchtlosigkeit. Das berühmte Wort von Marianne Williamson, das unter dem Namen von Nelson Mandela um die Welt ging, zeigt, wie groß unsere Angst vor der Liebesmacht des Herzens ist. Es ist zugleich eine Aufforderung, sein Licht – wie es im Christentum heißt – nicht unter den Scheffel zu stellen:

„Unsere größte Angst ist nicht, unzulänglich zu sein. Unsere größte Angst ist, grenzenlos mächtig zu sein. Unser Licht, nicht unsere Dunkelheit ängstigen uns am meisten.

Wir fragen uns: Wer bin ich denn, dass ich so brillant sein soll? Aber wer bist du, es nicht zu sein? Du bist ein Kind Gottes. Es dient der Welt nicht, sich so klein zu machen. Sich so klein zu machen, nur damit andere sich nicht unsicher fühlen, hat nichts Erleuchtendes.

Wir wurden geboren, um die Herrlichkeit Gottes, der in uns ist, zu manifestieren. Er ist nicht nur in einigen von uns, er ist in jedem Einzelnen. Und wenn wir unser Licht scheinen lassen, geben wir damit unbewusst anderen die Erlaubnis, es auch zu tun. Wenn wir von unserer eigenen Angst befreit sind, befreit unsere Gegenwart automatisch die anderen."[165]

165 Williamson 1992

Wenn wir lernen, dem Herzen die Führung über unser Denken und Handeln zu überlassen – und dies ist ein Weg voller Ängste, Abenteuer, Herausforderungen, Überraschungen, Aufbrüche und Rückschläge – dann sind wir auf einem Pfad zur Versöhnung von Macht und Liebe. Die erste Voraussetzung dazu ist allerdings, die Versöhnung auch wirklich zu wollen. Dann kann das Abenteuer beginnen.

Übungen

Übung 8.1:
Den Willen trainieren

Wer eine Übereinstimmung von Denken, Fühlen, Handeln (Head – Heart – Hands) erreichen will, braucht einen starken Willen und Hingabe an das Ziel. Deswegen gilt es, den eigenen Willen zu trainieren.[166]

Wählen Sie sich jeweils für eine Woche eine einfache Übung, um Ihren Willen zu trainieren. Sie kann durchaus unsinnig sein. Zum Beispiel: Ich stelle mich jeden Morgen fünf Minuten auf einen Stuhl. Ich gehe täglich eine Strecke von 100 Metern, indem ich mir dafür fünf Minuten Zeit nehme ... Wichtig ist, dass Sie Ihren Willen nicht betrügen, sondern ihn dadurch stärken, dass Sie ihn erfolgreich einsetzen. Lassen Sie die Übungen nicht zur trockenen Routine werden, sondern wechseln Sie die Übung nach einer Woche.

Übung 8.2:
„Juwelen" suchen: Einheit von Denken, Fühlen, Handeln

Nehmen Sie sich einen Zeitraum ungestörter Konzentration auf Ihre Innenwelt. Bitten Sie darum, dass Ihre Erinnerung

---

166 Vgl. Assagioli 1982.

Sie zu einer Erfahrung zurückführt, in der Sie – auch gegen innere Widerstände – die Einheit von Denken, Fühlen und Handeln (Head – Heart – Hands) gelebt haben.

Lassen Sie die Situation nochmals ganz lebendig werden. Dann stellen Sie sich Fragen, zu denen Sie sich kurze Notizen machen, wobei Sie sich nach dem Schreiben sogleich wieder auf Ihre Innenwahrnehmung konzentrieren:

- *Was war das Besondere an der Situation?*
- *Welcher Widerstand war da? Und wovor hatten Sie Angst?*
- *Was hat Ihnen geholfen, den Widerstand zu überwinden?*
- *Welche Handlungen erwuchsen daraus?*
- *Welche Wirkungen hatte dies für Sie und andere?*
- *Wie haben Sie sich und wie haben sich ggf. andere dabei gefühlt?*

Indem Sie sich diese Situation in Erinnerung rufen, wissen Sie, dass es Ihnen möglich ist, authentisch zu sein und eine Einheit von Denken, Fühlen und Handeln zu leben. Diese Erfahrung ist eine Kraft- und Mutquelle. Suchen Sie nach weiteren Situationen in Ihrer Erinnerung und laden sie neue derartige Situationen in Ihr Leben ein.

Übung 8.3: **Einladen einer Kraft des Höheren Unbewussten**

Es gibt beeindruckend schöne Engelkarten, die sich hervorragend eignen, die Kräfte des Höheren Unbewussten einzuladen[167]. Wählen Sie sich ein Kartenset und konzentrieren Sie sich nun auf das Thema: Einheit von Denken, Fühlen, Handeln.

- *Ziehen Sie eine Engelkarte und laden Sie die Kraft in Ihr Bewusstsein ein, die dieser Engel repräsentiert!*

167 Zum Prinzip der Synchronizität als Grundlage eines verantwortungsvollen Umgangs mit Karten, vgl. Franz v. 1990.

- *Fragen Sie sich, was Ihnen diese Kraft zum Thema Einheit von Denken, Fühlen, Handeln sagt.*
- *Machen Sie sich dazu Notizen!*
- *Wählen Sie sich einen Partner / eine Partnerin und besprechen Sie mit ihm/ihr folgende Fragen:*
  - *Was ist für mich die Einheit von Gedanken, Wort und Tat?*
  - *Was sagt mir die Kraft (Engelkarte) dazu?*
  - *Habe ich schon erlebt, dass diese Kraft mir zur Einheit von Gedanken, Wort und Tat verholfen hat?*
- *Laden Sie die Engelkraft / diese Kraft in Ihren Alltag ein, um sich in der Einheit von Gedanke, Wort und Tat zu üben!*

Übung 8.4:
Psychodrama: Einen Konflikt nochmals durchleben

Wenn wir im Schau-Spiel oder Psychodrama eine Erfahrung erneut durchleben, können wir uns den Weg für Lösungen erarbeiten. Im Folgenden stelle ich diese Übung als Gruppenübung vor. Sie sollte unter psychodramatischer Anleitung durchgeführt werden:

Wahl von Protagonist/Protagonistin mit einem Thema

Nehmen Sie sich Zeit, sich auf sich selbst zu konzentrieren. Lassen Sie nun in Ihrem Bewusstsein eine Situation auftauchen, in der Sie deutlich gespürt haben, nicht in der Einheit von Denken, Fühlen und Handeln gewesen zu sein. Es sollte eine Situation sein, die Ihnen bis heute nachgeht.

Erleben Sie diese Situation wieder! Gehen Sie ganz in sie hinein und machen Sie sie sich in allen Facetten klar. Verdichten Sie dann die Situation in einem Wort, Symbol oder Satz und kommen Sie anschließend mit Ihrer Aufmerksamkeit in die Runde zurück.

Entscheiden Sie nun für sich, ob Sie diese Situation noch einmal im Spiel durchleben möchten, um Klarheit zu gewinnen und einer Änderung den Weg zu bahnen.

Wenn Sie sich dafür entscheiden zu spielen, rücken Sie in die Mitte des Kreises.

Diejenigen, die nun in der Mitte sind, stellen ihre Themen mit wenigen Sätzen so vor, dass für die anderen erkennbar wird, ob ihr eigenes Anliegen hierin enthalten ist. Dies kann auch durch Fragen geklärt werden.

Kommen Sie nun als Gruppe zu einer Klärung, wer Protagonist ist, indem alle – ohne Worte – sich hinter die gewählte Person / das Thema stellen und dabei eine Hand auf die entsprechende Schulter legen. Wer die meisten Personen hinter sich versammelt hat, ist Protagonist/Protagonistin, d. h., er/sie repräsentiert am stärksten das Thema, das auch für die anderen Gruppenmitglieder relevant ist.

Spielphase

Die Situation wird unter Anleitung einer Spielleitung aufgestellt, indem der Protagonist /die Protagonistin ein Hilfs-Ich (für die eigene Person) auswählt, sowie jeweils Mitspieler und Mitspielerinnen bestimmt, die die anderen Personen repräsentieren. Außerdem empfiehlt es sich, Stimmungen oder wesentliche Dinge gleichfalls von Gruppenmitgliedern spielen zu lassen.

Diese Rollen werden jeweils vom Protagonisten / von der Protagonistin eingedoppelt, indem er/sie in die Rolle geht und sich aus der Rolle vorstellt: „Ich bin …"

Sind alle Rollen eingedoppelt, beginnt das Spiel, das mit Hilfe von Rollentausch, Spiegelung und Verstärkung dem Protagonisten / der Protagonistin erlaubt, die Situation neu zu durchleben und sich mit den eigenen Persönlichkeitsanteilen, die von den Mitspielern / Mitspielerinnen verkörpert werden, zu identifizieren.

Die Arbeit sollte dem Protagonisten / der Protagonistin Einblick darin geben, was der Einheit von Denken, Fühlen, Handeln im Wege steht, welche Kräfte ins Spiel kommen müssen, um die Blockaden aufzulösen, und wie es sich anfühlt, wenn diese (auf-)lösenden Kräfte wirksam werden.

Nachbereitung

Jedem psychodramatischen Spiel folgt eine wichtige Nachbereitung mit mehreren Phasen. Sie ist nicht zuletzt darum wichtig, weil Protagonisten, die sich durch die herausgehobene Rolle vielleicht verletzbar gemacht haben, wieder in den bergenden Raum der Gruppe geholt werden. Außerdem erhalten die Protagonisten durch die Rückmeldungen der Mitspieler wichtige zusätzliche Informationen/Impulse.

Die Gruppenmitglieder sitzen im Kreis, der/die Protagonist / Protagonistin neben der Leitung.

***Befindlichkeit:** Der Protagonist / die Protagonistin erhält die Möglichkeit zu sagen, wie es ihm/ihr jetzt geht.*

***Sharing:** Das „Sharing" zeigt dem Protagonisten / der Progonistin, dass er/sie mit dem Erleben nicht allein ist. Dies geschieht, indem die Mitspielenden eigene Erfahrungen mitteilen, die gezeigten ähneln.*

***Rollen-Feedback:** Die Gruppenmitglieder, die Rollen übernommen hatten, teilen aus der Rolle heraus Erfahrungen mit, die sie im Spiel gemacht haben. Damit erhält der Protagonist / die Protagonistin zusätzliche Informationen über die eigenen inneren Konflikte und Lösungsmöglichkeiten.*

***Entlassen aus den Rollen:** Die Disidentifikation stellt sicher, dass die Spieler nicht mit den Rollen „verkleben". Der Protagonist / die Protagonistin entlässt die Einzelnen aus ihren Rollen mit den Worten „Du bist nicht mehr ..., du bist wieder ...".*

Übung 8.5:
Reden als Probehandeln

Wenn Ihnen der Mut fehlt, Ihre Gedanken einem Menschen gegenüber direkt zu äußern, können Sie sich diese Chance im geschützten Raum einer Gruppe nehmen, um dies probeweise oder stellvertretend zu tun.

Entscheiden Sie sich, ob Sie sich einen stellvertretenden Adressaten in der Gruppe wählen wollen oder ob Sie zu der Gruppe als Ganzes sprechen möchten.

Äußern Sie dann Ihre Gedanken und Gefühle in direkter Rede: „Ich habe (dir) immer schon sagen wollen und tue dies jetzt ...“

Sofern Sie stellvertretend ein Gruppenmitglied gewählt hatten, so entlassen Sie dieses am Ende aus der Rolle: „Du bist nicht mehr ... du bist wieder ...“. Bedanken Sie sich für die Chance, dass Sie sich ausdrücken durften.

Sie können dasselbe auch mit einem befreundeten Menschen tun, sofern Sie vorher die Spielregeln geklärt haben und sie ein wechselseitiges Einvernehmen über den Vorgang erzielt haben.

Übung 8.6:
Einen Brief (symbolisch) schreiben

Dies ist eine Abwandlung der vorangehenden Übung. Schreiben Sie der Person, der Sie schon immer etwas sagen wollten, alles, was Sie auf dem Herzen haben, in einem Brief.

Tun Sie dies mit aller Konzentration und Achtsamkeit.

Verbrennen Sie anschließend den Brief.

Übung 8.7:
Der Herzenergie folgen

„Gib, was du nicht bekommen hast“ (David Bach). Wir neigen dazu, unser Herz aus Angst vor Verletzung zu schließen. Wenn wir der Herzenergie folgen wollen, gilt es, den Zyklus von Angst und Selbstverletzung zu durchbrechen, indem wir in kleinen Schritten lernen, das Herz wieder zu öffnen.

Nehmen Sie sich einen Zeitraum, in dem Sie ungestört nach innen schauen können. Machen Sie sich eine Situation bewusst, in der Sie sich selber von Ihrer Herzenergie abgeschnitten haben. Es kann eine berufliche ebenso wie eine Situation im privaten Alltag sein. Spüren Sie noch einmal den Schmerz und/oder die Verwirrung, die dies bei Ihnen ausgelöst hat. Spüren Sie auch nach, was Ihr Herz gerne getan hätte. Lassen Sie die Situation in sich ganz lebendig werden. Laden Sie nun die Herzkraft in Ihre Vorstellung ein und vergegenwärtigen Sie sich, wie sich die Situation mit Ihrer Herzenergie entwickelt hätte. Spüren Sie, wie es sich anfühlt. Machen Sie innerlich Frieden damit, wie die Dinge sich entwickelt haben und entschließen Sie sich, nunmehr mutige Schritte in eine neue Richtung zu tun.

Gehen Sie nun mit Ihrer Vorstellung in Ihren Alltag und wählen Sie eine Situation/Beziehung aus, in der Sie Ihrem Herzen in Zukunft mehr Ausdruck geben möchten, z. B. indem Sie einem anderen Menschen Wertschätzung, Vertrauen, Verzeihen, Respekt oder Freundlichkeit entgegenbringen. Machen Sie mit sich eine Vereinbarung, bis wann Sie einen Schritt dieser Art tun wollen und markieren Sie ein entsprechendes Datum in Ihrem Kalender.

Prüfen Sie nach Ablauf der mit sich selbst vereinbarten Zeit, ob und wie Sie Ihre Selbstverpflichtung eingehalten haben. Freuen Sie sich über die kleinen Erfolge im Öffnen Ihres Herzens.

9. Sich und andere führen: Macht und Liebe versöhnen

Sich und andere führen – das große Thema für alle Führungskräfte. Doch nicht nur für sie. Jede und jeder von uns führt an irgendeiner Stelle. Spätestens, wenn wir die Ohnmachts-Allmachts-Spaltung erkannt und überwunden haben, wissen wir, dass selbst die „Ohnmächtigsten" Macht haben und Macht ausüben. Die Weise, wie wir uns selbst führen, teilt sich bewusst oder unbewusst immer mit. Wir wirken damit als Vorbild im Guten oder Schlechten – selbst wenn wir es nicht wollen. Bereits die Körpersprache, die Mimik, die Gestik, sie alle geben Aufschluss darüber, wie wir uns selbst führen. Und dies wiederum wirkt auf andere zurück. Um welche Art von Führung geht es also, wenn wir in uns selbst und im Außen Macht und Liebe versöhnen wollen?

Rechtschaffenheit, Dharma, Righteousness

Wie Führung geschehen soll, ist das Thema von Ethik und Moral. Der kategorische Imperativ von Immanuel Kant, wonach wir anderen nichts antun sollen, was wir nicht selbst bereit sind anzunehmen[168], findet sich auch in der indischen Philosophie und im Buddhismus und zwar unter dem Begriff Dharma oder englisch übersetzt Righteousness. Dort handelt es sich allerdings nicht nur um ein philosophisches, sondern letztlich um ein spirituelles Konzept. Dharma als zentrale Kategorie der Philosophie und Spiritualität wird z.B. in dem Text „Die göttliche Urordnung. Dharma Vahini" erläutert[169]. Die Übersetzung variiert zwischen göttlicher Urordnung[170], Schöpfungsordnung[171], höherer Lebensordnung[172],

168 Genau: „Handle nur nach derjenigen Maxime, durch die du zugleich wollen kannst, dass sie ein allgemeines Gesetz werde."
169 Dharma 1993
170 Dharma 1993, 15
171 Dharma 1993, 10
172 Dharma 1993, 12

göttlicher Ordnung[173], göttlichen Gesetzen[174], Rechtschaffenheit[175], Moralkodex[176] und Verhaltensregeln[177]. Das heißt, es ist ein Begriff, der auf sehr verschiedenen Ebenen angesiedelt ist.

Dharma als zentrale Kategorie im Buddhismus zielt darauf ab, das Dharma wieder zu errichten, wofür insbesondere Gewaltlosigkeit und Mitgefühl entwickelt und gelebt werden müssen. Im Hinduismus gilt das Versprechen, dass Gott sich immer wieder in menschlicher Gestalt als Avatar inkarnieren wird, wenn das Dharma in Gefahr ist. Er wird die Menschheit zum Dharma zurückführen.[178] Im Zentrum der Lehre des in Indien lebenden Avatar Sathya Sai Baba stehen z. B. die fünf menschlichen Werte Wahrheit (Sathya), Rechtschaffenheit (Dharma), Frieden (Shanti), Liebe (Prema) und Ahimsa (Gewaltlosigkeit). Sie zu leben, wird als der Weg gesehen, der die Menschheit aus dem gegenwärtigen Chaos in eine Zeit des Friedens führen kann.

Dharma bezeichnet also sowohl die „Göttliche Urordnung", nach der der ganze Kosmos aufgebaut ist und auf dessen Basis er funktioniert, als auch bestimmte Moral- und Verhaltenskodizes, die in bestimmten Kulturen gelten, aber nicht ohne weiteres auf andere Kulturen übertragbar sind. Außerdem gibt es die Vorstellung, dass jeder Mensch sein *eigenes* Dharma hat. Sie ergibt sich aus seinen Potenzialen und aus seiner Seelenbestimmung. Schließlich gibt es auch Dharma, das aus dem Beruf resultiert, den man ergriffen hat. Was einem Chirurgen mit dem Messer in der Hand gestattet ist, darf ein anderer Mensch noch lange nicht. Wenn aber der Chirurg das Messer in der Ausführung seiner Funktion nicht verantwortlich einsetzt, verletzt auch er sein Dharma. Die zentrale Aussage ist immer wieder dieselbe: Wenn die Menschen sich gegen die göttlichen

173 Dharma 1993, 7
174 Dharma 1993, 7
175 Dharma 1993, 11
176 Dharma 1993, 10
177 Dharma 1993, 15
178 Avatare, Inkarnationen des Göttlichen in menschlicher Gestalt, kommen, wie Krishna dies bereits in der Baghavad Gita gelehrt hat, als menschliche Personen, um das Dharma wieder aufzurichten. Sie lehren Dharma und leben es vor. Sathya Sai Baba wird in Indien als purna-avatara verehrt, d. h. als eine Göttliche Inkarnation, die mit allen 16 Fähigkeiten ausgestattet ist, die den purna-avatara kennzeichnen: Dazu gehört Materialisieren und Dematerialisieren ebenso wie die Wiederauferweckung von Toten oder die Fähigkeit, sich an mehreren Orten gleichzeitig aufzuhalten. Diese Fähigkeiten besaß auch Jesus von Nazareth.

Prinzipien richten, die für das Zusammenleben der Menschen gelten, stürzen sie sich individuell oder kollektiv ins Leiden.

Das Herz als Quelle von Rechtschaffenheit

> *„The birthplace of righteousness is the heart.*
> *What emanates as a pure idea, when translated into*
> *action is righteousness."*[179]

Was ist die Quelle von Rechtschaffenheit, jener Qualität, die für Führung und Selbstführung so zentral ist? Es ist das Herz, also jene spirituelle Liebeskraft, aus der wir hervorgegangen sind, das Göttliche, das in uns Form und Gestalt angenommen hat.

Dem Herzen zu folgen, heißt – wie wir gesehen hatten – das eigene Ich, die Identifikation mit Namen und Form, loszulassen und sich für das Göttliche, das ICH BIN zu öffnen. Individuell ist dies der Weg des Spirituellen Selbstmanagements, also der Selbstführung hin zum SELBST. Was heißt dies nun, wenn ich andere führe?

Wie innen so außen. Dieses hermetische Gesetz gilt auch für Selbstführung und Führung von anderen. Es geht darum, das Herz zur Quelle der Führung nicht nur von sich selbst, sondern auch von anderen werden zu lassen. Wenn ich einen Impuls erhalte, meine Macht und Mächtigkeit anderen gegenüber einzusetzen, indem ich sie führe, so müssen sich diese Impulse vor meiner Herzinstanz verantworten können. Auch die Art und Weise, wie ich die Impulse umsetze, muss vor dem Herzen standhalten können. Klarheit, Durchsetzungsvermögen, Beharrlichkeit – sie alle sind nicht unvereinbar mit der Herzenskraft. Doch wir wissen intuitiv, ob wir die eigene Mächtigkeit und Macht rechtschaffen, d. h. in Übereinstimmung mit der eigenen Herzens- und Gewissensinstanz, einsetzen oder ob wir diese geflissentlich überhören, indem die eigenen Interessen und Wünsche die Herzkraft in den Hintergrund drangen.

Geschieht Letzteres, so ist der Weg zum Machtmissbrauch nicht weit. Wenn die inneren Stimmen und Zweifel zum Schweigen

179 Tagesspruch in Prashanti Nilayam vom 28. Januar 2008

gebracht worden sind, beginnt der Zweck die Mittel zu heiligen. Die Dämme gegen einen Missbrauch von Macht und Mächtigkeit beginnen zu brechen – sowohl auf der seelischen als auch auf der geistigen oder der emotionalen Ebene. Wenn ich versuche, über andere zu herrschen, sie für eigene Zwecke zu instrumentalisieren, ihnen meine selbstsüchtigen Vorstellungen aufzuoktroyieren, bin ich im adharma, d.h., ich praktiziere eine Art der Führung, die mich individuell, meine Mitmenschen und die Gesellschaft als Ganzes in Unglück und Chaos bringt.

Andere zu führen, heißt also, erfolgreich Selbstführung zu erlernen, indem Selbstsucht, Egoismus und schlechte Eigenschaften wie Gier, Neid, Eifersucht oder Hochmut eine Transformation erfahren. Eine Führungskraft, die sich und anderen dient, ist im besten Sinne des Wortes ein „Minister“, ein Diener / eine Dienerin. Sie weiß, dass sie sich selbst transformieren muss, wenn sie teilhaben will an dem Werk der Transformation einer Gesellschaft, die derzeit im Unfrieden ist und die sich nach Frieden und Gewaltlosigkeit innen wie außen sehnt.

Mensch und Gesellschaft als Spielfeld

Menschen und die Gesellschaft als Ganzes warten auf Führungskräfte, die in sich Macht und Liebe zur Synthese gebracht haben. Die Spielfelder für die segenbringende Arbeit von dharmischen, rechtschaffenen Führungspersönlichkeiten sind vielfältig. Es gibt sie im privaten Alltag ebenso wie in der Zivilgesellschaft, in Vereinen, in Bildung und Ausbildung, in Wirtschaft und Verwaltung und in der Politik. In allen diesen Feldern gilt es, neue Zeichen zu setzen, indem die eigene Göttlichkeit aus der Herzkraft gelebt wird, statt sich in Ego-Spielen und im Verfolgen selbstsüchtiger Interessen zu verlieren. Wenn die Menschheit am Rande des Chaos auf einen Weg zu einer friedlicheren Zukunft kommen will, so braucht sie Menschen, die es wagen, sich und andere aus der Kraft des Herzens zu führen und damit Macht und Liebe zu versöhnen.

Übungen

Übung 9.1:

„Juwelen" suchen: Führung aus der Kraft des Herzens

Nehmen Sie sich einen ungestörten Moment, konzentrieren Sie sich ganz auf Ihre Innenwelt und beobachten Sie Ihren Atem. Lassen Sie nun in Ihrer Erinnerung eine Situation hochkommen, in der Sie es gewagt haben, sich aus der Kraft des Herzens zu führen und dies in die Führung von anderen einzubringen.

- *Was war das Besondere an der Situation?*
- *Gab es einen inneren Widerstand, sich darauf einzulassen?*
- *Welche Ressourcen haben Sie genutzt, um den Widerstand zu überwinden?*
- *Wie haben Sie sich in der Situation gefühlt und was haben Sie über die Gefühle von den beteiligten Personen wahrgenommen?*
- *Wie hat sich die Situation ausgewirkt, kurz-, mittel-, langfristig, für Sie selbst und für andere?*

Machen Sie sich die Erfolgsparameter bewusst und öffnen Sie sich für die Führung aus der Kraft des Herzens. Suchen Sie nach weiteren Erfahrungen dieser Art in Ihrem Leben und laden Sie derartige Situationen für die Zukunft ein.

Übung 9.2:

Selbsterforschung: Wie führe ich?

Der Wunsch zu wissen wie man/frau führt, ruft vielfach Angst hervor. Das gilt insbesondere, wenn er von Vorgesetzten kommt. Es sind die alten Kinderängste vor Ablehnung,

Be- und Verurteilung, Abstrafen und Benoten. Lieber den Kopf in den Sand stecken als herauszufinden, wie ich führe. Weil dies so ist, sind Beurteilungen durch Mitarbeiter und Mitarbeiterinnen, Kollegen und Kolleginnen sowie Vorgesetzte angstbesetzt und erfordern sehr viel Fingerspitzengefühl, wenn sie nicht konterproduktiv sein sollen. Deswegen ist die Bereitschaft, den eigenen Führungsstil wahrzunehmen und an ihm zu arbeiten, bereits ein großer Schritt im Selbstmanagement. Wenn Sie für sich selbst klären wollen, wie Sie führen, dann gibt es zwei wichtige Wege:

- *Sie beobachten, wie sich die Art Ihrer Führung auf Sie selbst, auf andere und auf Ihre Organisation auswirkt.*
- *Sie befragen Menschen, die Sie in Ihrer Führungsfunktion erleben und lassen sich ein Feedback zu Ihrem Führungsverhalten geben.*

In beiden Fällen braucht es innere Offenheit und die Bereitschaft, auch schmerzliche Erfahrungen zuzulassen und sich der Kritik auszusetzen. Dies gelingt umso eher, je mehr Sie sich als lernender Mensch begreifen – bereit, sich zu vervollkommnen, jedoch auf dem Weg, und bereit, Fehler zu erkennen, jedoch nicht fehlerfrei. Wir alle sind nur Menschen und meist ist der innere und äußere Spiegel, wenn wir mit einem wohlwollenden Blick in ihn sehen, viel weniger schlimm als befürchtet. Die ärgsten Feinde sind oft die inneren Kritiker, die mit zersetzenden Kommentaren das eigene Tun zensieren und entwerten.

- *Nehmen Sie eine wohlwollende Zeugenhaltung sich selbst gegenüber ein. Machen Sie sich dabei bewusst, dass Sie weder Ihre Gedanken, Ihre Gefühle, Ihr Körper noch Ihr Verhalten sind. Sie sind Ausdruck des Göttlichen und eingeladen, diese Göttlichkeit zu manifestieren.*
- *Beobachten Sie aus dieser wohlwollenden Zeugenhaltung, welche Gedanken Sie maßgeblich in Ihrem Führungsverhalten beeinflussen. Steht Ihr Ego, Ihr Selbstinteresse im Vordergrund? Fühlen Sie sich einer Aufgabe verpflichtet, zu der Sie ja sagen können? Haben Sie das Gefühl, im Dharma zu sein?*

- *Achten Sie auf Körpersignale, auf Stimmungen, auf die Frage, ob Freude und Leistungsbereitschaft aufkommen; achten Sie auf Krankheiten, Vertrauen und last but not least auf die materielle Wertschöpfung bzw. Ergebnissicherung.*
- *Notieren Sie sich, was Ihnen auffällt. Prüfen Sie, worüber Sie mit wem sprechen wollen und konzentrieren Sie sich auf die Haltung eines Lernenden.*
- *Bringen Sie dementsprechend Ihre Wahrnehmungen ins Gespräch mit Mitarbeitern und Mitarbeiterinnen, mit Kollegen und Kolleginnen sowie mit Vorgesetzten und überprüfen Sie sie auf ihre Richtigkeit.*
- *Bringen Sie Ihre tiefsten Anliegen ins Gespräch mit vertrauten Menschen oder mit einem Coach, um zu klären, wie Sie Ihr Führungsverhalten mehr in Übereinstimmung mit sich selbst bringen können.*
- *Machen Sie entschiedene Schritte, um in einem konkreten Bereich Ihr Führungsverhalten für sich und andere zu verbessern.*
- *Wiederholen Sie diesen Prozess im Sinne eines kontinuierlichen Qualitätsmanagements Ihrer eigenen Führungskunst.*

Übung 9.3:
Führungsverhalten transformieren

Diese Übung ist eine Konkretisierung der Übung 9.2 in einem ausgewählten Feld.

Wenn Sie einen Bereich ausgemacht haben, in dem Sie Ihre Selbstführung und die Führung von anderen verbessern wollen, dann formulieren Sie eine konkrete Selbstverpflichtung. Sie sollte:

- nicht zu einfach sein,
- nicht zu anspruchsvoll sein,
- einen konkreten Zeitrahmen haben,
- überprüfbar sein.

Im Beispiel: Sie sind eine Führungskraft, die ihre Mitarbeiter und Mitarbeiterinnen immer wieder mit kleinen Aufträgen unterbricht und dabei höchste Dringlichkeit für sich beansprucht. Damit missachten Sie die Selbstorganisation der Mitarbeiter und degradieren sie tendenziell zu Erfüllungsgehilfen Ihrer eigenen Vorstellungen.

Commitment: Ich bündele die Aufträge, die ich vergebe und bespreche diese in regelmäßigen Abständen. Dies tue ich jeden Montag am Beginn der Arbeitswoche. Am Ende der Woche überprüfen wir gemeinsam, wie die Bearbeitung vonstattenging. Unter der Woche bündele ich Absprachen auf die Mittagszeit.

Meinen Mitarbeitern und Mitarbeiterinnen erzähle ich von diesem Vorhaben und bitte sie, mich darin zu unterstützen. Nach einem Monat überprüfen wir gemeinsam, ob die Zusammenarbeit sich verbessert hat.

Übung 9.4:
Sich an die Herzkraft anschließen

Wenn im Alltag der Bezug zur Herzkraft verloren gegangen ist, hilft eine Imaginationsübung von Phyllis Krystal, um sich wieder daran anzuschließen[180]. Dies hat auch Wirkungen für das Team.

- *Konzentrieren Sie sich auf Ihren Atem. Lassen Sie alle Gedanken los und komme Sie ganz in der Gegenwart an.*
- *Stellen Sie sich nun in der Mitte des Raumes einen Maibaum vor, an dessen Spitze die Höhere Weisheit, die Kraft Ihres Herzens, ihren Platz hat.*
- *Von dem Baum flattern Bänder in unterschiedlichen Farben, für jedes Mitglied in Ihrem Team ein Band. Ergreifen Sie ein Band Ihrer Wahl und spüren Sie, wie Sie selbst und alle Teammitglieder mit dieser Höheren Weisheit verbunden sind.*
- *Kehren Sie nun mit diesem Wissen zu Ihrer Arbeit zurück.*

180 Vgl. Krystal 2000, 31f.

Übung 9.5:
Transformationszyklus der Wertschätzung einsetzen

Wenn Sie mit etwas konfrontiert sind, das Ihnen gänzlich unvereinbar mit den eigenen Überzeugungen erscheint, sie dennoch den Eindruck haben, dass Sie zu einer anderen Haltung kommen möchten, machen Sie eine innere Arbeit, die sich am Transformationszyklus der Wertschätzung (vgl. S.217f) orientiert. Dabei durchlaufen Sie folgende Stufen:

- *Ich nehme das Fremde und Unerwünschte wahr.*
- *Ich nehme wahr, dass es wirklich existiert.*
- *Ich suche nach dem Guten im Schlechten, da es nichts Schlechtes ohne ein Gutes gibt.*
- *Ich disidentifiziere mich mit meinen Gedanken, Gefühlen, Körperwahrnehmungen und erkenne, dass letztlich alle Prozesse Ausdruck des Universalen Geistes sind, die uns zur Erweiterung unseres Bewusstseins einladen.*
- *Ich entdecke, dass das Fremde und Unerwünschte ein Ausdruck von Vielfalt ist und akzeptiere dies.*
- *Ich akzeptiere es mit dem Herzen.*
- *Aus dieser Haltung äußere ich Wertschätzung für das, was ist und was ich als tiefere Weisheit erkannt habe.*
- *Ich lasse die verwandelnde Kraft der Wertschätzung für mich und andere wirksam werden.*

Übung 9.6:
Führen als Empowerment

Macht und Liebe haben sich in einer Führungskraft versöhnt, wenn diese sich und andere Menschen darin unterstützt, die eigenen Fähigkeiten und Potenziale zu entdecken, zu entfalten und zu leben.

Eine Führungskraft, die sich und ihre Fähigkeiten überschätzt und überhöht, wird nicht nur über Überforderung und Überlastung klagen, sie hat auch keinen wirklichen Zugang zu den Fähigkeiten ihrer Mitarbeiter und Mitarbeiterinnen gefunden. Drei Menschen sind immer intelligenter als ein einzelner – so heißt es. Wenn dies stimmen sollte, dann ist die Intelligenz der Gruppe eine unverzichtbare Quelle, um erfolgreich zu sein. Doch wo Angst und Unsicherheit herrschen, kann sich diese Intelligenz weder zeigen noch entfalten.

Deswegen ist es wichtig, dass Sie sich als Führungskraft vergegenwärtigen, welche Potenziale in ihren Mitarbeitern schlummern und dann Wege eröffnen, wie sie erkannt und entwickelt werden können. Je nach organisatorischen Voraussetzungen ist dies mehr oder weniger möglich. Doch entscheidend ist Ihre Haltung als Führungskraft, wenn Sie die vorhandenen Spielräume ausschöpfen wollen.

- *Vergegenwärtigen Sie sich Ihr Team und dessen Mitglieder.*
- *Vergegenwärtigen Sie sich deren Fähigkeiten und Potenziale. Bringen Sie Wertschätzung für diese auf – in Haltung, Wort und Tat.*
- *Machen Sie sich bewusst, wie sich die Teammitglieder bestmöglich und zum Wohle des Unternehmens / der Organisation weiterentwickeln können.*
- *Klären Sie – auch gemeinsam –, was Ihre Teammitglieder brauchen, um sich selbst entfalten zu können.*
- *Klären Sie, ob Ihre Teammitglieder bereit sind, sich weiterzuentwickeln.*
- *Schaffen Sie Arbeitssituationen, in denen die Teammitglieder in ihren Fähigkeiten gefordert sind und eine realistische Chance haben, erfolgreich zu sein.*
- *Drücken Sie Wertschätzung dafür aus, wenn eine Haltung der persönlichen Wachstumsorientierung gelebt wird.*
- *Drücken Sie Wertschätzung aus für Leistung und Ergebnis.*

- *Wenn Sie erkennen, dass ein Mitarbeite / eine Mitarbeiterin am derzeitigen Arbeitsplatz wirkliche Schwierigkeiten hat, sich den eigenen Potenzialen gemäß zu entwickeln, unterstützen Sie einen Wechsel auf einen anderen Arbeitsplatz innerhalb oder außerhalb der Organisation.*

Übung 9.7:
Führen durch Inspiration

Wer Menschen durch Inspiration führen will, braucht die innere Gewissheit, dass Menschen Potenzialträger und Potenzialträgerinnen sind, von denen viel zu lernen ist, und dass sie in der Lage sind, eigenkreativ Wege zum Erfolg zu gehen. Wer hingegen meint, selbst im Besitz der „Weisheit" zu sein, wird den anderen genau vorschreiben, wie eine Aufgabe zu erledigen ist. Der berühmteste Satz hierzu stammt von Saint-Exupéry:

„Wenn Du ein Schiff bauen willst, so trommle nicht Menschen zusammen, um Holz zu beschaffen, Werkzeuge vorzubereiten, Aufgaben zu vergeben und die Arbeit einzuteilen, sondern: Lehre die Menschen die Sehnsucht nach dem weiten endlosen Meer."[181]

Eine inspirierende Führungskraft arbeitet mit der eigenen Herzkraft und der Herzkraft von Menschen in ihrem Team. Sie teilt mit diesen eine Vision und regt sie an, eigenkreativ Wege zu finden, wie die Vision umgesetzt werden kann. Sie schenkt ihnen aktiv Vertrauen und gibt ihnen Freiräume, um eigenständig Lösungswege zu erschließen. Sie begleitet den Umsetzungsprozess in der Haltung eines Gärtners, einer Gärtnerin – bedacht darauf, die besten „Wachstums"-Bedingungen sicherzustellen.

- *Prüfen Sie, ob Sie und Ihr Team sich der Vision bewusst sind, die hinter den täglichen Aufgaben steht.*
- *Klären Sie Ihre Vision und hören Sie dabei auch Ihrer Herzkraft zu.*

---

181 Saint-Exupéry 1999

- *Bringen Sie die Vision im Team ins Gespräch und regen Sie Ihr Team an, die Vision auch mit dem Herzen zu überprüfen.*
- *Entwickeln Sie die Vision gemeinsam weiter, so dass alle sich damit identifizieren können.*
- *Klären Sie, wo und wie Sie die Umsetzung der Vision stützen und begleiten können.*
- *Vereinbaren Sie Termine, zu denen Sie gemeinsam die Umsetzung überprüfen.*
- *Feiern Sie gemeinsam die Erfolge in der Umsetzung.*

Übung 9.8:
Führen durch Vertrauen

Die Angst einer Führungskraft, die Kontrolle zu verlieren, bringt Misstrauen und Demotivation ins Team. Der Unternehmensberater Reinhard Sprenger hat daher zu Recht darauf hingewiesen, dass Vertrauen eine der wichtigsten Führungskompetenzen ist. Vertrauen ist weit von „Laisser-faire" entfernt. Im Gegenteil, es verpflichtet Menschen durch den ganz natürlichen Wunsch, das in sie gesetzte Vertrauen zu erfüllen. Je mehr dieser Prozess eingebettet ist in die Klärung der Vision, desto eher sind Menschen bereit, eigenkreativ tätig zu werden, ohne den Bezug zum Organisationsziel zu verlieren.

Im Spirituellen Selbstmanagement lerne ich daher als Führungskraft, Vertrauen zu entwickeln. Ich weiß, dass ich mich dazu verwundbar machen muss, denn – wie Sprenger betont – wo ich die Kontrolle festhalte, flieht das Vertrauen. *„Die einzige Möglichkeit, vertrauenswürdigen Menschen zu begegnen, ist zu vertrauen."*[182] *„Nicht Zielvereinbarung schafft Verbindlichkeit, sondern Vertrauen."*[183]

---

182 Sprenger 2005, 127
183 Sprenger 2005, 134

- *Suchen Sie einen Aufgabenbereich, bei dessen Bewältigung Sie sich in der Vergangenheit immer wieder „eingemischt“ haben.*
- *Formulieren Sie ihn so um, dass er klar definiert ist und die Grenze Ihrer eigenen Einflussnahme für Sie selbst klar wird.*
- *Konferieren Sie mit Ihrem Mitarbeiter / Ihrer Mitarbeiterin über die Aufgabenstellung und einigen Sie sich über die Zielerreichung.*
- *Respektieren Sie deren Gedanken, Gefühle, Bedürfnisse und Wünsche.*
- *Stellen Sie sicher, dass der Mitarbeiter / die Mitarbeiterin durch die Aufgabe gefordert ist, ihr jedoch gewachsen sein kann.*
- *Schenken Sie nun aktiv Vertrauen, dass die Aufgabe bewältigt werden kann und machen Sie einen Zeitpunkt aus, an dem Sie sich gemeinsam über Ergebnisse verständigen.*
- *Drücken Sie Wertschätzung für die erbrachte Leistung aus und dafür, dass Ihr Vertrauen gewürdigt wurde.*

Ausblick: Mit Siebenmeilenstiefeln auf dem Weg zur Versöhnung von Macht und Liebe

„True divinity is a combination of spirituality and social obligations. National unity and social harmony are founded upon spirituality."

„Wahre Göttlichkeit ist eine Kombination aus Spiritualität und sozialen Verpflichtungen. Nationale Einheit und soziale Harmonie gründen sich auf Spiritualität."[184]

Wer Macht und Liebe versöhnen möchte, kann sich Siebenmeilenstiefel anziehen, die helfen, dem Ziel schneller und freudiger entgegenzueilen!

Mut zu sich selbst fassen

Fassen Sie Mut zu sich selbst! Wir alle stammen aus der einen Quelle, aus dem, was die Menschheit Gott, Tao oder auch Großer Geist nennt. In dieser gemeinsamen Quelle sind wir alle EINS ohne ein Zweites. Doch wir sind nicht nur EINS, wir sind auch *verschieden*. In einer Analogie: Wasser (die Einheit) ist sowohl Tropfen, Kristall als auch Dampf. Wasser ist Meer, Fluss, See, Bach oder Leitungswasser – es ist und bleibt Wasser.

Wenn wir noch genauer hinschauen, dann sind wir sogar einzigartig. Jede und jeder von uns ist ein *einzigartiger* Ausdruck dieser unendlichen Vielfalt, die das Leben reich und beziehungsreich werden lässt. Diese Vielfalt und Einzigartigkeit eröffnet uns die Möglichkeit, aneinander und miteinander zu lernen. Erneut die Wasseranalogie: Es gibt keine zwei Wasserkristalle, die einander

184 Tagesspruch in Prashanthi Nilayam, dem Ashram von Sathya Sai Baba, vom 17. Januar 2008; eigene Übersetzung

gleich sind, ebenso wenig, wie es zwei Menschen mit demselben Fingerabdruck gibt.

Wenn wir also als Ausdruck des EINEN vielgestaltig und einzigartig sind, dann brauchen wir uns mit niemandem zu vergleichen. Dann ist es meine Aufgabe, mich selbst zu leben, d. h., mich so zu entfalten, wie „Gott mich gemeint hat". Wenn ich den Mut zu mir selbst fasse, so eröffnet sich mir die Möglichkeit, mich anderen im besten Sinne zuzumuten und meinen Beitrag zum großen Spiel des Lebens zu leisten.

Die eigene Liebeskraft annehmen

Begreifen Sie sich als Ausdruck von Liebe! Wenn wir alle ein Ausdruck des EINEN sind – der unendlichen Liebeskraft, die alles hervorgebracht hat – dann sind wir selbst ein Ausdruck von Liebe. Dies macht Angst und ist in unserer Gesellschaft ein Tabu. Und dennoch: Es nützt niemandem, mir selbst am allerwenigsten, wenn ich das, was ich in letzter Konsequenz bin, leugne, weil es mir Angst macht. Mut zur eigenen Liebeskraft ist daher nicht nur ein Weg, der mich näher zu mir selbst führt, sondern auch ein Weg, der mir hilft, mich mit der vielgestaltigen Welt zu verbinden und meine besonderen Gaben der Welt zum Geschenk zu machen.

Die eigene Macht annehmen

Sagen Sie ja zu Ihrer eigenen Macht! Macht ist Energie. Sie ist Grundlage unserer Existenz, die es anzunehmen gilt. Wir kommen in diese Welt mit Gaben und Geschenken. Wir bringen Sie mit und im besten Falle dürfen wir unsere Potenziale früh entwickeln. Andere haben es schwerer und müssen sich mühsam durch Einengungen hindurcharbeiten, bis sie ihre eigenen Potenziale entfalten können. Ob ich auf diesem Wachstumsweg erfolgreich bin, hängt von meiner Willenskraft, der Bereitschaft zu wachsen und auch davon ab, welche Unterstützung ich erfahre. Doch keine und keiner ist den Verhältnissen ohne Macht ausgeliefert. Deswegen gilt es, sich aus der Ohnmachts-Allmachts-Falle zu befreien und die eigene Macht zu erkennen, anzunehmen und zu leben.

Zwischen Ego-Macht und Ermächtigung aus dem SELBST unterscheiden

Unterscheiden Sie zwischen Ego-Macht und der Ermächtigung aus dem SELBST! Ego-Macht bindet den Machtgebrauch an die Ziele des Egos, an die eigenen Interessen, die eigenen Vorlieben, die eigenen emotionalen Entlastungsstrategien. Ego-Macht ist letztlich blind für das Ganze; sie ist egozentriert, wenn nicht gar eigensüchtig. Ermächtigung aus dem SELBST ist eine andere Art der Macht und eine andere Art des Machtgebrauchs. Hier ist die Macht an die Liebesquelle angeschlossen. In der Ermächtigung aus dem SELBST übersteigen wir die egoistischen, egozentrischen und eigensüchtigen Ziele der Machtausübung. Wir werden zu einem Instrument Gottes in der Welt.

Herzensfreude als Kompass annehmen

Nehmen Sie die Herzensfreude als Kompass auf dem Weg an! Wenn Sie nicht wissen, ob Sie gerade aus dem Ego oder aus dem Selbst, d.h. der höchsten Liebesquelle denken, fühlen oder handeln, dann befragen Sie Ihr Herz. Es wird Ihnen – so Sie zuhören – die richtige Antwort geben und Ihnen helfen, den Weg aus dem eigenen Dschungel des fehlgeleiteten Machtmissbrauchs zu weisen. Das Herz ist ein untrüglicher Ratgeber. „Ein gutes Gewissen ist ein sanftes Ruhekissen" – diese Volksweisheit zeigt, wohin wir kommen, wenn wir die Herzensfreude als Kompass nehmen.

Führen lernen: Ein Schritt mehr Macht und zwei Schritte mehr Demut

Machen Sie es sich zur Regel: Bei einem Schritt mehr Macht wagen Sie zwei Schritte mehr Demut! Macht ist verführerisch. Sie gaukelt uns vor, wir seien die Größten, die Stärksten, die Trickreichsten, die Unfehlbarsten … Je mehr Macht, desto größer die Verführung. Deswegen will der Machtgebrauch gelernt sein. Demut ist „der Mut zu Gott". Wenn Ihnen Macht geschenkt, anvertraut, zuerkannt wird oder Sie sich Macht genommen haben, dann entwickeln Sie mit umso größerer Intensität Demut, den Mut zu Gott. Prüfen Sie das Was und Wie Ihrer Machtausübung mit dem Herzen, weihen Sie das, was Sie tun, Gott und bitten Sie darum, dass Sie in Ihrem Machtgebrauch vor der eigenen Gewissensinstanz bestehen können.

Der Gesellschaft dienen

Stellen Sie Ihre Macht in den Dienst der Gesellschaft! Jede und jeder von uns ist Teil des Ganzen. Wenn wir dies begreifen, dann ist das Ganze nicht mehr gleichgültig im Sinne von vernachlässigbar. Dann werden Beziehungen, Gesellschaft, Menschheit, der Zustand des Planeten zur ureigensten Aufgabe – für jede und jeden am eigenen Platz. Wir sind bestellt zu Gärtnern und Gärtnerinnen im Garten Gottes. Gott braucht unsere Liebesmacht, um diesen Garten zu pflegen.

Glossar

Äon: Gottheit in der griechischen Mythologie als Verkörperung der (Zeit-)Dauer, auch der Ewigkeit.

Adharma: ohne Rechtschaffenheit

Advaita: Lehre von der Nichtdualität in der indischen Philosophie. Danach existiert nur „das EINE ohne ein Zweites", d.h. alles, was existiert, ist Ausdruck Gottes.

Ahamkara: (Sankrit) Das Ego, das falsche Ich, das auf der Identifikation mit dem Körper beruht.

Appreciative Inquiry: Wertschätzende Befragung. Ein lösungs- und dialogorientiertes Kommunikationsverfahren, das von Cooperrider und Whitney entwickelt wurde. Es findet Anwendung in der Organisations-, Team- und Persönlichkeitsentwicklung.

Arunachala: Heiliger Berg in Südindien, in der mystischen Vorstellung der Sitz von Gott Shiva.

Asanas: Körperhaltungen im Yoga mit Wirkungen für Körper, Seele und Geist.

Avatare: Menschliche Inkarnationen des Göttlichen oder Gottmenschen. Sie kommen auf die Erde, um das Dharma wieder aufzurichten; sie lehren und leben es vor.

Ayurveda: Das Wissen vom langen gesunden Leben. Eine Jahrtausende alte Wissenschaft und Lehre, die auf spirituellen Prinzipien basiert. Im Westen ist sie vor allem durch die ayurvedischen Massagen sowie durch die ayurvedische Ernährungslehre bekannt.

Azedosetherapie: Hier wird die Leber total entlastet durch rein basische Nahrung und diverse Mittel, um auch die Reinigung der Zellen zu befördern.

Bhagavad Gita: (Sanskrit) Das Lied der Gottheit, eine der wichtigsten Schriften des Hinduismus, die Quintessenz der Veden, in der Gott Krishna den Weg des Dharma erläutert.

Biophilie: „Die Biophilie ist die leidenschaftliche Liebe zum Leben und allem Lebendigen; sie ist der Wunsch, das Wachstum zu fördern, ob es sich nun um einen Menschen, eine Pflanze, eine Idee oder eine soziale Gruppe handelt." (Erich Fromm)

Biorhythmen: Begriff, der sich auf alle Arten von körperlichen Rhythmen bezieht. Dazu gehören unter anderem die *Ultradian-Rhythmen*, die *Circadian-Rhythmen* oder die *Organuhr*.

Blackberry ist eine Kombination von PC und Handy. Mit einem Blackberry kann man von überall E-Mails empfangen und senden.

Buddhi: Nach der vedantischen Philosphie Zeugenperspektive, Unterscheidungskraft, Höhere Intelligenz und Intuition.

Chakra: Sanskrit = Rad. So werden Energiezentren bezeichnet, die nach asiatischer medizinischer und philosophischer Auffassung eine Verbindung zwischen dem so genannten grobstofflichen und den feinstofflichen Körpern herstellen. Man geht von sieben Hauptchakren aus: Mūlādhāra (Wurzelchakra); Svādhisthāna (Sakral- oder Sexualchakra); Manipura (Solarplexuschakra); Anāhata (Herzchakra); Viśuddha (Hals- oder Kehlchakra); Ājñā (Stirnchakra; Drittes Auge); Sahasrāra (Kronen- oder Scheitelchakra). Die Chakren sind durch Energiebahnen (Nadis) miteinander und mit dem grobstofflichen Körper verbunden. Die Lehre von den Energiekörpern ist die Grundlage u.a. der Akupunktur.

Chitta: (Sanskrit) Bewusstsein, Gefühle, Gedächtnis, Wille; englisch auch Consciousness

Circadian-Rhythmen: Laut Wikipedia hilft die circadiane Rhythmik einem Organismus, sich auf täglich wiederkehrende Phänomene einzustellen.

Dharma: Dharma oder Righteousness ist eine zentrale Kategorie der buddhistischen und hinduistischen Philosophie und Spiritualität. Bedeutungen sind: Göttliche

(Ur)ordnung, Schöpfungsordnung; höhere Lebensordnung; göttliche Gesetze; Rechtschaffenheit; Moralkodex; Verhaltensregeln. Wenn die Menschen sich gegen das Dharma wenden, geraten Menschheit und Gesellschaft in Not. In den Veden wird das Versprechen gegeben, dass Avatare sich inkarnieren, um die göttliche Urordnung wiederherzustellen.

Disidentifikation: Wichtige Praxis in der Psychosynthese, mit deren Hilfe der Mensch lernt, sich nicht als Körper, Denken oder Fühlen zu begreifen und somit einen Zugang zu seinem Wahren Selbst, dem Universalen Bewusstsein zu finden.

Feng-Shui: Ein Begriff der taoistischen Philosophie. Mit Hilfe des Feng-Shui, einem Wissen um die Wirkkräfte von Landschaft und Elementen, wird die Beziehung des Menschen zu seiner bebauten Wohn- und Lebensumwelt harmonisiert.

Geomantie: Eine Wissenschaft von der energetischen Beschaffenheit von Landschaften. Mit Hilfe von geomantischem Wissen können schädliche Eingriffe in die Landschaft nicht nur erkannt, sondern auch durch die auf Marko Pogacnik zurückgehende Lithopunktur, eine Art Akupunktur der Erde, geheilt werden.

Herzkohärenz: Ein Zusammenklang verschiedener Körperrhythmen, der sich einstellt, wenn der wichtigste Rhythmusgeber des Körpers, das Herz, harmonisch mit anderen Körperrhythmen schwingt. Herzkohärenz unterstützt körperlich-seelisch-geistige Gesundheit bzw. ist deren Ausdruck.

Immanenz: Die Welt der Formen und Namen und damit das Spiegelbild der Transzendenz, der Welt des Geistes, dessen, was ohne Zeit und Raum ist und aus dem die Welt der Formen hervorgeht.

Intuition / Höhere Intelligenz: vgl. Buddhi

Jnani-Yogi: Im Yoga wird unterschieden zwischen dem Weg der Hingabe (Bakhti), dem Weg des Handelns (Karma) und dem Weg des Wissens (Jnana). Alle Wege führen zu Gott. Spirituell Suchende müssen im Laufe der Zeit alle Wege gehen.

Juwelen-Suche: In der AI (vgl. Appreciative Inquiry) eine wichtige Methode, um den Blick von der Schwächenanalyse abzuziehen und auf die Stärken und Potenziale zu lenken.

Kairos: In der griechischen Mythologie der Gott der günstigen Gelegenheit, der besonderen Chance und des rechten Augenblicks.

Kali-Yuga: Nach indischer Philosophie eines der vier Zeitalter; es ist als eisernes Zeitalter von besonderer Grausamkeit der Menschen gekennzeichnet. Derzeit befinden wir uns am Übergang zwischen dem ausklingenden Kali-Yuga und einem beginnenden goldenen Zeitalter.

Kontemplation: Der christliche Weg der Versenkung in die eigene Mitte, ins Christusbewusstsein; er entspricht der Meditation, wie sie in den östlichen spirituellen Traditionen gelehrt wird.

Life-Management: Eine Ausrichtung des Selbstmanagements, die das Zeitmanagement unter den Blickwinkel des ganzen Lebens stellt.

Manas: (Sanskrit) Der niedrige Geist, Gedanken und Wünsche; englisch Mind

Mantra/Mantren: Heilige Klänge und Laute, die Gott verehren und den Menschen mit der inneren Gottesnatur verbinden. Mantren werden rezitiert (laut oder leise) oder gesungen.

Meditation: Ein Versenken in die Mitte, eine hinhörende höchste Achtsamkeit, in der der Kontakt mit der Seele (mit Gott, dem Tao, dem Höheren Selbst, dem Höchsten Geist, der Leere, der Buddhanatur …) gesucht wird. Die unterschiedlichen spirituellen Wege lehren unterschiedliche Meditationspraxen.

Meridiane: Die wichtigsten Energiebahnen im Körper, durch die die so genannte Chi-Energie oder Lebensenergie fließt. Die Nadis sind kleinere Energiebahnen.

Mentale Modelle: Gedankliche Wenn-dann-Verknüpfungen, die auf Erfahrungen und Erziehung beruhen und meist ins Unbewusste absinken.

Mind: Verstand; eine Funktion des Denkens, die aus dem Ich-Bewusstsein kommt, vgl. Manas

Mystik: Spirituelle Traditionen, die in allen Hochreligionen vorkommen. Sie begreifen die gesamte Schöpfung als Ausdruck Gottes und lehren die Einheit von Mensch und Gott. Das mystische Wissen vermittelt sich über die innere Schau.

Nekrophilie: „Mit Nekrophilie meine ich die Liebe zu allem, was mit Gewaltanwendung und Destruktivität zu tun hat …" (Erich Fromm)

Organuhr: Begriff aus der traditionellen chinesischen Medizin, wonach bestimmte Körperorgane zu bestimmten Tageszeiten eine besondere Aktivität entfalten.

Psychosynthese: Eine transpersonale Therapierichtung, die auf Roberto Assagioli (1888-1974) zurückgeht und die weltweit in Coaching, Therapie und Organisationsentwicklung eingesetzt wird.

Sat – Chit – Ananda: (Sanskrit) Sein – Bewusstsein – Glückseligkeit, die Formel der Veden für die letzte Wirklichkeit, das ICH BIN oder das SELBST

SELBST: Auch Self, SAT, Höheres Selbst, TAO, Transpersonales Selbst; Universales Bewusstsein; Christusbewusstsein: Unterschiedliche Begriffe in unterschiedlichen philosophisch-spirituellen Kontexten, die für das Göttliche, dem Menschen Innewohnende stehen, das IST, jenseits von Raum und Zeit, Name und Form.

Sesshin: Eine Zeit konzentrierter Zen-Meditation in einem Kloster oder Zentrum

Shakti: Lebensenergie, die nach hinduistischer Philosophie dadurch entsteht, dass Brahman, das universelle Absolute, sich in der Welt der Form manifestiert.

Sufismus: Mystische Tradition des Islam

Tao: (Dào) In der daoistischen chinesischen Philosophie ein ewiges Wirk- oder Schöpfungsprinzip, das für den Ursprung der Einheit und Dualität und damit für die Entstehung der Welt verantwortlich ist.

Tibetischer Buddhismus: Begriff, der die verschiedenen buddhistischen Schulen umfasst, wie sie seit ca. 1.400 Jahren in Tibet entwickelt und gepflegt werden.

Transzendenz: Die Welt des „Geistes", dessen, was ohne Zeit und Form ist und aus der die Welt der Formen (die Immanenz) hervorgeht.

Teilpersönlichkeiten: Wichtiges Konzept der Psychosynthese. Teilpersönlichkeiten entstehen, wenn ein menschliches Potenzial sich nicht frei entfalten kann und nur verdeckt gelebt wird. Teilpersönlichkeiten steuern das Verhalten aus dem Raum des Unbewussten, solange sie nicht erkannt und ihr Potenzial in die Persönlichkeit integriert wurde.

Ultradian-Rhythmen: Körpereigene Rhythmen, die dem Körper helfen, sich auf täglich wiederkehrende Herausforderungen einzustellen.

Veden: Die ältesten Texte der indischen spirituellen Literatur; Korpus der heiligen Schriften Indiens, verfasst in der Sprache des Sanskrit und den Sehern (Rishis) vor Tausenden von Jahren geoffenbart. Die Veden sind nicht nur Belehrungen, sondern auch heilige Schwingungen, deren Rezitation den Menschen mit der innewohnenden Gottesnatur verbinden.

Yoga: Anjochen an Gott. Es wird unterschieden vor allem zwischen Bakhti-, Karma- und Jnana-Yoga, den Wegen der Hingabe, des Handelns und des Wissens. Ein spirituell Suchender muss alle drei Wege gehen.

Zen-Buddhismus: Darunter versteht man im Westen vor allem eine Form des Buddhismus, wie er in Japan entwickelt und gelehrt wird. In seiner Mitte steht die Erfahrung der Leere, der Leerheit, der Fülle des Nichts. Inzwischen gibt es vielfältige Brücken zwischen Christentum und Zen-Buddhismus.

Literatur

Aditya, Sudha: Amrita Varshini. Delhi/India: Sai Towers 1992 (Repr. 2000)

Assagioli, Roberto: Handbuch der Psychosynthese. Grundlagen, Methoden und Techniken. Reinbeck: Rowohlt 1993

Assagioli, Roberto: Handbuch der Psychosynthese. Grundlagen, Methoden und Techniken. Rümlang (CH): Nawo 2004 (4. deutsche überarb. Auflage)

Assagioli, Roberto: Typologie der Psychosynthese. Die 7 Grundtypen, Adliswil/Zürich: Astrologisch-Psychologisches Institut 1982

Assagioli, Roberto: Die Schulung des Willens. Methoden der Psychotherapie und Selbsttherapie. Paderborn: Junfermann 1982

Bach, David: Gib, was du nicht bekommen hast. Karma und Psyche. Berlin: Simon+Leutner 2001

Balsekar, Ramesh: Who Cares? The Unique Teaching of Ramesh S. Balsekar. Edited by Blayne Baro. Bombay: Oxford Printers 1999

Bartscher, Thomas/Wittkuhn, Klaus: Improving Performance. Leistungspotenziale in Organisationen entfalten. Neuwied-Kriftel: Luchterhand 2001

Bauer, Joachim: Warum ich fühle, was du fühlst. Intuitive Kommunikation und das Geheimnis der Spiegelneurone. Hamburg: Random 2006

Bauer, Joachim: Prinzip Menschlichkeit. Warum wir von Natur aus kooperieren. Hamburg: Hoffmann und Campe 2007

Bhagavadgita. Hg. von Helmuth von Glasenapp. Ditzingen: Reclam 1986

Bihar School of Yoga: Dynamics of Yoga: The Foundations of Bihar Yoga by Swami Satyananda Saraswati. 2006

Bischof, Anita/Bischof, Klaus: Selbstmanagement: Effektiv und effizient. München: Haufe 2007 (5. Aufl g.)

Boettger, Barbara: Mut zur Öffentlichkeit. Irmgard von Meibom: 50 Jahre im Ehrenamt. Göttingen: Vandenhoeck & Ruprecht 2001

Bohm, David: Der Dialog. Das offene Gespräch am Ende der Diskussion. Stuttgart: Cotta 1998

Bonsen, Matthias zur/Maleh, Carole: Appreciative Inquiry. Der Weg zu Spitzenleistungen. Basel: Beltz 2001

Buber, Martin: Das dialogische Prinzip. Gerlingen: Lambert Schneider 1962

Belf, Teri-E./Ward, Charlotte: Simply Live It Up. Brief Solutions. Bethesda/USA: CLB 1995

Boerner, Moritz: Byron Katies The Work. Der einfache Weg zum befreiten Leben. München: Goldmann 1999

Boyesen, Gerda und Mona-Lisa: Biodynamik des Lebens. Grundlage der biodynamischen Psychologie. Essen: Synthesis 1987

Boyesen, Gerda/Bergholz, Peter: Dein Bauch ist klüger als du. Hamburg: Miko 2003.

Brantschen, Niklaus: Vom Vorteil, gut zu sein. Mehr Tugend – weniger Moral. München: Kösel 2005

Brunton, Paul: Conscious Immortality. Conversations with Sri Ramana Maharshi. Tiruvannamalai/India: V. S. Ramanan 1998

Bundesverband für Wirtschaftsförderung und Außenpolitik: Globalisierung gestalten. Die neue zentrale Aufgabe der Politik. Berlin: Terra Medien 2006

Burrows, Loraine: Sathya Sai Education In Human Values. Prasanthi Nilayam/India: The Covener, Sri Sathya Sai Books and Publications Trust 2000

Caddy, Eileen: Herzenstüren öffnen. Zürich: Greuthof 2004

Cardenal, Ernesto: Der Durst, in: Cardenal, Ernesto/Contzen von Hammer, Conrad: Das Buch der Liebe. Wuppertal: Hammer, veränd. Neuauflage 2004

Childre, Doc/Martin, Howard: Die Herzintelligenz-Methode. Grundlagen, Anwendungen, Perspektiven. Freiburg: VAK 1998

Chopra, Deepak: Die sieben geistigen Gesetze des Erfolgs. München: Ullstein 2004

Coelho, Paulo: Der Alchimist. Zürich: Diogenes 1996

Cooperrider, David L./Whitney, Diana: Collaborating for Change. Appreciative Inquiry. San Francisco: Berrett-Koehler 1999

Covey, Stephen R.: Der Weg zum Wesentlichen. Zeitmanagement der vierten Generation. Frankfurt: Campus 2001

Corssen, Jens: Der Selbst-Entwickler: Das Corssen Seminar. München: Gaia Text 2002

Dharma Vahini. Die göttliche Urordnung. Dietzenbach: Sathya Sai Vereinigung 1993

Deutsche Vereinigung für politische Bildung NRW e.V. (Hg.): Politisches Lernen. Heft 2, Werte-Erziehung, Dezember 1993

Dürckheim, Karlfried Graf: Durchbruch zum Wesen. Aufsatze und Vorträge. Bern: Huber 1988

Dürckheim, Karlfried Graf: Die Erdmitte des Menschen. Frankfurt: Scherz 2005

Dow, Kristin/Downing, Thomas E.: The Atlas of Climate Change. Mapping the World's Greatest Challenge. London: Earthscan/Myriad Editions Limited 2006

Emoto, Masaru: Die Botschaft des Wassers. Burgrain: Koha 2002

Entdecke die Quellen der Glückseligkeit: Sathya Sai Baba: Aussagen zur Einführung in seine Lehre und deren Vertiefung, Loseblattsammlung, Dietzenbach: Sathya Sai Vereinigung 1996

FAO Food and Agriculture Organization: The State of Food Insecurity in the World 2005. Eradicating world hunger – key to achieving the Millennium Development Goals. http://www.fao.org/docrep/008/a0200e/a0200e00.htm

Feldenkrais, Moshé: Das starke Selbst. Anleitung zur Spontaneität. Frankfurt/Main: Insel 1989

Ferrucci, Piero: Nur die Freundlichen überleben. Warum wir lernen müssen, mit dem Herzen zu denken, wenn wir eine Zukunft haben wollen. Berlin: Ullstein 2005

Ferrucci, Piero: Unermesslicher Reichtum. Wege zum spirituellen Erwachen. Reinbek: Rowohlt 1994

Ferrucci, Piero: Werde, was du bist. Selbstverwirklichung durch Psychosynthese. Reinbek: Rowohlt 1986

Ferrucci, Piero: Sinn gesucht – Psychosynthese gefunden. Circadian Institut Bergisch-Gladbach: Hör-Kassette eines Vortrags in Köln [1999]

Franz v., Marie-Louise: Zahl und Zeit: Psychologische Überlegungen zu einer Annäherung von Tiefenpsychologie und Physik. Stuttgart: Klett-Cotta, Neuausgabe 1990

Fromm, Barbara/Fromm, Michael: Führen aus der Mitte. Bielefeld: Kamphausen 2004

Fromm, Erich: Haben oder Sein. Die seelischen Grundlagen einer neuen Gesellschaft. München: dtv 2005

Fromm, Erich: Die Seele des Menschen, München: dtv 1992

Fromm, Erich: Anatomie der menschlichen Destruktivität. München: Deutsche Verlagsanstalt 1973

Fromm, Erich: Die Kunst des Liebens. Berlin: Ullstein 1981

Furmann, Ben: Es ist nie zu spät, eine glückliche Kindheit zu haben. Dortmund: Modernes Leben 2005

Furman, Ben/Ahola, Tapani/Hildenbrand, Astrid: Twin Star – Lösungen vom anderen Stern. Zufriedenheit am Arbeitsplatz als Zwilling des Erfolgs. Heidelberg: Carl-Auer-Systeme 2004

Global Biodiversity Outlook 2: Publ. by: Secretariat of the Convention on Biological Diversity. http://www.biodiv.org/gbo1/gbo-pdf.asp

Gamma, Anna: Lichtheilung als Weg zum Frieden. Meditationen, Übungen und Rituale. München: Kösel 2005

Gamma, Anna: Zen-Weisheiten für Menschen, die Verantwortung tragen. München: Kösel 2008

Gibran, Khalil: Der Prophet. Düsseldorf: Patmos 3. Auflg. 2001

Giovetti, Paola: Roberto Assagioli – Leben und Werk des Begründers der Psychosynthese. Rümlang (CH): Nawo 2007

Goldthwait, John: Zuallererst reinigt euer Herz. Dietzenbach: Sathya Sai Vereinigung 2005

Grabborn, Lynn: Aufwachen. Dein Leben wartet. Die erstaunliche Macht der Gefühle. München: Goldmann 2004

Gyger, Pia: Hört die Stimme des Herzens. Werdet Priesterinnen und Priester der kosmischen Wandlung. München: Kösel 2006

Hackl, Heinz (Hrsg.): Praxis des Selbstmanagements, Siemens Erlangen/München: Publicis MCD, 1998 (2. überarbeitete Auflg.)

Hawley, Jack: Reawakening the Spirit in Work. Dharmic Management, San Francisco: Barret-Koehler 1993

Hawkins, David R.: Die Ebenen des Bewusstseins. Von der Kraft, die wir ausstrahlen. Freiburg: VAK 2002

Hartkemeyer, Martina et al.: Miteinander denken – Das Geheimnis des Dialogs, Stuttgart: Klett-Cotta, 1998 (3. Aufl. 2002)

Hartkemeyer, Johannes F./Hartkemeyer, Martina: Die Kunst des Dialogs – Kreative Kommunikation entdecken. Erfahrungen, Anregungen, Übungen. Stuttgart: Klett-Cotta 2005

Heidenreich, Werner: In Achtsamkeit zueinanderfinden. Die buddhistische Sprache der Liebe. München: Hugendubel 2006

Hellinger, Bert: Ordnungen der Liebe: Ein Kursbuch. Heidelberg: Carl-Auer-Systeme 1996

Hesse, Hermann: Siddhartha. Eine indische Dichtung, Frankfurt: Suhrkamp 1974

Hüther, Gerald: Biologie der Angst. Wie aus Stress Gefühle werden. Göttingen: Vandenhoeck & Ruprecht 2005

Hüther, Gerald: Die Evolution der Liebe. Was Darwin bereits ahnte und die Darwinisten nicht wahrhaben wollten. Göttingen: Vandenhoeck & Ruprecht 2003

Hüther, Gerald et al.: Damit das Denken Sinn bekommt: Spiritualität, Vernunft und Selbsterkenntnis. Freiburg: Herder 2008

Jäger, Roland: Selbstmanagement und persönliche Arbeitstechniken. Wettenberg: Verlag Götz Schmidt 2007

Jonas, Hans: Das Prinzip Verantwortung. Frankfurt/M: Insel 1984

Jung, C. G. (Hg.): Der Mensch und seine Symbole. Olten: Walter 1988

Kingston, Karen: Feng-Shui gegen das Gerümpel des Alltags. Reinbek: Rowohlt 2000

Kirchner, Baldur: Benedikt für Manager. Die geistigen Grundlagen des Führens. Wiesbaden: Gabler 2008

Kharitidi, Olga: Das weiße Land der Seele, Berlin: List 2006 (3.Auflg.)

Kofman, Fred: Meta Management. Der neue Weg zu einer effektiven Führung. Bielefeld: Kamphausen 2005

Kohtes. Paul: Dein Job ist es, frei zu sein. Zen und die Kunst des Managements. Bielefeld: Kamphausen 2005

Kohtes, Paul/Rosmann, Nadja: Hören Sie auf zu rennen. Was Manager von Hase und Igel lernen können. Bielefeld: Kamphausen 2006

Krystal, Phyllis: Die inneren Fesseln sprengen. Befreiung von falschen Sicherheiten. Arbeitsbuch. Seehaupt/München: Ryvellus 1995

Krystal, Phyllis: Monkey Mind. Die Zähmung unseres Verstandes. Seehaupt/München: Ryvellus 1995

Krystal, Phyllis: Frei von Angst und Ablehnung. Lösung aus kollektiven Bindungen. Olten: Walter 1991

Kugler, Sascha: Das Alchimedus-Prinzip. Die ganzheitliche Unternehmensstrategie. Zürich: Orell Füssli 2005

Leutz, Grete A.: Psychodrama: Theorie und Praxis. Berlin/Heidelberg/New York/London/ Paris/Tokyo: Springer 1986 (1. korrigierter Nachdruck)

Meister Eckhart: Im Ewigen Jetzt. Meditationstexte. Riederich: Bausinger 2000

Mettler, Peter H.: Retrognose. Kritische Versuche zur Zukunftsforschung. Frankfurt: Haag + Herchen 1998

Mettler-v.Meibom, Barbara: Gelebte Wertschätzung. Eine Haltung wird lebendig. München: Kösel 2007

Mettler-v.Meibom, Barbara: Wertschätzung. Wege zum Frieden mit der inneren und äußeren Natur. München: Kösel 2006 (2. Auflg. 2008)

Mettler-v.Meibom, Barbara: Wert finden – Wert schätzen – Wert schöpfen, in: Kohtes, Paul J./Wielens, Hans: Raus aus der Führungskrise. Bielefeld: Kamphausen 2006

Mettler-v.Meibom, Barbara: Schau-Spiel als Weg, Petersberg: Via Nova 2001

Mettler-v.Meibom, Barbara: Die kommunikative Kraft der Liebe. Petersberg: Via Nova 2000

Mezger, Lucia: Ayurveda. Wissen über das lange Leben. Kassel 1993 (unver. Manuskript)

Mindell, Arnold: Den Pfad des Herzens gehen. Traumkörperarbeit. Petersberg: Via Nova 1996

Mittwede, Martin: Spirituelles Wörterbuch Sanskrit-Deutsch. Dietzenbach: Sathya Sai Vereinigung 1992

Möbius, Paul J.: Über den physiologischen Schwachsinn des Weibes. (1903), Nachdruck München: Matthes & Seitz 1977

Müller, Rüdiger: Wandlung zur Ganzheit: Die Initiatische Therapie nach Karlfried Graf Dürckheim und Maria Hippius. Freiburg: Herder 1981.

Myss, Caroline: Chakren – die sieben Zentren von Kraft und Heilung. München: Droemer 2000

Nidiaye, Safi: Die Stimme des Herzens. Bergisch-Gladbach: Bastei Lübbe 2000

Neuberger, Oswald: Führen und führen lassen. Stuttgart: Lucius und Lucius 2002

Neumann, Erich: Die Große Mutter. Phänomenologie der weiblichen Gestaltungen des Unbewussten. Olten: Walter 1989

Parry, Danaan: Warriors of The Heart. A Handbook for Conflict Resolution. Findhorn: Findhorn Press 1991

Plate, Werner/Etminan, Erika Helene: Intensiver leben. München: Kösel 1995

Radermacher, Franz Josef /Beyers, Bert: Welt mit Zukunft. Überleben im 21. Jahrhundert. Hamburg: Murmann 2007

Ramana Maharshi: The Poetic Works of Bhagavan Sri Ramana Maharshi. Tiruvannamalai: Sri Ramanasramam 2006

Ramana Maharshi: Sei, was du bist! Bern: O. W. Barth bei Scherz 1990

Ramana Maharshi: Gespräche des Weisen vom Berge Arunachala. Interlaken: Ansata 1984

Raphael: Tat Tvam Asi. Das bist du. Bielefeld: Kamphausen 2000

Ray, Paul H./Anderson, Sherry R.: The Cultural Creatives. How 50 Million People Are Changing the World. New York: Harmony Books 2005

Reichert, Gertraud/Winter, Karl: Vom Geheimnis der heiteren Gelassenheit. Rümlang (CH): Nawo 2006

Richter, Horst Eberhard: Der Gotteskomplex. Reinbek: Rowohlt 1976

Rinderspacher, Jürgen P.: Gesellschaft ohne Zeit. Frankfurt: Campus 1985

Rohr, Richard: Vom wilden Mann zum weisen Mann. München: Claudius 2006

Rohr, Richard: Der wilde Mann. Geistliche Reden zur Männerbefreiung. München: Claudius 2003

Rosenberg, Marshall B.: Konflikte lösen durch gewaltfreie Kommunikation. Paderborn: Junfermann 2001

Rosche; Jan Dirk (zus. mit Kohlöffel, Klaus M): Spielmacher im Management: Unternehmerisches Gespür entwickeln und strategisch handeln. Weinheim: Wiley 2008

Rust, Serena: Wenn die Giraffe mit dem Wolf tanzt. Vier Schritte zu einer einfühlsamen Kommunikation. Burgrain: Roha 2006

Saint-Exupéry, Antoine de: Der kleine Prinz. Düsseldorf: Rauch 1999

Sathya Sai Baba: Dharma Vahini. Puttaparthi: Sri Sathya Sai Books and Publications Trust [o.D.]

Sathya Sai Baba: Sai Babas Mahavakya über Führung. Für Jugend, Eltern und Lehrer. Dietzenbach: Sathya Sai Vereinigung 1996

Sathya Sai Baba: Education in Human Values 1999

Sathya Sai Baba in: Sanathana Sarathi, Puttaparthi/India: July 2000

Schulz von Thun, Friedemann: Miteinander Reden: Kommunikationspsychologie für Führungskräfte. Reinbek: Rowohlt 2000

Schulz von Thun, Friedemann: Miteinander Reden. Band 3: Das „Innere Team" und situationsgerechte Kommunikation. Reinbek: Rowohlt 1998

Schulz von Thun, Friedemann: Miteinander Reden. Band 2: Stile, Werte und Persönlichkeitsentwicklung. Reinbek: Rowohlt 1989

Schulz von Thun, Friedemann Miteinander Reden. Band 1: Störungen und Klärungen. Reinbek: Rowohlt 1981

Sebastian, Ulla: Prinzip Lebensfreude: Anleitung zur Entwicklung eines positiven Selbst. Düsseldorf: Walter 2000

Sendlinger Angela und Glahn, Iris: Selbstmanagement: gezielt organisieren und erfolgreich auftreten. München: Compact 2007

Senge, Peter: Die fünfte Disziplin. Kunst und Praxis der Lernenden Organisation, (amerik. 1990). Stuttgart: Klett-Cotta 1997

Seiwert, Lothar: Die Bären-Strategie. In der Ruhe liegt die Kraft. München: Hugendubel 2005

Sölle, Dorothee: Lieben und arbeiten. Eine Theologie der Schöpfung. Stuttgart: Kreuz 1985

Spezzano, Chuck: Der Tao-Index. München: Riemann 2006

Sprenger, Reinhard K.: Vertrauen führt. Worauf es im Unternehmen wirklich ankommt. Frankfurt/New York. Campus 2005

Steiner, Claude (zusammen mit Perry, Paul): Emotionale Kompetenz. München: dtv 2001

Stepski-Doliwa von, Stephan: Sai Baba spricht zum Westen. München: Govinda Sai 1995

Stiegler, Richard: Kein Pfad. Aus der Stille leben, Bielefeld: Kamphausen 2005

Stoltenhoff, Ernst: Die gute Hand Gottes. Lebenserinnerungen des letzten rheinischen Generalsuperintendenten (1879–1953), Köln: Rheinland Verlag 1990

Storch, Maja/Krause, Frank: Selbstmanagement – ressourcenorientiert. Grundlagen und Trainingsmanual für die Arbeit mit dem Zürcher Ressourcen Modell (ZRM). Bern: Huber 2007

Suzuki, Shunryu Roshi: Der Tigerbericht, Ohrbücher aus dem Ohrbuch Verlag, München [o. D.]

Swami Satprakashananda: The Goal and The Way. The Vedantic Approach To Life's Problems. Mylapore, Madras: Sri Ramakrishna Math Printing Press [o. D.]

Theweleit, Klaus: Männerphantasien I. Frauen, Fluten, Körper, Geschichte, Reinbek: Rowohlt 1980

Theweleit, Klaus: Männerphantasien II. Männerkörper. Zur Psychoanalyse des Weißen Terrors. Reinbek: Rowohlt 1980

Theresa von Avila: Die Seelenburg. Übers. V. Pater Aloysius Alkhofer 1937. München: Kösel, als Hör-CD gelesen von Ingeborg Schöner, München [ingeborg.schoener@marischka.de]

Tolle, Eckhart: Jetzt. Die Kraft der Gegenwart. Bielefeld: Kamphausen 2000

Thomas, Joy: Das Leben ist ein Spiel – Spiel es! Dietzenbach: Sathya Sai Vereinigung 1994

Vivekananda: Der Ozean der Weisheit. Einführung in die spirituellen Lehren und Praxis des geistigen Yoga. Bern/München/Wien: Scherz 1993

Walsch, Neale Donald/Kahn-Ackermann, Susanne: Gespräche mit Gott. Ein ungewöhnlicher Dialog. München: Arkana 2006

Watzlawick, Paul/Beavin, Janet H./Jackson, Don D.: Menschliche Kommunikation. Formen, Störungen, Paradoxien. Stuttgart: Huber 1982 (6. Auflage)

Weber, Christine Lore: Schrei in der Wüste. Das Erwachen der Byron Katie. Bielefeld: Kamphausen 2000

Wilber, Ken: Wege zum Selbst: Östliche und westliche Ansätze zu persönlichem Wachstum. München: Goldmann 1991

Williamson, Marianne: A Return to Love: Reflections of A Course in Miracles. Harper Collins 1992. http://skdesigns.com/internet/articles/quotes/williamson/our_deepest_fear/

Willigis Jäger: Die Welle ist das Meer. Mystische Spiritualität. Freiburg: Herder 2000

Willigis Jäger: Das Leben endet nie. Über das Ankommen im Jetzt. Berlin: Theseus 2005

Willigis Jäger: Suche nach dem Sinn des Lebens. Bewusstseinswandel auf dem Weg nach innen. Petersberg: Via Nova 1999

Withemore, Diana: Psychosynthesis Counselling in Action. London: Sage 1994

Yunus, Muhammad: Für eine Welt ohne Armut. München: Bastei Lübbe 1998

Zohar, Danah/Marshall, Ian: Spirituelle Intelligenz. Die notwendige Frage nach dem Sinn. Bern/München/Wien: Scherz 1999

Über die Autorin

Prof. Dr. Barbara v. Meibom ist Kommunikations- und Politikwissenschaftlerin. Nach Jahrzehnten intensiver Forschungen über das kommunikationstechnische Projekt der Gegenwart (Univ. Duisburg-Essen) hat sie sich bei mehr als 20 Reisen nach Asien mit den spirituellen Traditionen der vedantischen Philosophie auseinandergesetzt. Ergänzt wurde dies durch Fort- und Ausbildungen in diversen humanistischen und transpersonalen Therapien. Sie vereint in ihrer Person Wissenschaft, Spiritualität und reiche Erfahrung aufgrund ihrer langjährigen Arbeit mit Menschen und Organisationen.

Sie leitet das Comm**unio**-Institut für Führungskunst mit Sitz in Berlin und Essen. Ihre Aufgabe sieht sie darin, Menschen und Organisationen auf dem Weg zu einer Kultur der Wertschätzung zu begleiten, in der sich Macht und Liebe versöhnen. Sie bietet regelmäßig Kurse zum Spirituellen Selbstmanagement und Spirituellen Coaching an, ist Vorsitzende der Deutschen Psychosynthese Gesellschaft und eine gefragte Vortragende im In- und Ausland.

www.communio-fuehrungskunst.de

Veröffentlichungen [unter Mettler-v.Meibom] u. a.:

Wertschätzung. Wege zum Frieden mit der inneren und äußeren Natur, München: Kösel: 2. Auflg. 2008; Gelebte Wertschätzung. Eine Haltung wird lebendig, München: Kösel 2007; Macht und Moral. Acht Porträts (Hg.), Münster: Lit 2003; Elitenkooperation in der Region (Hg. zus. mit Ulrich Steger), Essen: Klartext 2001; Schau-Spiel als Weg. Eine initiatische Kunsttherapie, Petersberg: Via Nova 2001; Die kommunikative Kraft der Liebe, Petersberg: Via Nova 2000; Einsamkeit in der Mediengesellschaft (Hg.), Münster: Lit 1996; Kommunikation in der Mediengesellschaft, Berlin: Sigma 1994; Soziale Kosten in der Informationsgesellschaft, Frankfurt/M.: Fischer 1987; Mitherausgeberin des „Jahrbuch Ökologie", München: Beck 1992-2002; Mitherausgeberin der Reihe Kommunikationsökologie im LIT-Verlag.